LYNDON LAROUCHE

So streng wie frei

Gesetzmäßigkeiten schöpferischen Denkens in Wissenschaft und Kunst

Dr. Böttiger Verlags-GmbH

Copyright © 1994 by Dr. Böttiger Verlags-GmbH
Postfach 1611, D-65006 Wiesbaden

Auf englisch wurden *On the Subject of Metaphor, On the Subject of God* und *Mozart's Revolution in Music 1782-1786* zuerst in der amerikanischen Zeitschrift *Fidelio* veröffentlicht. Ins Deutsche übersetzt von Ortrun und Hartmut Cramer, Carla Horn und Wolfgang Lillge erschienen sie 1993 in *Ibykus* und *Fusion* (Über den Gottesbeweis). Die vorliegende überarbeitete Fassung stammt von Gabriele Liebig.

Satz: Dinges & Frick, Wiesbaden
Druck: Ebner Ulm
Printed in Germany
ISBN 03-925725-21-0

INHALT

ANHANG

VORWORT

„So streng wie frei"

D iese Worte stellte Ludwig van Beethoven einst seiner berühmten Doppelfuge, dem Streichquartett op. 133, voran: „Grande Fugue tantôt libre, tantôt rechercheé". Dieses Paradoxon bezeichnet in knappster Form die Kompositionsmethode des sokratischen Dialogs, welche Beethovens Spätwerke prägt. Uns schien es der passende Titel für ein Buch mit den drei Schriften „Über die Metapher", „Über den Gottesbeweis" und „Mozarts Revolution in der Musik 1782-86", die Lyndon LaRouche im Sommer 1992 während der Zeit seiner politischen Haft (1989-1994) im Gefängnis von Rochester, Minnesota, verfaßte. Es sind gewissermaßen drei Variationen zu einem Thema: der Frage nach der Methode schöpferischen Denkens – wie der Mensch als einziges Wesen der Schöpfungsordnung kraft der ihm eigenen „Gottebenbildlichkeit" zu neuen Ideen gelangt, die in gerichteter Weise den physikalischen Wirkungsgrad der Ökonomie erhöhen und so das langfristige Überleben der menschlichen Gattung sichern.

LaRouche verdeutlicht die Willkür moderner Wissenschaftszweige, die in der Tradition des Formallogikers und Sophisten Aristoteles stehend die „Gottebenbildlichkeit" und die schöpferische Kraft des Denkens verneinen. So leugnen die modernen Empiriker, Positivisten und Informatiker, daß das Wesen menschlichen Wissens „Veränderung" ist. Für sie ist der menschliche Geist eine *tabula rasa*, ein formallogisches System, in dem der menschliche Geist mit nichts anderem beschäftigt ist als dem Sammeln und Bündeln von Informationen.

LaRouches epistemologische Revolution begann in den Jahren 1948-52 auf dem Gebiet der physikalischen Ökonomie, und zwar mit einer fundamentalen Kritik an Norbert Wiener und dessen verfehltem Ansatz, mittels der statistischen Informtionstheorie nichtlineare, lebende Prozesse und den Prozeß der Ideenbildung beschreiben zu wollen. La-Rouche zeigte auf, daß die Vorstellung eines Newtonschen, entropischen Universums, in dem kein Platz für Hypothesen ist und das von Zeit zu Zeit wie eine Uhr aufgezogen werden muß, offensichtlich im Widerspruch zur eigentlich elementaren Eigenschaft des Universums steht: der evolutionären Nichtentropie, die mit den Mitteln der physikalischen Ökonomie „meßbar" ist. LaRouche zeigt auf, wie die „platonische Idee", die schöpferische „Hypothese", zur Quelle wissenschaftlicher Umwälzungen wird, und daß demnach Ideen „Ursache" materieller, physischer Veränderungen sein können. Und er entwickelt eine Methode, womit die Kausalbeziehung zwischen dem Beitrag Einzelner zum axiomatisch revolutionären Fortschritt der Wissenschaft und der Erkenntnis im allgemeinen sowie die sich daraus ergebende Steigerung der Arbeitsproduktivität und der potentiellen Bevölkerungsdichte der Gesellschaft gemessen werden können.

Dank seiner Fähigkeit zur schöpferischen Hypothesenbildung ist es dem Menschen gelungen, sein Bevölkerungsdichtepotential von ursprünglich höchstens 10 Millionen Menschen auf mehr als 5 Milliarden Menschen anzuheben. Dieses Vermögen besteht nicht nur in der Bildung einzelner Hypothesen, sondern in der Erzeugung einer geordneten Aufeinanderfolge immer neuer Hypothesen, wobei der Mensch den „Ordnungstypus" dieser Hypothesenmannigfaltigkeit selbst zum Gegenstand ordnenden Nachdenkens über eine verbesserte Wissenschaftsmethode machen kann. Mit der Perspektive, im nächsten Jahrhundert eine bemannte Kolonie auf dem Planeten Mars zu errichten, eröffnen sich der Menschheit wieder neue Horizonte und die Möglichkeit, das menschliche Leben über die Erde hinaus in den Weltraum auszudehnen.

Wie LaRouche zu seinen Entdeckungen kam

Die Grundlage für seine Entdeckungen legte LaRouche, indem er sich schon in jungen Jahren die wesentlichen Entdeckungen des Begründers der physikalischen Ökonomie G.W. Leibniz zu eigen machte und später die Erkenntnisrevolutionen, die zu Leibniz' Ansatz der physikalischen Ökonomie geführt hatten, neu aufarbeitete. LaRouche setzte sich dabei vor allem mit dem von Platon im Dialog „Parmenides" dargelegten ontologischen Paradoxon „des Eins und des Vielen" auseinander. Er tat dies vom Standpunkt des Nikolaus von Kues und dessen Untersuchung über Archimedes' „Quadratur des Kreises". Nikolaus von Kues hatte zu Beginn der Renaissance den Nachweis erbracht, daß auch ein Vieleck mit unendlich vielen Ecken, unabhängig von der Ausschöpfungsmethode und scheinbaren Annäherung an den Kreis, niemals mit dem Kreis kongruent werden kann, da der Kreis (bzw. die kreisförmige Aktion) als das Vieleck umgrenzende und „erzeugende" Gattung von einer höheren Ordnung ist als die sich daraus ableitende Ordnung der Vielecke. Die Feststellung des Cusaners, daß es zwischen Kreis und Vieleck niemals eine vollständige Übereinstimmung geben kann, und die daraus folgende Entdeckung des isoperimetrischen Theorems, entspricht der Erfahrung des menschlichen Verstandes, der – auch bei stetiger Erweiterung seines Wissens – „Gott", die absolute Wahrheit, niemals vollständig „wissen" kann.

LaRouche betrachtete das durch Nikolaus von Kues untersuchte Paradoxon vom Standpunkt Cantors und dessen Untersuchungen über den Begriff des „Transfiniten" (der transfiniten Ordnungstypen) im Unterschied zum „Absoluten", wobei die Idee des Transfiniten Platons „Werden" und das Absolute Platons „Idee des Guten" als Quelle allen Werdens entspricht. Die Einbeziehung von Riemanns Raum-Zeit-Begriff „stetiger" und „ausgedehnter Mannigfaltigkeiten" ermöglichte es LaRouche schließlich, eine mathematisch-physikalische Sprache zu finden, womit es erstmals möglich wurde, evolutionäre Nichtentropie als Wesenszug physikalischer Ökonomie darstellbar zu machen. LaRouche hatte somit den Nachweis erbracht, daß es zwischen den Entdeckungen Einzelner und der physikalisch-praktischen Auswirkung solcher „Ideen" auf den Fortschritt der Wissenschaft, der Technologie und auf die Steigerung des Bevölkerungsdichtepotentials einen direkten Kausalzusammenhang gibt.

Nur solche die Praxis und die Erkenntnis der menschlichen Gattung „verändernde Ideen" im Sinne von Platons Hypothesen, Leibniz' Monaden oder LaRouches Gedankendingen können im eigentlichen Sinne als menschliches „Wissen" gelten und die Voraussetzung für moralisches Handeln liefern, wie LaRouche in seinem Aufsatz „Über den Gottesbeweis" schreibt. „Die Verstehbarkeit der Schöpfung, wie sie uns im Bereich von Platons ‚Werden' und durch Cantors Konzept des ‚Transfiniten' durchaus zugänglich ist, bildet die intelligible Grundlage für moralisches Handeln und auch die intelligible Grundlage für unseren Glauben an die ontologische Existenz des Schöpfers."

Über die Metapher

Ähnlich wie sich die Wissenschaft in den letzten 550 Jahren seit Nikolaus von Kues' Behandlung der Quadratur des Kreises entwickelte, läßt sich aber auch in der Musik, angefangen mit der Entwicklung der klassischen Polyphonie in Florenz im 15. Jahrhundert bis hin zu Brahms' „Vier ernsten Gesängen", ein musikalischer Fortschritt im Sinne eines Cantorschen „Typus" nachzeichnen.

In seinem Aufsatz „Über Mozarts Revolution in der Musik 1782-86" weist LaRouche auf die entscheidende Wende in der klassischen Kompositionskunst hin. Sie bestand zum einen in Haydns Entdeckung des Prinzips der „Motivführung", das er anhand seiner Streichquartette op. 33 aus dem Jahre 1781 demonstrierte. Das zweite Element dieser musikalischen Revolution ist im 1747 komponierten „Musikalischen Opfer" von J.S. Bach enthalten. Mozart schließlich verarbeitete Haydns und Bachs Entdeckungen in einer Reihe von Kompositionen, die im Zeitraum 1782-86 entstanden. Vergleicht man alle diese Kompositionen miteinander, so wird man darin, in musikalischer Sprache ausgedrückt, das stetige Bemühen finden, ein hartnäckiges Paradoxon zu lösen. Dabei ist die Entdeckung der Motivführung mit Nikolaus von Kues' revolutionärer Entdeckung des isoperimetrischen Theorems vergleichbar.

Um solche Entdeckungen aus dem Bereich der Wissenschaft, Musik und Poesie aufnehmen, weitergeben und erzeugen zu können, bedarf es einer kompetenten humanistischen Erziehung, die es den Schülern ermöglicht, derartige Entdeckungen in ihrem eigenen Geist nachzuvollziehen.

LaRouche zeigt in seinem Aufsatz „Über die Metapher", daß solche Ideen – aus der Wissenschaft, der Musik oder der klassischen Tragödie – nur auf eine einzige Art und Weise mitteilbar sind, nämlich in Form von Paradoxa, als „Metaphern". Allein die Metapher als poetisches Wesensmerkmal wissenschaftlicher Kommunikation ermöglicht es zwei Menschen, eine andernfalls unaussprechliche Idee einander mitteilbar zu machen, indem z.B. ein Paradoxon wie Platons Paradoxon des Eins und des Vielen zum Zündfunken einer neu zu schaffenden Idee wird. Die Kommunikation solcher Metaphern oder Gedankendinge ist daher etwas grundsätzlich anderes als die Übermittlung von „Information"; sie folgt vielmehr der intensivsten und striktesten Methode platonischer dialektischer Vernunft. „Ein verständiger Begriff der ‚Metapher' haftet Platons sokratischer Dialektik der Negation an", schreibt LaRouche in „Über die Metapher". „Bezugspunkt ist die Erfahrung, durch den Prozeß schöpferischer Überlegung ein echtes Gedankending, keinen Sinneseindruck zu schaffen. So verstanden ist die Metapher das Vorgehen, mit dem zwei Menschen sich vermittels schöpferischen, problemlösenden Denkens im Geiste auf eine Ordnung ähnlicher Gedankendinge verständigen können."

Der Prozeß der Metaphern- bzw. Ideenbildung auf dem Wege des sokratischen Dialogs wird am klarsten in der von Beethoven „So streng wie frei" überschriebenen Großen Fuge op. 133 demonstriert. Hier findet in musikalischer Form das statt, was Platon mit seiner Methode der Hypothesenbildung und Cantor mit dem Begriff „transfiniter Ordnungstypen" bezeichnete: ein gerichteter Prozeß musikalischer Gedankendinge, wobei unter Ausschöpfung formaler Kompositionsprinzipien neue Freiheitsgrade geschaffen und im Bewußtsein des Zuhörers erzeugt werden. Über die Rolle der klassischen Kunst als „Amme" der Ideenbildung schreibt LaRouche in seinem Aufsatz „Mozarts Revolution in der Musik 1782-86": „Nur ein streng definiertes und geordnetes, *gebildetes* Kommunikationsmedium – Geometrie, Musik, Poesie oder Prosa – bietet den nötigen Rahmen, um eine Anomalie in der erforderlichen Weise zu verarbeiten: damit sie nämlich das Paradoxon deutlich macht, aus dem das schöpferische Denken dann erfolgreich neue Gedankendinge erzeugt."

Im Oktober 1993 wählte die russische „Ökologische Akademie der Welt – Akademie der 100" Lyndon LaRouche aufgrund seiner Arbeiten auf dem Gebiet der physikalischen Ökonomie („die Arbeiten eines Genies voll originärer Ideen", wie der Mathematiker Prof. Dr. Bention S. Fleischman hervorhob) zum korrespondierenden Mitglied und inzwischen zum Vollmitglied. Die Mitgliedschaft LaRouches in dieser privaten Akademie, die führende Wissenschaftler aus verschiedensten Bereichen der Biologie, Weltraumforschung, Physik, Mathematik und Ökonomie vereinigt, ist wegweisend für eine neue Phase des fruchtbaren wissenschaftlichen Dialogs unter den besten Köpfen unserer Zeit. LaRouches sokratische Denkmethode, die sich auf die Ideen von Platon, Augustinus, Nikolaus von Kues, Leibniz, Cantor, Riemann, Beethoven und Schiller gründet, gibt Anlaß zu der Hoffnung, daß am Beginn des 21. Jahrhunderts die für das Überleben der menschlichen Gattung existentiellen Fragen gelöst werden können und eine neue moralische und kulturelle Renaissance für die Menschheit eingeleitet werden kann.

Elisabeth Hellenbroich, im März 1994

Über die Metapher

Rund 25 Jahre herrscht nun das sogenannte „New Age",
und während dieser Zeit hat die Erkenntnisfähigkeit
der Amerikaner in verhängnisvoller Weise abgenommen.
Betroffen von diesem Verlust ist im wesentlichen die Generation der heute unter Fünfzigjährigen. Schuld an dieser
geistigen Verkümmerung ist in nicht zu unterschätzendem
Maße der vielfältige Einfluß jener modernistischen Lehre,
die unter verschiedenen Namen als „Systemanalyse", „Linguistik" oder „Informationstheorie" daherkommt.

So werden Schüler heute beispielsweise kaum noch darin
angeleitet, die sokratische Erfahrung zu machen, kraft eigener Geistestätigkeit die Entdeckung eines bahnbrechenden
wissenschaftlichen Prinzips selbst nachzuerleben. Fehlt es
an dieser in Gymnasien einst üblichen Form des Unterrichts
etwa auf dem Gebiet der streng formalen und synthetischen
(konstruktiven) Geometrie, werden Schüler praktisch
außerstande sein, auch nur die einfachsten Grundlagen der
Physik nachzuvollziehen. Der moderne Unterricht hat sich
von dem häufig als „autoritär" geschmähten Vermitteln von
Ideen abgewandt; statt dessen übt sich der heutige „demo-
kratische" Unterricht mit seinen sterilen Lehrbüchern in
der Vermittlung reiner „Information".

Noch vor einer Generation war es üblich, Fortschritte eines Schülers daran zu messen, ob er vorher Gelerntes auf
bislang unbekannte Probleme anwenden und diese zu einer
konstruktiven Lösung führen konnte. Heute bedienen sich
Schulen zunehmend der angeblich „effizienteren" Praxis,
Schüler darauf zu trimmen, mit dem Computer auswertba-
re „Multiple-choice"-Fragebögen richtig auszufüllen.

Diese und viele andere praktische Anwendungen der pa-
thologischen Informationstheorie haben erheblich zu der
in den letzten Jahren feststellbaren verminderten Konzen-

trationsspanne ihrer Opfer beigetragen. Damit geht ein qualitativer Verlust genau jenes Vernunftvermögens einher, das gemeinhin mit Errungenschaften auf dem Gebiet von Wissenschaft und Technik in Verbindung gebracht wird. Im gleichen Maße aber, wie die Fähigkeit zu wissenschaftlichem Denken verloren geht, kommt dem Menschen mit dem Verständnis auch die Freude an der Kunst abhanden, ob es sich nun um klassische Musik oder um die klassischen Tragödien eines Aischylos, Cervantes[1], Shakespeare oder Schiller handelt.

Solche Beobachtungen werfen die Frage auf: Warum hat eine zunächst so harmlos erscheinende technische Lehre wie die Informationstheorie so schlimme Auswirkungen auf die Gesellschaft? Der Schlüssel zur Antwort auf diese Frage liegt in einer strengeren, sokratischen Definition der Metapher, eines Begriffs aus der Kunst. Mit „Metapher", wie etwa William Empson sie in den *Sieben Typen der Mehrdeutigkeit*[2] beschreibt, bezeichnen wir ein Phänomen, das man normalerweise mit klassischen Formen der Poesie und des Dramas in Zusammenhang bringt. Und „strenger" soll unsere Definition sein, weil wir die Metapher auch als charakteristischen Wesenszug jener Gedankenprozesse darstellen werden, die sich auf die geometrischen Grundlagen der Physik beziehen.

Damit haben wir unsere Aufgabe hinlänglich umrissen. Gehen wir also ohne weitere Vorreden an die Arbeit.

I.
WAS IST EINE METAPHER?

Wenn eine literarische Konstruktion die Aufmerksamkeit auf einen bestimmten Gegenstand, das vorgebliche Thema, lenkt, sich aber direkt oder indirekt auf einen anderen Gegenstand bezieht, sprechen wir von einer literarischen *Ironie*. Einfach ausgedrückt erhält eine solche Ironie gewöhnlich die Form des *Vergleichs*, der *Übertreibung* oder der *Metapher*. Die in der akademischen Welt landläufige Auffassung dieser Art Mehrdeutigkeit läßt sich wie folgt zusammenfassen.

Ersetzt man die herkömmliche Begrifflichkeit eines Betrachtungsgegenstands durch eine andere, bezeichnet man dies in akademischen Kreisen gewöhnlich als *Symbolismus*; eine solche Deutung kunstvoll erdachter Ironie ist jedoch falsch. Ist dieser Fehler akademischen Denkens erst einmal aufgedeckt, stößt man ziemlich direkt auch auf den der Informationstheorie Norbert Wieners zugrundeliegenden schwerwiegenden Denkfehler.

Hilfreich ist hier ein Beispiel aus der elementaren Geometrie.

Im Lehrplan der höheren Schulen war es üblich, daß der Lehrer zu gegebener Zeit die Schüler mit dem Satz des Pythagoras vertraut machte. Die Schüler wurden angehalten, den geistigen Akt der ursprünglichen Entdeckung des Pythagoras selbst nachzuvollziehen, so daß im Geist des Schülers eine Art Kopie dieses Aspekts der schöpferischen Gedankengänge des Pythagoras entstehen konnte. Die so entstandene neue Existenz im Geist des Schülers ist selbst eine besondere Art von Ding, ein Gedankending mit der *metaphorischen* Bezeichnung „Satz des Pythagoras".

Die Schwierigkeit liegt darin, daß das Gedankending mit dem metaphorischen Namen „Satz des Pythagoras" weder sinnlich wahrnehmbar ist noch durch irgendein Kommunikationsmedium explizit ausgedrückt werden kann.[3]

An dieser Stelle richten wir nun unser Hauptaugenmerk auf ein anderes Beispiel aus der synthetischen (‚konstruktiven") Geometrie, und zwar auf Nikolaus von Kues' revolutionäres Verständnis der paradoxen Lehrsätze des Archimedes über die Quadratur des Kreises.[4] Es soll uns fortan als Paradebeispiel einer strengen ersten Definition klassischer Metaphorik dienen und ist zugleich Ausgangspunkt für die Auseinandersetzung mit Wieners grundsätzlichem Trugschluß.

Nikolaus von Kues hat schon als junger Mann bewiesen, daß man durch Aneinanderfügen vieler sehr kurzer, gerader Linien keine gekrümmte Linie konstruieren kann. Dieser Beweis führte im 17. Jahrhundert direkt zur Entdeckung des Prinzips der kleinsten physikalischen Wirkung oder Aktion,* wonach alle physikalischen Funktionen „nichtalgebraisch" (oder „transzendental") anstatt arithmetisch oder algebraisch sind. Nikolaus' Entdeckung ist deshalb bedeutungsvoll, weil sie während der letzten 500 Jahre ständiger Ausgangspunkt und mathematischer Eckpfeiler der sich herausbildenden modernen Naturwissenschaft gewesen ist.

Außerdem gilt Nikolaus' Entdeckung für alle grundlegenden schöpferischen Entdeckungen in Wissenschaft und Kunst, nämlich Lösungen für wirkliche Probleme in Fällen, die mittels rein deduktiver Logik nicht gelöst werden können. Solche nichtdeduktiven Lösungen — d.h. Lösungen, die man nicht mit linearen Mitteln, wie etwa Kommunikationsmedien, ausdrücken kann — sind Gedankendinge des gleichen Typs wie die im Geist des Schülers nachvollzogene Entdeckung des Pythagoras oder Nikolaus' Entdeckung der Gattung isoperimetrischer Kreisbewegung, die sich von allen linearen Funktionen grundsätzlich unterscheidet.

Mit solchen Gedankendingen beschäftigen wir uns hier. Der Gebrauch *kommunizierbarer* Reihen von *Namen* für dieser besonderen Klasse (Gattung) angehörende Gedankendinge dient uns als geeignete Darstellungsform der Grundsätze der Metaphorik.

Wir werden auf den Gebrauch der Metapher in der Kunst zurückkommen, nachdem wir die Definition der Metapher in der Naturwissenschaft untersucht haben.

Die Quadratur des Kreises

Nikolaus ging den vier Theoremen des Archimedes zur Quadratur des Kreises auf den Grund, wobei ein Quadrat konstruiert werden sollte, dessen Fläche gleich der eines vorher

---

* Der englische Ausdruck *action* wird vom Verfasser hier im Sinne physikalischer *Wirkung* gebraucht. Wie in der Übersetzung früherer Schriften übertragen wir ihn auch mit *Aktion*. Die Verbindung *circular action* ist als *Kreisbewegung* wiedergegeben.

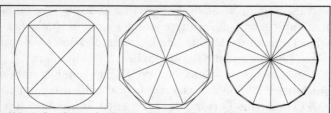

Abb. 1: Quadratur des Kreises. Die Kreisfläche läßt sich zwar aus dem Mittelwert der Vieleckpaare in immer größerer Annäherung bestimmen, je mehr Seiten das Vieleck hat; dennoch wird aus dem Vieleck ontologisch nie ein Kreis.

durch Konstruktion gewonnenen Kreises ist und das durch Konstruktion aus diesem Kreis abgeleitet ist. Diese Aufgabe kann man auf zweierlei Weise verstehen. Ein Student der Algebra würde versuchen, ein Quadrat (a^2) zu konstruieren, dessen berechnete Fläche nur unwesentlich von der des gegebenen Kreises πr^2 abweicht. Ein Student der konstruktiven Geometrie würde verlangen, daß dieses algebraische Resultat ausschließlich auf streng geometrischem Weg erzielt werden muß. Nikolaus richtete sein Augenmerk auf das letztere, geometrische Erfordernis.

Aus dem Geometrieunterricht höherer Schulen kennen wir zur Bestimmung der Fläche eines Quadrats, die der Fläche eines gegebenen Kreises annähernd gleich ist, folgende Methode: Zunächst schreibt man dem Kreis ein gleichmäßiges Dreieck oder Quadrat ein und umschreibt ihn mit einem zweiten (Abb. 1). Dann erhöht man die Zahl der Seiten durch wiederholte Halbierung der Winkel bis zu einer Zahl entsprechend 2^n. Dann nimmt man die durchschnittliche Fläche der beiden Vielecke und schätzt den Wert von π, das Verhältnis des Kreisumfangs zum Durchmesser. Dazu teilt man die durchschnittliche Fläche der beiden Vielecke durch den Faktor r^2 (das Quadrat des Radius). So ergibt sich bei n=8 für π ein Wert von etwa 3,1416321; bei n=16 liefert der geschätzte Wert von π eine wesentlich bessere Annäherung, nämlich 3,1415927.

Und doch beinhaltet dieser scheinbare algebraische Erfolg ein hartnäckiges und grundsätzliches Paradoxon. Dieses führt uns zu Nikolaus' Entdeckung und von dort weiter zur Entdeckung der Differentialrechnung nichtalgebraischer Funktionen, Funktionen kleinster Wirkung (Aktion), durch Leibniz und die Bernoullis im 17. Jahrhundert.[5]

Zugegeben, man könnte mit der angegebenen Methode geschätzter Durchschnittswerte für die beiden regelmäßigen Vielecke das Quadrat des gegebenen Kreises bis auf jede beliebige Dezimalstelle berechnen. Bleibt jedoch die Frage: Wird der Umfang des eingeschriebenen Vielecks schließlich kongruent mit dem Umfang des ihn umgrenzenden Kreises? Diese Frage stellt uns vor ein vernichtendes Paradoxon. Man nehme den Fall von n=16 und betrachte den Abschnitt des Kreisumfangs einer Winkelminute oder eines sechzigstel Grades. Jeder Grad des Kreisumfangs ist in etwas mehr als 182 Winkel des eingeschriebenen Vielecks unterteilt, auf eine Minute entfallen etwas mehr als drei (Abb. 2). Im Extremfall von n=256 kämen etwa $3,216 \times 10^{74}$ Winkel des Vielecks auf jeden Grad des Kreisumfangs. Bei einem Kreis mit einem Radius von 1 Zentimeter und bei n=112 betrüge der Abstand der Winkel entlang des Kreisumfangs nur $1,21009 \times 10^{-33}$ Zentimeter; dies entspräche dem Grenzwert der Elementarlänge in der Quantenphysik.

Im gleichen Maße, wie wir also die Schätzung der Quadrat-

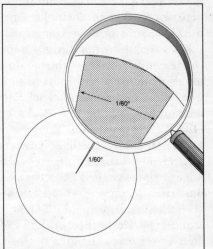

Abb. 2: Quadratur des Kreises. Ein einbeschriebenes Vieleck mit 2^{16} (65 536) Seiten sieht scheinbar aus wie ein Kreis. Entsprechend vergrößert sieht man jedoch: Jeder Grad des Kreises enthält etwas mehr als 182 Vieleckwinkel, und in jeder Bogenminute (1/60 Grad) sind es etwa drei.

fläche unseres Kreises verbessern, erhöht sich der Grad des ontologischen Unterschieds zwischen dem Kreisumfang (als Gattung geometrischer Wirkung oder Aktion) und dem Umfang unseres sich entwickelnden Vielecks 2^n als einer zweiten Gattung.

Je mehr sich der Umfang des Vielecks der Bahn des Kreisumfangs annähert, desto größer wird die Frequenz der Unstetigkeiten im Umfang des Vielecks. Damit erhöht sich der Gattungsunterschied der geometrischen Form zwischen dem Kreis- und dem Vieleckumfang. Das gilt auch für den physikalischen Bereich des kleinsten Vorstellbaren und darüber hinaus.[6]

Wir haben das Paradoxon bis in den Bereich von n=112 und n=256 getrieben, um die Intensität dieses Paradoxons spürbar zu machen. Nähert sich die Fläche des Polygons der Kreisfläche an? Natürlich. Konvergiert deshalb der Umfang des Polygons asymptotisch zu geometrischer Kongruenz mit dem Kreisumfang? Nein, ganz im Gegenteil.

Das so vom Satz des Archimedes hergeleitete Paradoxon zeigt beispielhaft, wie Probleme von grundlegender Bedeutung für die vorhandene Wissenschaft richtig gestellt werden müssen. Die Lösung dieses Paradoxons ist für alle Bereiche der Wissenschaft von geradezu *einzigartiger* Bedeutung.

Derartige Paradoxa hat Platon in seinem Dialog *Parmenides* unter dem umfassenden Thema „Das Eins und das Viele" behandelt.[7] Fälle solch einzigartiger Entdeckungen sind die nacheinander entstandenen Arbeiten über die „Platonischen Körper" von Platon[8], Luca Pacioli und Leonardo da Vinci[9] und Johannes Kepler[10]. Ähnlich ist es bei dem Prinzip der kleinsten Wirkung, dessen Behandlung durch Fermat, Huygens, Leibniz und die Bernoullis[11] auf der vorausgegangenen Entdeckung des isoperimetrischen Prinzips und dessen Bedeutung für die Platonischen Körper fußt. Wir wollen die entscheidenden Aspekte dieser Zusammenhänge beleuchten.

Das isoperimetrische Prinzip

Wendet man Platons Methode der Betrachtung von Paradoxa — wie er sie in seinem *Parmenides* zum Ausdruck bringt — auf die Quadratur des Kreises an, so kommt man zu Ergebnissen, die für die Lösung einer Reihe grundlegender wissenschaftlicher Entdeckungen aus der Zeit von etwa 1440 bis 1700 n. Chr. von größter Bedeutung sind. Aus gutem Grund formulieren wir diese Aspekte alle vom negativen Standpunkt:

1. Die Kreisbewegung ist eine besondere geometrische *Gattung* der Aktion in der Raum-Zeit, die man aus keiner *Gattung* linearer Konstruktion ableiten kann. Es ist also jede *positive* Definition der Kreisbewegung ausgeschlossen, insofern diese irgendwo einen *Punkt* oder den Abschnitt einer *Geraden* (wie den Radius) nötig hat.

2. Die Kreisbewegung wird einfach (negativ) als *kleinste Aktion* einer geschlossenen perimetrischen Bewegung definiert, welche die verhältnismäßig größte Fläche einschließt. (Deshalb ist in Nikolaus' Entdeckung das Prinzip der kleinsten Wirkung von Fermat-Huygens-Leibniz und Bernoulli gewissermaßen als „Erbgut" schon enthalten.)

3. Die Kreisbewegung als *geschlossene* Bewegung bildet einen ununterbrochenen Umfang (eine kontinuierliche Mannigfaltigkeit) mit eigenen metrischen Charakteristika, die in Umdrehungen und Teilumdrehungen gezählt werden. Eine lineare kontinuierliche Mannigfaltigkeit hat keine eigene Metrik außer der, die ihr durch das sie äußerlich begrenzende Kontinuum höherer geometrischer Ordnung gegeben wird.

4. Die Kreisbewegung schafft eine äußere Begrenzung und bestimmt so alle linearen Konstruktionsgattun-

gen. Dies wird unterstrichen durch die Paradoxien der erwähnten Platonischen Körper, von denen es eben nur fünf gibt, wie schon Platon, Pacioli, Leonardo und Kepler feststellten. Und im Zuge der verschiedenen Arbeiten über die Zykloiden seit Christiaan Huygens wurde zur allgemeinen Regel: Alle physikalischen und arithmetrischen Funktionen sind erst dann richtig formuliert, wenn sie in Form einer nichtalgebraischen Funktion ausgedrückt werden, die sich „erblich" aus dem Keim der Zykloide und dem Prinzip der kleinsten Wirkung herleiten läßt, das den Zykloidenfunktionen zugrunde liegt. Im Bereich der Physik wurde dies von Leonardo da Vinci und später den Bernoullis zuerst für das Licht (Ausbreitung elektromagnetischer Strahlung) und die Hydrodynamik nachgewiesen.

5. Eine weiteres entscheidendes Charakteristikum der Kreisbewegung ist dies, daß sie unser Universum in bezug auf negative und positive Krümmung definiert, wobei die negative Krümmung nachweislich überwiegt. Kepler hat diesen Punkt in seiner kleinen Schrift aus dem Jahre 1611, *Vom sechseckigen Schnee*[12], sehr gut zusammengefaßt. Die Schneeflocke ist das Ergebnis eines unbelebten Vorgangs, der durch die Funktion positiver Krümmung bei der Definition der Packdichte kugelförmiger Blasen bestimmt ist.[13] Die negative Krümmung des Innenraums sämtlicher Blasen* bestimmt Strukturen, die „erblich" mit den fünf

---

* LaRouche erweitert hier den herkömmlichen Begriff der *negativen Krümmung*, der nur im Raume gilt und bei dem die Krümmungsmittelpunkte auf verschiedenen Seiten der Oberfläche liegen müssen. LaRouche unterscheidet hingegen zwischen der *positiv gekrümmten* Außenseite einer Kugel deren *negativ gekrümmter* Innenseite. Auf die Ebene übertragen verdeutlicht dies Abb. 4 auf Seite 29. Durch das Abrollen von Kreisen an der Außenseite eines Kreises entstehen positiv gekrümmten Oberflächen entsprechende Epizykloiden, an der Innenseite dagegen negativ gekrümmten Oberflächen entsprechende Hypozykloiden.

Platonischen Körpern und deshalb auch mit den harmonischen Ordnungen zusammenhängen, die sich aus dem Goldenen Schnitt des Großkreises der umgebenden Kugel ergeben.[14]

Man kann sich das Universum als überalldicht** gepackte, kugelförmige Blasen aller erdenklichen Radien vorstellen; das einzige begrenzende Charakteristikum einer allgemeinen „nichtalgebraischen" Funktion zeigt, daß es notwendigerweise so sein muß. Ende des 17. Jahrhunderts wurde implizit bewiesen, daß diese „blasenhafte Universalität" des Prinzips der kleinsten Wirkung auch der elektromagnetischen kleinsten Wirkung und ihrer hydrodynamischen Form entspricht. Dabei hängt die Strahlungsfrequenz mit dem Radius einer entsprechenden Gruppe resonierender Blasen zusammen.[15]

Jede dieser Entdeckungen geht mit einer besonderen Art von Paradoxon einher, das auch als „echtes Paradoxon" bezeichnet werden könnte. Im Falle der Quadratur des Kreises besteht das Paradoxon darin, daß die Nichtkongruenz des Vieleckumfangs mit dem Kreisumfang um so extremer zutage tritt, je mehr man sich der Fläche des Kreises annähert. Das Motto für das „echte Paradoxon" könnte demnach lauten: „Je größer der scheinbare Erfolg, desto größer das tatsächliche Scheitern."

So ist es auch im Fall der fünf Platonischen Körper: Je mehr wir versuchen, die von Platon beschriebenen Begrenzungen zu umgehen, wie es Archimedes, Pacioli und andere taten, um so besser verstehen wir die Einzigartigkeit des Dodekaeders und des Goldenen Schnitts der negativen Krümmung des betreffenden Großkreises.

Ende des 17. Jahrhunderts zeigten die Arbeiten von Huygens, Leibniz und den Bernoullis über isochrone Kurven, die in der Mechanik und bei Licht Wege der gleichen Zeit

---

** Vgl. Georg Cantor, *Grundlagen einer allgemeinen Mannigfaltigkeitslehre*", §8.

(Tautochronie) oder der kürzesten Zeit (Brachistochronie) darstellen, daß alle mögliche Aktion in unserem Universum der mehrfachen Interaktion von Kreisbewegungen mit Kreisbewegungen entsprechen muß, anstatt der geradenförmigen Interaktion zwischen jeweils zwei Punkten. Die Ansammlung paradoxer, negativer Überlegungen begrenzte somit die annehmbaren Alternativen zu ebendiesen bloß negativen oder paradoxen Überlegungen. Ein Bewußtseinssprung war nötig, um den Ausweg aus einer solchen Verkettung ausschließlich negativer Überlegungen zu finden. Platons *Parmenides* liefert ein Beispiel für die Natur des Problems.

Dem erfolgreichen Entdecker fällt plötzlich eine Lösung ein. Doch kann diese Lösung, dieses Gedankending, mit den üblichen Kommunikationsmedien nicht direkt vermittelt werden. Wie können wir dann aber wissen, ob das neuentstandene Gedankending schlüssig ist oder nicht, wenn es nicht explizit mitgeteilt werden kann? Unter zwei Bedingungen muß ein solches Gedankending als schlüssig angesehen werden. Erstens muß es allen negativen Anforderungen des gegebenen Paradoxons genügen. Zweitens muß es über diese negativen Anforderungen hinaus uns befähigen, geeignete Hypothesen zu bilden, um damit in Bereiche vorzudringen, die uns ohne die Hilfe dieser neuen Gedankendinge verschlossen blieben.

Indem wir die negativen Vorbedingungen einer Hypothese kenntlich machen und gleichzeitig von dem neuen Gedankending neue, weiterführende Gedankengänge ableiten, vermitteln wir unserem eigenen Bewußtsein und dem Bewußtsein anderer den formalen Beweis für die Gültigkeit des Gedankendings. Deshalb können wir relativ sicher sein, daß auf diese Weise von verschiedenen miteinander kommunizierenden Intellekten erzeugte Gedankendinge kongruent sind.

Aus diesem Grund können diejenigen, denen das Gedankending vertraut ist, das gemeinsame Wissen um das Gedankending austauschen, indem sie ihm einen Namen geben, obwohl das Gedankending selbst seiner Natur nach weder als dingliches Objekt dargestellt noch durch ein Medium formaler Kommunikation — und dazu gehört auch die Sprache der Mathematik — vermittelt werden kann.

Die Notwendigkeit der Metapher

Bisher haben wir das Gedankending als nachweisbare Lösung für solche besonderen Paradoxa vom Typus des Parmenides-Paradoxons bei Platon beschrieben. Wir haben angedeutet, daß diese Gedankendinge im Verhältnis zu den Charakteristika des Kommunikationsmediums, in dem das Problem *negativ* gestellt worden ist, als relativ unumschränkte Unstetigkeiten auftreten. Deshalb, so haben wir gezeigt, kann das Gedankending selbst im Rahmen dieses Kommunikationsmediums nicht ausdrücklich beschrieben werden. Aber ein Hörer, in dessen Geist ein Gegenstück des betreffenden Gedankendings vorhanden ist, kann den Bezug zu einem solchen Gedankending dennoch herstellen.

In der klassisch-humanistischen höheren Schulbildung konzentriert man sich darauf, die Schüler mit den wichtigsten grundlegenden und anderen damit zusammenhängenden wichtigen Erkenntnissen der Entwicklungsgeschichte des Wissens unserer Zivilisation vertraut zu machen. Dabei sollten so viel wie möglich Originaltexte verwendet werden, soweit sie erhalten und in einer Form verfaßt sind, die die Schüler bei ihrem jeweiligen Wissensstand verstehen können. Nur wenn solche Quellen nicht existieren, sollte man sich auf Nacherzählungen stützen, die das Paradoxon, das zu einer bestimmten originellen Entdeckung führte, richtig und wirksam darstellen.

Diese Form der Einführung in die Originaltexte im Unterricht muß einer Ordnung folgen; die Anordnung in Euklids *Elementen* der Geometrie verdeutlicht die Wahl einer solchen Ordnung vom formalistischen Standpunkt. Die Ordnung wird weiterhin durch die Überlegung bestimmt, daß man zuerst eine Erkenntnis meistern muß, um von dort aus zur nächsthöheren vorzudringen. Eine gründliche höhere Schulbildung lehrt die Geometrie und bildende Kunst als *Bereich visueller Erfahrung*, während der Schüler zur gleichen Zeit Sprachen, Literatur und Musik lernt — den *Bereich des Hörens*. Die historische Ordnung der Wissenschaften des Sehens und Hörens gehört unverzichtbar zum Studium des Aufstiegs der europäischen (christlich-humanistischen) Renaissance des 15. Jahrhunderts aus Altertum und Mittelalter. Darauf aufbauend muß die Weltgeschichte nach der Renaissance studiert werden.

Solch eine klassisch-humanistische höhere Schulbildung bringt mehrere äußerst wichtige Ergebnisse hervor.

Zunächst vollzieht der Schüler in jedem einzelnen Fall eine originelle Entdeckung nach. Er repliziert bei sich etwa die gleichen Denkprozesse, die der ursprüngliche Entdecker seinerzeit durchlaufen hat.

Später macht der Schüler eine weitere Schlüsselentdeckung anhand einer anderen Originalquelle, die sich, nicht anders als der Schüler, auf die erste Quelle stützte, und so fort. So werden beispielsweise auf dem Gebiet der Mathematik und Physik im Geist des Schülers immer mehr historische Persönlichkeiten der Wissenschaft lebendig, und zwar in einer Weise, daß der Schüler diese Personen nicht nur als Charaktere in einer Geschichte erlebt, sondern als lebendige, denkende Menschen, weil er einige ihrer schöpferischen Gedankengänge in seinem eigenen Geist nachvollzogen hat.

Funktionen der „Unstetigkeit"

In dem bisher behandelten Beispiel aus der Geometrie, dem platonischen Paradoxon, das bei Archimedes' Schätzung der Quadratur des Kreises auftritt, zeigt sich, daß selbst bei einem regelmäßigen Vieleck mit weit mehr als den logisch schon nicht mehr sinnvollen angenommenen 2^{256} Seiten immer noch eine klar erkennbare, meßbare Lücke zwischen der kleineren Fläche des eingeschriebenen Vielecks und der etwas größeren Fläche des entsprechenden Kreises bestehen bleibt. Das Bestehenbleiben dieser Lücke, wie sehr man auch die Seitenzahl des Vielecks vergrößern mag, ist der Modellfall eines einfachen Typus mathematischer Unstetigkeit. Die Unstetigkeit besteht nicht in der Größe der Lücke; die Unstetigkeit besteht in der bleibenden, *transfiniten* Diskretheit dieser Lücke, wie klein sie auch immer werden mag.[16]

Diese Klasse einfacher Unstetigkeiten gilt es von einem übergeordneten Standpunkt aus zu untersuchen. Auf diese Weise erkennt man die Natur der geistigen Existenzen, die wir als Gedankendinge bezeichnet haben. Betrachten wir formale Lehrgebäude, sogenannte Theoremgitter.[17]

Die folgenden drei einander ergänzenden Aussagen liefern eine kurze Definition eines deduktiven Theoremgitters. Gegeben sei eine vollständige Menge deduktiver Axiome und Postulate:

1. Kein von dieser Axiom- und Postulatmenge abgeleitetes, folgerichtiges Theorem sagt irgendetwas aus, das nicht bereits implizit in den gegebenen, zugrundeliegenden Annahmen enthalten war.

2. Jedes Theorem dieses Gitters, das aufgestellt wird, um eine Erfahrung wiederzugeben, wird lediglich die Ideen der *ontologischen Eigenschaften* und *Verhaltensmöglichkeiten* zum Ausdruck bringen, die bereits in der dem Gitter zugrundeliegenden, vollständigen Menge axiomatischer und postulierender Annahmen enthalten waren.

3. Jeder Beweis, der ein einziges deduktiv folgerichtiges Theorem eines solchen Theoremgitters widerlegt, beweist zugleich, daß die zugrundeliegende vollständige Axiom- und Postulatmenge, von denen alle und alle möglichen Hypothesen oder Theoreme des Theoremgitters abhängen, fehlerhaft gewesen sein muß.

In dem Maße also, wie die angestrebte Entwicklung der mathematischen Physik eines Descartes und Newton darauf abzielt, sich als deduktives Theoremgitter zu vervollkommnen, erhöht die Entwicklung dieser Physik sowohl die Zahl der Theoreme als auch die deduktive Kohärenz des sich erweiternden Theoremgitters. Wenn nun die Natur nur in einem einzigen Fall ein scheinbar folgerichtiges Theorem dieses Gitters widerlegt, dann muß die gesamte, dem Gitter zugrundeliegende Axiom- und Postulatmenge geändert werden. Die Veränderung muß den Widerspruch mit der Natur in dem einen entscheidenden Fall aufheben, aber ohne dabei andere Lehrsatztypen aufzustellen, die einem Experiment nicht standhalten.

Wir wollen das Prinzip axiomatischer Folgerichtigkeit eines deduktiven Theoremgitters mit dem zuweilen verwendeten Begriff des „Erbprinzips" bezeichnen. Die Folge A, B, C, D, E, ...[18] bezeichnet eine erfolgreiche, allgemeine, schrittweise aufeinanderfolgende Verbesserung des deduktiven Theoremgitters A. Der Unterschied zwischen zwei angrenzenden Gliedern dieser Folge liegt in einer Veränderung der dem vorhergehenden Glied zugrundeliegenden Axiom- und Postulatmenge. Aufgrund dieser Veränderung gibt es keine deduktive Folgerichtigkeit zwischen irgendeinem Glied dieser Folge und allen anderen Gliedern dieser gleichen Folge. Die Lücke, die alle Glieder einer Folge mit deduktiver Absolutheit voneinander trennt, ist eine diskrete Unstetigkeit in demselben allgemeinen Sinn wie die Lücke zwischen den linear konstruierten, regelmäßigen Vieleckumfängen und der ganz anderen, isoperimetrischen Qualität der betreffenden, das Vieleck umschreibenden Kreisbewegung.

Im einfachen Fall der Quadratur des Kreises haben wir es mit einem einzigen Gegenstand, eben diesem Kreis, zu tun. In Nikolaus von Kues' Behandlung dieses Paradoxons ist der Keim der sogenannten „nichtalgebraischen" oder „transzendentalen" Funktion bereits angelegt; um das klar zu sehen, sind aber weitere Schritte erforderlich. Wir müssen ein Prinzip erkennen, das jeglicher kompetenten Mathematik zugrunde liegt und zum Begriff der isoperimetrischen Kreisbewegung gehört; wir müssen die allgemeine Gültigkeit eines nichtalgebraischen Prinzips anerkennen, das Gottfried

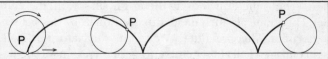

Abb. 3: Zykloide. Ein Punkt P auf einem kleinen Kreis, der auf einem sehr großen Kreis (oder einer Gerade, wenn r=∞) entlangrollt, beschreibt eine nichtalgebraische Kurve, die Zykloide genannt wird.

Leibniz und andere als *Analysis situs* (Analysis der Lage, Topologie) bezeichneten. Die Zykloide ist der beste Ausgangspunkt für die Behandlung dieser Fragen in der höheren Schule.

Man rolle einen relativ kleinen Kreis *r* entlang dem äußeren Umfang eines sehr großen Kreises *R.* Als Resultat erscheint der Umfang des sehr großen Kreises *R* fast als gerade Linie.[19] Am Ausgangspunkt der Rollbewegung berührt der Umfang des Kreises *r* den Umfang des größeren Kreises im Punkt P_0; dem entspricht Punkt *P* auf dem Umfang des kleineren Kreises. Man rolle den Kreis *r* im Uhrzeigersinn und schaffe damit eine Reihe von Berührungspunkten von *P* auf dem Kreis *R,* immer wenn der rotierende Punkt *P* den Umfang von *R* wieder erreicht. Auf diese Weise bildet die Bahn von *P* zwischen den Punkten P_0 und P_1 eine gekrümmte Linie, eine Zykloide, ähnlich wie bei Roberval[20] oder Christiaan Huygens[21] (Abb. 3).

Wenn man im Unterricht die Zykloiden noch ausführlicher durchnimmt, erhält man ein anderes Ergebnis, wenn man den Kreis *r* entlang der Innenseite statt entlang der Außenseite des Umfangs von Kreis *R* rollt. Man untersuche die Ergebnisse bei *R=2r, R=3r, R=4r* und *R=5r* (Abb. 4). Diese Konstruktionen lenken unsere Aufmerksamkeit darauf, daß zwischen der *positiven* Krümmung an der Außenseite und der *negativen* Krümmung an der Innenseite eines Kreisumfangs ein wichtiger Unterschied besteht.

Dann folgen wir Huygens bei seiner Behandlung der *tautochronen* Kurven sowie der Konstruktion der *Involute* aus der *Evolute* und umgekehrt.[22] Zusammen mit Huygens, Leibniz, den Bernoullis und anderen entdecken wir mehrere Dinge,

Abb. 4: Hypozykloiden und Epizykloden. Die Figuren, die beim Rollen eines kleinen Kreises an der Innenseite eines anderen Kreises entstehen, sind von anderer Art, als wenn der kleine Kreis an der Außenseite rollt. Stellt man sich die hier abgebildeten zweidimensionalen Figuren als Querschnitte dreidimensionaler Gebilde vor, dann wird deutlich, daß das Rollen an der Innenseite negativ gekrümmte Flächen erzeugt, während das Rollen an der Außenseite zu positiv gekrümmten Flächen führt. In diesem Sinne unterscheidet der Autor zwischen negativer und positiver sphärischer Krümmung.

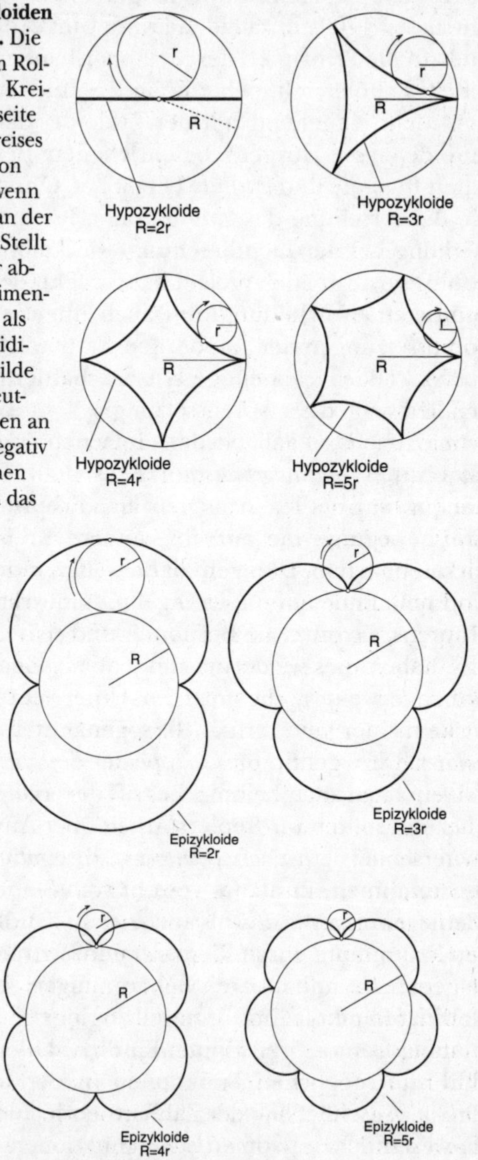

Hypozykloide
R=2r

Hypozykloide
R=3r

Hypozykloide
R=4r

Hypozykloide
R=5r

Epizykloide
R=2r

Epizykloide
R=3r

Epizykloide
R=4r

Epizykloide
R=5r

die für alle gültigen Entwicklungen in der mathematischen Physik seit 1700 entscheidend sind, Dinge, die direkten Einfluß auf die Prinzipien der Metapher haben.

Kein Schüler sollte eine höhere Schule abschließen, der sich nicht eingehend mit der Zykloide, der Tautochronie und den von Huygens beschriebenen Beziehungen zwischen Involute und Evolute befaßt hat. Ohne dies und ohne die Beherrschung des tautochronen Prinzips der kleinsten Wirkung bei der Lichtbrechung, wie Leibniz und die Bernoullis sie ab 1690 dargelegt haben, fehlt dem Schüler jede kompetente Vorbildung, um auch nur die elementarsten Voraussetzungen der „modernen Naturwissenschaft" zu begreifen. (Wie viele heutige Wissenschaftler und Ingenieure erfüllen wohl diese Voraussetzung?)

Im einfachsten Fall, bei den einfachen Zykloiden, versteht man unter *nichtalgebraischen Funktionen* diejenige Funktionengruppe, die, sozusagen als „Erbprinzip", aus einer Kreisbewegung, die auf eine andere Kreisbewegung einwirkt, entstehen. Dies geht dann weiter, indem eine weitere Kreisbewegung auf dieses Ergebnis einwirkt, und so weiter. Huygens, Leibniz, die Bernoullis und später Gaspard Monge[23] haben dies wiederum um jene abgeleiteten Konstruktionen erweitert, die man im Unterricht durch das Abwickeln einer Leine erhält, die sogenannten *Evoluten* und *Involuten.* Dazu gehört die Gruppe der *Einhüllenden*[24] und dem Prinzip nach auch Leibniz' Begriff der *Analysis situs*[25]. Rückblickend sollten wir Keplers Arbeit über Anwendungen des Unterschieds zwischen *positiver* und *negativer* Krümmung[26] hinzunehmen, und zwar sowohl vom Standpunkt der elementaren *Analysis situs* als auch der Behandlung der negativen Krümmung durch Riemann und Beltrami, womit letztere gegen die unhaltbaren Behauptungen von Clausius und Kelvin, Helmholtz und Maxwell angingen[27].

Außer Cantors transfiniten Kardinalzahlen oder *Alefs* ($\aleph$) sind alle möglichen Funktionen in der mathematischen Physik, einschließlich der Zahlentheorie, nichtalgebraische, im wesentlichen geometrische Funktionen dieser erweiterten *transzendentalen* Form. Dieser besondere Punkt führt uns bald zu dem Problem, das durch den weitverbreiteten Einfluß von Scharlatanerien wie der „Informationstheorie", „Systemanalyse" oder „Linguistik" eines Russell, Korsch, Carnap, Harris und Chomsky[29] entstanden ist.

Metapher und Funktion

Die hier eingeführte Folge $A, B, C, D, E,$ ... definiert die geordnete Reihenfolge ihrer Glieder. Die „Variable" dieser Ordnung sind nicht die Glieder selbst, sondern vielmehr die Unstetigkeiten, welche die einzelnen Glieder von allen anderen trennen. Diese Unstetigkeiten sind der Ausgangspunkt für ein nachvollziehbares Verständnis der ontologischen Natur jener Kategorie von Gedankendingen, von denen oben die Rede war.

Man betrachte Cantors *Alefs*: $\aleph_0$, $\aleph_1$, $\aleph_2$ usw. Diese *Alefs* bilden wie jede andere Folge eine *Mannigfaltigkeit*. Diese Mannigfaltigkeit ist bei Cantor ein Ordnungs*typus*; dieser *Typus* hat ontologisch dieselbe Qualität der Unstetigkeit, die $\aleph_0$ von $\aleph_1$ und von allen anderen Gliedern der Folge trennt.

Diese Mannigfaltigkeit und ihr *Ordnungstypus* lassen sich nicht auf den Begriff einer *Funktion* im herkömmlichen Sinn von „Funktion" reduzieren, den wir zur Bestimmung einer Klasse geometrischer, nichtalgebraischer oder transzendentaler Funktionen verwenden. Dennoch ist die *Alef*-Mannigfaltigkeit mit ihren vielen möglichen Ordnungen von einer typischen Qualität aller dieser Ordnungen bestimmt. Dies impliziert eine gewisse „Funktion", jedoch nicht im herkömmlichen Sinn einer mathematisch-physikalischen Funktion. Die Geschichte beweist die Existenz einer solchen höheren Qualität der Alef-Mannigfaltigkeit.

Das Fortbestehen unserer menschlichen Gattung ist eine einmalige Demonstration dafür, daß es Funktionen gibt, die Folgen von Unstetigkeiten der Art $A, B, C, D, E,$ ... ordnen; sie bewirken diese Ordnung, also existieren sie. Wie wir aber gerade festgestellt und wie Cantor und Gödel bewiesen haben, gehören diese Funktionen nicht zum Typus nichtalgebraischer Funktionen. *Subjektiv* existieren diese mehr-als-

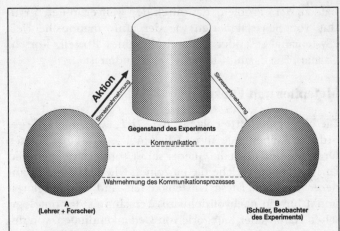

Abb. 5: Wirkung eines Experiments. Nicht das Experiment als solches, sondern die vielfältigen Beziehungen zwischen Lehrer, Schüler und Gegenstand des Experiments bewirken, daß das Gedankending im Geist des Lehrers auch im Geist des Schülers entsteht.

transzendentalen Funktionen vom *Alef-Typus* nur innerhalb der souveränen Grenzen des individuellen Geistes, sie lassen sich in den linearen Begriffen irgendeines Kommunikationsmediums nicht explizit darstellen. Trotzdem existieren diese höheren, *subjektiven* Funktionen mit Sicherheit, denn sie sind nachweislich Wirkursachen in unserem physikalischen Universum.

Diese höheren Funktionen sind Merkmal des wissenschaftlichen Fortschritts und der Art und Weise, wie dieser die pro Kopf gemessenen, produktiven Fähigkeiten des Menschen zur Beherrschung des Universums erhöht. Diese historische Tatsache zeigt, daß die subjektive schöpferische Denkfunktion mit dem physikalischen Universum in einer Weise umgeht, die nahelegt, daß die Verständigung zwischen dem Menschen und dem Universum *als Ganzem* ähnlich funktioniert wie die Kommunikation derartiger Gedankendinge als Gedankendinge. Diese Funktionen grundlegenden wissenschaftlichen Fortschritts, die jenseits aller formalen mathematischen Physik wirken, kennzeichnen die historische Beziehung des Menschen zur wissenschaftlichen Beherrschung des Universums.

Nachdem unsere These nun umrissen ist, untersuchen wir die Beziehungen zwischen *Namen, Gedankendingen* und *unserem Universum*. Wir wollen zunächst von drei Bereichen sprechen. *Erstens* vom Bereich der Gedankendinge innerhalb der souveränen Grenzen des geistig-schöpferischen Lebens eines einzelnen Menschen. *Zweitens* von der entsprechenden Ebene der Sinne und der Kommunikationsmedien. *Drittens* über ein zugrundeliegendes Prinzip des physikalischen Universums jenseits der Oberflächlichkeit sinnlicher Erfahrung, das das gesetzmäßige Verhalten des Universums bestimmt und gewisse Veränderungen in unserer Handlungsweise „anerkennt" und positiv auf sie reagiert.

Zu Abbildung 5. Die Person *A* sei ein Lehrer und Forscher, der ein Experiment durchführt, Person *B* ein Schüler und Beobachter des Experiments. Dazu kommt der Gegenstand des Experiments *X. A* wirkt auf *X* ein, das ist die Aktion. Schüler *B* beobachtet *X* und *A*s Einwirken auf *X* während des Experiments. Außerdem kommuniziert *A* mit *B*, und umgekehrt, vor und während des Experiments sowie danach.

A beginnt mit dem Gedankending in seinem eigenen Geist und regt den Schüler *B* an, dieses Gedankending im Geist nachzuschaffen. Dabei wendet er die Methode *sokratischer Negation* an, die in allen Fällen geeignet ist, welche die Kriterien eines *echten Paradoxons* erfüllen. Nehmen wir uns ein Beispiel vor, das diese Phase der Wechselwirkungen von *A, B* und *X* verdeutlicht und mit Nikolaus von Kues' isoperimetrischem Prinzip zusammenhängt: den Beweis, warum es *nicht mehr als fünf Platonische Körper* gibt.[30]

Man nehme drei Großkreise, die auf der Oberfläche einer Kugel bewegt und in beliebiger Neigung zueinander angeordnet werden können, wie Reifen mit dem gleichen Radius wie die Kugel. Wenn man nun mit solchen Reifen experimentiert, wird man feststellen, daß bei einer Anordnung, bei der sich die Reifen in einer Weise schneiden, daß ihr Umfang in jeweils vier gleiche Kreisabschnitte unterteilt wird, auf der Kugeloberfläche acht gleiche, regelmäßige

Dreiecke entstehen. Die sechs Punkte paarweiser Überschneidung der Reifen bilden die Eckpunkte eines Oktaeders (Abb. 6).

Das gleiche wiederhole man mit vier oder sechs Reifen. Bei vier Reifen ergibt sich eine paarweise Überschneidung an zwölf Punkten, entsprechend den zwölf Eckpunkten ei-

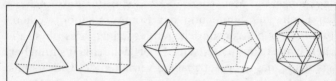

Abb. 6a: Die fünf Platonischen Körper: Tetraeder, Würfel, Oktaeder, Dodekaeder und Ikosaeder. Jeder ist aus gleichen Flächen und gleichen Winkeln konstruiert.

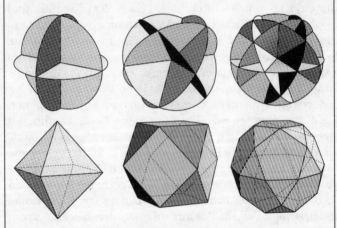

Abb. 6b: Ableitung der Platonischen Körper aus der Kugel. Die Kugelfläche wird durch große Kreise (Reifen) gleichmäßig unterteilt: Die äquidistanten Schnittpunkte dreier Reifen bilden die Ecken eines Oktaeders; die von vier und sechs Reifen ergeben die abgeflachten Körper Kuboktaeder und Ikosidodekaeder. Mehr als sechs Reifen können nicht in dieser Weise angeordnet werden.

Aus dem Ikosidodekaeder erhält man ein Dodekaeder, indem man die Mittelpunkte der dreieckigen Flächen verbindet, und ein Ikosaeder, indem man die Mittelpunkte der fünfeckigen Flächen verbindet.

nes Kuboktaeders. (Ein Kuboktaeder entsteht, wenn bei einem Würfel oder Oktaeder die Ecken auf halber Kantenlänge abgeschnitten werden.) Die Kugeloberfläche ist jetzt in acht gleiche regelmäßige Kugeldreiecke und sechs gleiche, regelmäßige Kugelvierecke unterteilt. Jeder Großkreis wird von den anderen in sechs gleiche Kreisabschnitte geteilt.

Benutzt man sechs Reifen, so entstehen dreißig Punkte paarweiser Überschneidung, welche die Eckpunkte eines Ikosidodekaeders bilden. (Ein Ikosidodekaeder entsteht, wenn bei einem Ikosaeder oder Dodekaeder die Ecken auf halber Kantenlänge abgeschnitten werden.) Die Kugeloberfläche ist in zwölf gleiche regelmäßige Kugelfünfecke und zwanzig gleiche, regelmäßige Kugeldreiecke unterteilt. Jeder große Kreis wird von den anderen in zehn gleiche Kreisabschnitte geteilt.

Man kann dann beweisen, daß es keine weitere Aufteilung der Kugel gibt, welche die Großkreise in gleiche Kreisabschnitte teilt. Der Grenzfall der sechs Reifen, der die Konstruktion von zwölf fünfeckigen Flächen ergibt, unterstreicht die Sonderstellung des Dodekaeders und die dadurch bedingte Einmaligkeit der fünf Platonischen Körper.[31] Aus der Sechs-Reifen-Figur, die das Ikosaeder und Dodekaeder enthält, lassen sich auch Würfel, Oktaeder und Tetraeder einfach ableiten (Abb. 7).

Der Goldene Schnitt ergibt sich dann aus dem Verhältnis zwischen Großkreisradius und Sehne des Zehnecks, das jedem Großkreis eingeschrieben ist (Abb. 8); oder er ergibt sich aus einem der vielen wohlbekannten inneren Maßverhältnisse des Fünfecks, das durch Projektion des sphärischen Fünfecks auf eine Ebene entsteht. In beiden Fällen ist hervorzuheben, daß das Verhältnis von der Konstruktion auf der Kugeloberfläche abgeleitet wird, und nicht von irgendeinem gegebenen Fünfeck oder der Teilung eines Kreises zum Fünfeck mit Hilfe irgendwelcher algebraischer Kniffe.

Diese Herangehensweise erklärt mehrere sehr bedeutende Punkte:

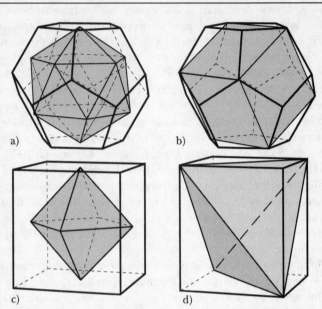

Abb. 7: Ableitung der Platonischen Körper aus dem Dodekaeder.
a) Der Ikosaeder ergibt sich aus dem Dodekaeder durch Verbindung der Mittelpunkte der Seiten. b) Den Würfel erhält man aus dem Dodekaeder, wenn man die passenden Diagonalen zweier Fünfeckkanten miteinander verbindet. c) Die Mittelpunkte der Würfelseiten entsprechen den sechs Ecken des Oktaeders. Und das Tetraeder mit seinen sechs Kanten und vier Ecken entsteht durch Verbindung der Diagonalen der sechs Würfelquadrate.

1. Es wird die Notwendigkeit unterstrichen, diese regelmäßigen Vielflächner von regelmäßigen Dreiecken, Vierecken oder Fünfecken auf einer Kugeloberfläche abzuleiten. Dies hängt mit unserer früheren Untersuchung über die paradoxen Bemühungen zur Quadratur des Kreises zusammen. Die Konstruktion der regelmäßigen Körper ist *von außen* durch die Kugel oder *sphärische Aktion* begrenzt und bestimmt.

2. Es wird nachgewiesen, daß nur regelmäßige Teilungen der Kugeloberfläche durch die Faktoren 3, 4 und 5

möglich sind. Deshalb entspricht das Dodekaeder der *äußeren Grenze* der Konstruktion, da er aus fünffacher Teilung abgeleitet wird. Man kann keinen regelmäßigen Körper aus Flächen mit sechs oder mehr Ecken konstruieren.

3. Es wird aufgezeigt, daß alle fünf regelmäßigen Körper von der Konstruktion des aus Fünfecken zusammengesetzten Dodekaeders abgeleitet sind.

Deutlich in diese Richtung weist auch folgende Betrachtung der harmonischen Ordnung im Zusammenhang mit dem Goldenen Schnitt.

Nach der herkömmlichen Unterrichtspraxis wird die Konstruktion des Goldenen Schnitts als notwendig für die Konstruktion des regelmäßigen Fünfecks beschrieben. Diese scheinbar harmlose Praxis hat wesentlich zur Verbreitung von allerhand Unsinn beigetragen. Man kann diesen Unsinn vermeiden, wenn man den Goldenen Schnitt in direktem Zusammenhang mit dem Beweis der Einmaligkeit der fünf Platonischen Körper betrachtet. Um diesen Punkt zu veranschaulichen, ziehe man noch einmal Paciolis *De Divina proportione* zu Rate.

Pacioli, Leonardo da Vinci und andere haben gezeigt, daß im Größenbereich direkt beobachtbarer alltäglicher Vorgänge alle belebten Prozesse eine harmonische Wachs-

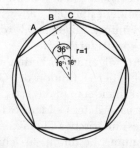

Abb. 8: Ableitung des Goldenen Schnitts aus der Sechs-Reifen-Figur. Jeder Großkreis ist in zehn gleiche Kreisbögen unterteilt, die jeweils einen Winkel von 36° abgrenzen. Um zwei rechtwinklige Dreiecke zu erhalten, halbiert man den Winkel. $\overline{AB}$ = $\overline{BC}$ = sin 18° = 0,3090. Die Sehne des Zehnecks $\overline{ABC}$ beträgt also 0,618. Das Verhältnis des Radius = 1 zur Sehne = 0,618 entspricht annähernd dem Goldenen Schnitt.

tumsordnung und Funktionsmorphologie aufweisen, deren *Typus* dem Goldenen Schnitt entspricht. Alle unbelebten Prozesse weisen einen anderen *Typus* harmonischer Ordnungsmerkmale auf. Johannes Kepler kommt später in verschiedenen Arbeiten auf diesen Punkt zurück, unter anderem in seiner Abhandlung über die Schneeflocke. Modernes Anschauungsmaterial läßt keinen Zweifel an der Richtigkeit der Beobachtung von Pacioli, Leonardo, Kepler und anderen.

Leider passiert es nur zu oft, daß Leute, die auf diesen besonderen platonischen Zusammenhang lebendiger Prozesse mit dem Goldenen Schnitt hinweisen, diese Verbindung entweder zu einer Art kabbalistischer Spekulation herabwürdigen oder den Goldenen Schnitt lediglich als ein bestimmtes Maßverhältnis im Kreis darstellen, ohne zu erklären, woher es kommt. Durch solche Vereinfachung wird die Frage der harmonischen Ordnung anfällig für den unzutreffenden Vorwurf der Zahlenmystik. Die letztgenannte Nachlässigkeit tritt auf, wenn der Goldene Schnitt entweder als „Goldenes Mittel" mißverstanden oder lediglich aus einem Fünfeck abgeleitet wird, das aus einem gegebenen Kreis konstruiert wurde.

Wenn folgende Vorbedingungen eines rigorosen Vorgehens bei der Definition des Goldenen Schnitts erfüllt werden, vermeidet man das Risiko irreführender Mystifikation.

Erstens wird der Goldene Schnitt als *notwendiges* (innewohnendes) metrisches Charakteristikum negativer sphärischer Krümmung bestimmt, als charakteristisches Merkmal bei der Erzeugung eines Dodekaeders aus einer Kugel.

Zweitens wird festgestellt, daß alle Platonischen Körper aus der Konstruktion des Dodekaeders abgeleitet werden können.

Drittens ist diese Frage der sphärischen Bestimmung der Einmaligkeit der Platonischen Körper vom Standpunkt der oben entwickelten Methode abgeleitet, um das tiefe Paradoxon bei Archimedes' Quadratur des Kreises zu erkennen und zu lösen. Kurz, daß die *sphärische Aktion*, da sie einer anderen, höheren Gattung angehört als irgendein Vielfläch-

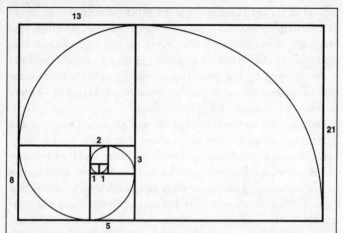

Abb. 9: Fibonacci-Reihe. Leonardo von Pisa versuchte mit Hilfe der Fibonacci-Reihe 1+1+2+3+5+8+13+ ... eine mathematische Darstellung von Wachstum. Jedes Glied ist die Summe der beiden vorangegangenen Glieder. Je größer die Zahlen werden, desto geringer wird die Differenz zum Verhältnis des Goldenen Schnitts, ohne es aber je zu erreichen. Denn die Fibonacci-Reihe beschreibt kein Wachstumsprinzip, sondern ist nur eine Methode der Annäherung wie bei Archimedes' Quadratur des Kreises.

ner, die Konstruierbarkeit und metrischen Merkmale der gesamten Gattung der Polyeder von außen begrenzt und somit bestimmt.

Diese Punkte werden noch unterstrichen, wenn man den paradoxen Prozeß der Quadratur des Kreises mit der Art vergleicht, wie eine dem Goldenen Schnitt entsprechende harmonische Ordnung die lineare Fibonacci-Reihe *von außen begrenzt* (Abb. 9).[32] Man kann dies mit Keplers unterschiedlichen Arten, Kugeln in ein Gefäß zu packen, im Gegensatz zu negativen oder positiven sphärischer Krümmungen vergleichen (siehe Anhang). Kurz, der Goldene Schnitt ist eine bestimmte, notwendige Umgrenzung einer Packart des Typus, den die „Wachstums"-Reihe der Fibonacci-Zahlen illustriert, und zwar unter Bedingungen negativer Krümmung. Mit dieser Beobachtung verschwindet jeder Anlaß zur Mystifikation.

Nachdem der Lehrer *A* diesen Stoff behandelt hat, lenkt er die Aufmerksamkeit des Schülers auf die Arbeiten von Huygens und dessen Nachfolgern über *Tautochronie* und *Brachistochronie*.[33] Dabei lernt der Schüler a) *die Grundbegriffe der Zykloide,* b) *Huygens' Beweis, daß die Zykloide tautochrone Eigenschaften hat* und c) *Johann Bernoullis Beweis, daß eine tautochrone Kurve zugleich brachistochron ist.**

Als nächste Unterrichtseinheit nimmt sich Lehrer *A* die Arbeiten durch, auf die sich Johann Bernoulli bezog, nämlich Huygens' *Abhandlungen über das Licht*[34]. Dabei verwendet *A* relevante Stellen über Licht und Hydrodynamik aus den *Codices* von Leonardo da Vinci, aus den Arbeiten von Fermat und Texten, worin Fermat, Leibniz und die Bernoullis einem universalen Prinzip der kleinsten Wirkung nachgehen. Zusammen mit Bernoullis Versuch stellen die geometrischen Konstruktionen, die zum Beweis herangezogen werden, das Experiment *X* dar; Bernoullis Versuch selbst ist das entsprechende physikalische Experiment.

Dieses Experiment zeigt, daß das Universum anders ist, als René Descartes und Isaac Newton es dargestellt haben. Zunächst zeigt die Gleichwertigkeit von Tautochronie und Brachistochronie im Fall einer *konstanten relativen Lichtgeschwindigkeit,* daß der Begriff der physikalischen Funktion in unserem Universum die Gruppe jener nichtlinearen, nichtalgebraischen Funktionen erfordert, die vom isoperimetrischen Prinzip abgeleitet werden. Dieser Begriff nichtalgebraischer Funktion geht über alle arithmetisch-algebraischen Funktionen, die von paarweisen, linearen Kausalbeziehungen ausgehen, hinaus. Deswegen sind Descartes und Newton widerlegt. Nichtalgebraische und algebraische Konzeptionen stehen hinsichtlich des kausalen Prinzips im Widerspruch, und es ist nachgewiesen, daß die algebraische Sichtweise grundsätzlich falsch ist.

Das heißt, auch die Vorstellung des cartesischen Raumes ist von vornherein axiomatisch falsch. Letztlich verhält es sich bei Isaac Newton genauso, doch ist sein Fall historisch

---

* Siehe dazu Abb. 4-6 in „Mozarts Revolution...".

von größerem ironischen Interesse. Newton gibt selbst zu, daß seine mathematisch-physikalische Methode auf die Absurdität eines Universums hinausläuft, das wie ein mechanisches Uhrwerk „abläuft".[35] Die Frage, wer „die Uhr aufzieht", wird später zu einem wesentlichen Gegenstand der Korrespondenz zwischen Leibniz und Clarke, welcher Newtons Standpunkt vertrat.[36] In den fünfziger Jahren des 19. Jahrhunderts versicherte sich Rudolf Clausius auf Anraten Lord Kelvins der Zusammenarbeit des Mathematikers Hermann Günther Graßmann, als er das Dogma von der sogenannten „universalen Entropie"[37] festlegte, das auch als „Zweiter Hauptsatz der Thermodynamik" bekannt ist und lediglich eine modernere Version der irrigen „Uhrwerk"-Theorie Newtons aus dem 17. Jahrhundert darstellt. Für die Diskussion hier ist entscheidend, daß — anders als Clausius, Kelvin, Helmholtz, Rayleigh und Boltzmann im 19. Jahrhundert — Newton im 17. Jahrhundert deutlich sagte, daß die „universale Entropie" in seiner Physik von einem *Fehler in der von ihm verwendeten Mathematik* herrührt.

Das stellt Lehrer *A* vor eine große Herausforderung. Schüler *B* fragt: „Gibt es Entropie?" „Ja", antwortet *A*, „*aber nicht als Leitprinzip des physikalischen Universums.*" *B* ist darüber verwundert. *A* erinnert ihn an Kepler: „Erinnerst du dich an Keplers Arbeiten?"

„Erinnerst du dich, wie wir diese Frage bei Keplers Abhandlung über den *Sechseckigen Schnee* besprochen haben?" Positive Krümmung verbindet man mit unbelebten Funktionen wie der Schneeflocke, die unter anderem das Charakteristikum der Entropie aufweisen. Negative Krümmung jedoch verlangt eine nichtentropische Ordnung, die dem Goldenen Schnitt als begrenzender Funktion entspricht.

Hier geht es darum, daß in einem Universum, das überdicht mit kugelförmigen Blasen gepackt ist[38], die Einhüllende aller positiven Krümmungen negativ gekrümmt ist. Gewisse Phasenzustände unseres Universums können entropisch sein, während es andere nicht sind. Seit langem wußten wir, daß der astrophysikalische Bereich ebenso wie die belebten Prozesse negentropisch ist; in jüngerer Zeit haben

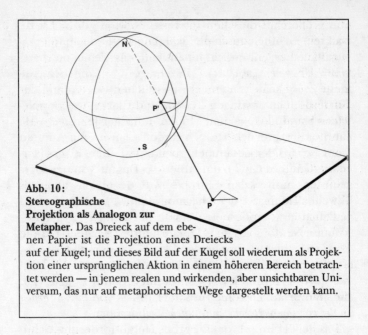

Abb. 10:
Stereographische
Projektion als Analogon zur
Metapher. Das Dreieck auf dem ebenen Papier ist die Projektion eines Dreiecks auf der Kugel; und dieses Bild auf der Kugel soll wiederum als Projektion einer ursprünglichen Aktion in einem höheren Bereich betrachtet werden — in jenem realen und wirkenden, aber unsichtbaren Universum, das nur auf metaphorischem Wege dargestellt werden kann.

wir entdeckt, daß auch der Bereich des Allerkleinsten – wie im Fall der „kalten Fusion" bewiesen – negentropischen Charakter zeigt.

Deshalb hatte Newton durchaus recht, wenn er die von ihm gewählte cartesische Algebra für den „Erbfehler" seiner *Principia* verantwortlich machte, daß nämlich das Newtonsche Universum von Zeit zu Zeit wie eine Uhr „aufgezogen" werden muß. Die aufeinanderfolgenden elementaren Entdeckungen, die A und B hier gemeinsam machen, beinhalten alle bedeutsame Veränderungen der zugrundeliegenden Axiom- oder Postulatmenge, die dem sokratischen Denken nicht verborgen bleibt.[39] Der Unterschied zwischen Leibniz' Physik und dem fehlerhaften, unbrauchbaren Modell Newtons hilft uns, einige Wesenszüge des Metaphersystems der modernen Wissenschaft zu erkennen.

Man besinne sich auf die Grundbegriffe der stereographischen Projektion, die uns hier als Analogon zur Metapher dienen soll (Abb. 10). Die Kugel *NS* ruht auf einem ebenen Stück Papier. Punkt *S*, in dem die Kugel die Ebene berührt, heißt Südpol; der gegenüberliegende Punkt *N* Nordpol. Um ein beliebiges Bild von der Ebene auf die Oberfläche der Kugel *NS* zu übertragen, führe man einen Strahl ausgehend vom Nordpol der Kugel die Bildumrisse auf dem Papier entlang. Wo der bewegliche Strahl die Oberfläche der Kugel schneidet, liegt die sphärische Entsprechung des ebenen Bildes.

Nun wird die Projektion umgekehrt: vom Bild auf der Kugel zu dem Schatten, den der bewegliche Strahl auf das ebene Papier wirft. Dann fügt man noch ein drittes Element hinzu; das Bild auf der Kugel soll selbst die Projektion eines ursprünglichen Bildes aus einem unbekannten Reich sein, aus dem wirklichen, unsichtbaren Universum, das sich hinter den metaphorischen Sinnbildern unserer sinnlichen Erfahrung verbirgt. Dieses unsichtbare, wirkliche Universum soll in Annäherung *metaphorisch* durch Cantors *Typus* der *Alef*-Mannigfaltigkeit ausgedrückt werden. Der Bereich der im Geist vorhandenen naturwissenschaftlichen Funktionen soll in der Kommunikation metaphorisch durch einen um die *Analysis situs* bereicherten, erweiterten *Typus* nichtalgebraischer Funktionen dargestellt werden. Der *Typus* deduktiver Theoremgitter bezeichnet schließlich metaphorisch die niedrigste Ordnung, die lineare Welt aristotelisch-nominalistischer sinnlicher Gewißheit.

Metaphorisch bilden die drei Ebenen in dieser Kombination den Bereich der Metapher. Den *Typus*, der alle möglichen Beziehungen zwischen den drei Ebenen umfaßt, definieren wir als Funktion der Metapher. Dies gilt in der Physik genauso wie für das klassische Drama, die Poesie und die Musik.

Negentropie

Bevor wir uns von den Gedankendingen der Physik den klassischen Künsten zuwenden, müssen wir noch zwei Angelegenheiten der Physik klären. Die eine betrifft natürlich die Frage: „Wenn formale, explizit kommunizierbare Aspekte der Physik nur metaphorisch sind, wo bleibt dann die Vorstellung einer *objektiven* mathematischen Physik?" Die zweite Überlegung bezieht sich auf den Begriff der *Negentropie*, den Professor Wiener so grausam mißbraucht hat. Wir betrachten zunächst die Frage der Negentropie, bevor wir zur Objektivität der formalen Physik kommen.

Vor Pacioli und Leonardo da Vinci, deren Arbeiten wir beschrieben haben, lieferte Leonardo von Pisas Fibonacci-Reihe die mathematische Darstellung von Wachstum. Die Fibonacci-Reihe stellt aber kein *Wachstumsprinzip* dar, sondern nur den Versuch, den Begriff des Wachstums mit Methoden wie bei Archimedes' Quadratur des Kreises zu beschreiben. Wir haben bereits betont, daß der Goldene Schnitt die verlängerte Fibonacci-Reihe begrenzt, wie der Kreis den 2^n-Eckumfang begrenzt, wobei das Begrenzende einer anderen, höheren Gattung angehört, als das, was umgrenzt wird; und das Höhere läßt sich nicht „erblich" aus dem Niedrigeren herleiten.

Es gibt einen weiteren Begriff von Wachstum, der einer einfachen Zinseszinsfunktion $(1 + x)^t$ entspricht. Elliptische Funktionen von Kegelschnitten des Wachstumszyklus liefern die Charakteristika dieses Wachstums (arithmetisches Mittel, geometrisches Mittel, harmonisches Mittel, arithmetisch-geometrisches Mittel, siehe Abb. 11). Wachstumsfunktionen höherer Ordnung sind hyperkonisch. Sie verdeutlichen die Erzeugung einer immer dichteren Folge augenscheinlicher Unstetigkeiten, das beobachtbare Erkennungsmerkmal von Wachstum *an sich* oder *negativer Entropie (Negentropie)*.

Anders ausgedrückt: *Wachstum* dieses Typus', der für lebendige Prozesse charakteristisch ist, läßt sich mit deduktiven mathematischen Mitteln wie der Fibonacci-Reihe, die auf paarweiser Wechselwirkung entlang gerader Linien beruht, nicht darstellen. Der Versuch, Negentropie anhand von Ludwig Boltzmanns statistischer Mechanik („H-Theorem") zu beschreiben, wie Wiener es versucht hat, ist von Anfang an zum Scheitern verurteilt.[40]

Wesensmerkmal menschlichen wissenschaftlichen Fort-

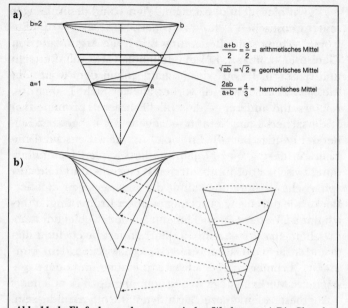

a)

b=2 ———————————— b

$\dfrac{a+b}{2} = \dfrac{3}{2} =$ arithmetisches Mittel

$\sqrt{ab} = \sqrt{2} =$ geometrisches Mittel

a=1 ———————————— a

$\dfrac{2ab}{a+b} = \dfrac{4}{3} =$ harmonisches Mittel

b)

Abb. 11a-b: Einfaches und negentropisches Wachstum. a) Die Charakteristika einfachen Wachstums — arithmetisches, geometrisches und harmonisches Mittel — werden durch elliptische Funktionen gerader Kegelschnitte bestimmt. b) Wachstumsfunktionen höherer Ordnung sind hyperkonisch, d.h. sie entsprechen einer Mannigfaltigkeit von Kegeln mit wachsendem Öffnungswinkel. Ihr Charakteristikum ist die wachsende Dichte der Unstetigkeiten.

schritts sind, wie gesagt, Veränderungen der axiomatischen Grundlage der Theoremgitter, die zum *Typus* der Cantorschen *Alef*-Mannigfaltigkeit gehören. Der Prozeß der biologischen Evolution gehört der Form nach zum gleichen Typus, und Keplers Universum ist letztlich vom gleichen *Typus*. Bis zum 20. Jahrhundert beobachteten wir diesen *Typus* bei lebendigen Prozessen, bei sichtbaren Ergebnissen schöpferischer Entdeckungen und bei Keplers Ordnung des gesamten Universums. In jüngster Zeit beobachten wir das gleiche Muster elementarer Ursächlichkeit auch im Bereich der physikalischen Chemie bei Größenordnungen von 10^{-16} bis 10^{-17} cm.

Es geht hier nicht nur darum, Wiener und die Anhänger seiner gnostischen Lehren zu widerlegen. Der Begriff „Entropie" erhielt seine Bedeutung durch die Argumente von Clausius, Graßmann, Kelvin, Helmholtz, Maxwell, Rayleigh und später auch von Wissenschaftlern auf dem Kontinent wie Max Planck. Wie wir vorher aus der Sicht Leonardos, Keplers und anderer — einschließlich deren prominenten Widersachers Isaac Newton — angedeutet haben, bezeichnet der heutige Begriff „Entropie" für die wissenschaftliche Literatur des 16. und 17. Jahrhunderts Keplers Unterscheidung zwischen der fünfblättrigen Blume, die durch *negative* sphärische Krümmung, und der sechseckigen Schneeflocke, die durch enge Packung positiver Krümmungen* bestimmt ist. Weitere Entwicklungen auf dem Gebiet der Leibnizschen *Analysis situs* im 19. Jahrhundert beleuchten den grundsätzlichen Gattungsunterschied zwischen dem *entropischen* „Erbmerkmal" positiver Krümmung und dem *negentropischen* Merkmal negativer Krümmung noch deutlicher.

Aus diesen elementaren Gründen sollte offenkundig sein, daß das mathematische Schema eines Graßmann, auf das sich Clausius und Kelvin bei der Einführung des sogenannten „Zweiten Hauptsatzes der Thermodynamik" stützten, ein Schwindel ist, eine absichtlich falsche Darstellung, die nur einer Seite der Menge von Theoremen in Schrödingers ψ-Funktion entspricht.[41] Nach Pacioli, Leonardo oder Kepler begrenzt positive sphärische Krümmung von außen ein System linearer Veränderungen (Funktionen), die durchweg dem *entropischen* „Erbmerkmal" folgen, während die negative sphärische Krümmung, die von außen begrenzende Krümmung universaler physikalischer Prozesse, Prozesse erzeugt, die — wie das Leben selbst — *negentropischen* Charakter haben.

Diese „erblichen" Unterschiede zwischen der harmonischen Ordnung positiver und negativer sphärischer Krümmung betreffen offensichtlich auch den metaphorischen

---

* „Dunstkügelchen", siehe Kepler, Vom sechseckigen Schnee, im Anhang dieses Buches.

Bereich der nichtalgebraischen Funktionen, das heißt die mittlere der drei Funktionsebenen der Metapher. Was hier als Negentropie erscheint und die Harmonie negativer sphärischer Krümmung zeigt, ist natürlich von außen durch den höheren Cantorschen *Typus* der *Alef*-Mannigfaltigkeit begrenzt und dieser untergeordnet. Auf der Ebene eines einfachen deduktiven Theoremgitters existiert die Negentropie als Konzept eines vorherrschenden, bestimmenden Prozesses überhaupt nicht.[42]

Es ist im Prinzip nicht falsch, wenn man allgemein anerkannte Namen zur Bezeichnung bestimmter Phänomene verwendet. Absurd bis hin zum Wahnsinn wird es erst, wenn wir den radikalen Nominalisten folgen und unsere Ansichten über die Physik der Erscheinungen auf die strikte Wörterbuchdefinition dieser Begriffe beschränken. Denn die Kommunikation beschränkt sich nicht darauf, auf etwas zu zeigen und dabei ein Wort oder irgendeine Benennung auszusprechen. Bei dem zivilisatorischen Bemühen, eine gebildete Sprache zu entwickeln, versehen wir diese Sprache mit einer Methode, den Platz eines Phänomens im Universum und gleichzeitig einige interne Beziehungen innerhalb des Phänomens nachzuzeichnen und mitteilbar zu machen.

Das wichtigste Merkmal jeder gesprochenen Hochsprache muß in ihrer Philosophie liegen, der Art und Weise, wie sie die Beziehungen zwischen Ursache und Wirkung ontologisch definiert und „nachzeichnet". Die Unterschiede im Sprachgebrauch beim „Nachzeichnen" der Beziehungen zwischen Ursache und Wirkung können absolut oder nur relativ sein. *Absolut* sind sie, wenn sie untrennbar mit dem allgemein üblichen Gebrauch der betreffenden Sprache verbunden sind; *relativ* sind sie, wenn sie eine von mehreren möglichen Gebrauchsformen dieser Sprache wiedergeben.

Man beachte die Ähnlichkeit zu „mathematischen Sprachen".

Absolute philosophische Unterschiede trennen die reduktionistische Algebra eines Descartes von der nichtalgebraischen Darstellung einer Funktion durch Leibniz. So lange wir aber den Gebrauch der reduktionistischen Algebra auf die einfache Beschreibung gewöhnlicher, unwesentlicher Phänomene beschränken, kann Algebra ein nützliches Werkzeug sein. Es gibt aber Umstände, unter denen die unterlegene, philosophisch falsche Methode einer solchen Algebra vermieden werden muß und die überlegene, nichtalgebraische Methode erforderlich ist — beispielsweise bei der Behandlung von Fragen, die mit dem Prinzip der kleinsten Wirkung zu tun haben.

Diese Überlegung führt uns zu einem höheren Grad der Metapher.

Zu Beginn haben wir den einfachsten Aspekt unseres Themas betont, die metaphorische Beziehung zwischen einem einzigen Begriff und einem nicht aussprechbaren, aber realen, einzelnen Gedankending. Jetzt müssen wir Gedankendinge höherer Ordnung in Betracht ziehen; wir müssen bedenken, daß ganze Aussagen über „nachgezeichnete" Beziehungen zwischen Ursache und Wirkung, manchmal sogar ganze Bücher, Metaphern für ein einziges Gedankending sein können. Wenden wir uns nun einer grundlegenden Veranschaulichung dieses Punktes zu.

Bei der Behandlung einiger einfacher Gedankendinge auf wissenschaftlichem Gebiet haben wir uns bisher mit einer Reihe entscheidender Gedankendingen beschäftigt, die von Pythagoras, Platon, Archimedes, Euklid, Nikolaus von Kues, Luca Pacioli, Leonardo da Vinci, Johannes Kepler, Pierre Fermat, Christiaan Huygens, Gottfried Leibniz und Johann Bernoulli stammen. Wenn man das ursprüngliche, echte Paradoxon und seine Lösung mit einem Namen, Porträt und kurzen Lebenslauf des jeweiligen Urhebers in Verbindung bringt, dann assoziiert man diese Bilder fortan mit der Erinnerung an das eigene Nacherleben der Schaffung des entsprechenden Gedankendings, wie sie seinerzeit der Urheber selbst erlebte.

Nach welcher Ordnung sollen diese Entdecker in unserem Gedächtnis ihren Platz finden? Bei der wissenschaftlichen Arbeit darf man nicht nur chronologisch vorgehen, man muß vielmehr dem eigentlich offensichtlichen Prinzip „des notwendigen Vorgängers" unter allen bisherigen entscheidenden Entdeckungen folgen. Dieses ordnende Prinzip erlaubt eine Anzahl gleichwertiger, aber unterschiedlicher Reihenfolgen der gleichen Entdeckungen. Jede solche Ordnung einer Reihe von Gedankendingen ist wieder ein besonderes Gedankending, das die Eigenschaft des Cantorschen *Typus* hat und selbst wiederum dem *Typus* einer *Alef*-Mannigfaltigkeit untergeordnet ist.

Man betrachte ein offensichtliches Beispiel. Wir haben mit Nikolaus von Kues' Entdeckung aus dem Jahre 1430 begonnen, der Entdeckung eines isoperimetrischen Prinzips, das paradoxerweise den Theoremen von Archimedes zugrunde liegt. Dieser Begriff der Isoperimetrie, wie ihn Nikolaus entwickelt hat[43], bereitete zwischen dem Ende des 15. und dem frühen 16. Jahrhundert den Boden für eine Reihe entscheidender Entdeckungen von Pacioli, Leonardo da Vinci und anderen. Leonardo und andere bezogen sich in ihren Arbeiten über die von Platon entdeckten, im Goldenen Schnitt enthaltenen Folgerungen auf Platon, Archimedes, Euklid, Nikolaus von Kues (und möglicherweise auch auf Augustinus' Schrift *De musica*)[44]. Dies bereitete den Boden für Keplers wichtige Entdeckungen. Leonardo da Vinci kam auf derselben Grundlage zur entscheidenden Entdeckung der transversalen Wellenfunktion bei der Ausbreitung elektromagnetischer Wellen und der endlichen Lichtgeschwindigkeit, die erst im 17. Jahrhundert (annäherungsweise) gemessen wurde. Das Werk Leonardo da Vincis, Keplers, Fermats, Desargues' und Pascals beseelte wiederum die Entdeckungen von Huygens, Leibniz und den Bernoullis hinsichtlich des Prinzips der kleinsten Wirkung und damit zusammenhängender Eigenschaften nichtalgebraischer Funktionen.

Wenn wir diese Abfolge vom Standpunkt der Regel untersuchen, daß der Übergang von einer oder mehreren entscheidenden Entdeckungen zu einer nachfolgenden entscheidenden Entdeckung immer nach der paradoxen Art vor sich gehen muß, in der wir anfangs ein Gedankending bilden, dann führt diese Methode des Aufbaus einer Ordnung zu einem Gedankending höherer Ordnung mit der Eigenschaft, die aufeinanderfolgende Schaffung der Gedankendinge dieser besonderen Reihenfolge begrifflich zusammenzufassen. Dieses höherwertige Gedankending ist deshalb von ausgeprägt Cantorschem *Typus*: Wenn man diese Reihe von Gedankendingen so betrachtet, als wären sie in dieser Auswahl und Reihenfolge von einem konstanten Prinzip des Unterschieds erzeugt worden, dann bilden sie eine derart beschriebene Mannigfaltigkeit oder Teilmannigfaltigkeit. Das höherwertige Gedankending, das sich aus dieser geordneten Reihenfolge ergibt, ist der *Typus* dieser Mannigfaltigkeit oder Teilmannigfaltigkeit.

Von diesem Standpunkt betrachtet muß jegliche Kommunikation bedeutender Ideen notwendigerweise metaphorisch sein.

Das Phänomen einer derartigen fortschreitenden Ordnung einer Folge von Gedankendingen gemäß einem solchen *Typus* des höheren Gedankendings beschreiben wir mit dem Begriff *Negentropie*. Für den Unterricht stellen wir uns den Fall vor, in dem ein dieser Abfolge innewohnendes Prinzip eine Reihe immer höherer Organisationszustände hervorbringt.

Stellen wir uns zum Beispiel vor, an einem bestimmten Punkt bestehe die höhere Form der Materie in unserem Universum entweder aus Neutronen oder Wasserstoffatomen. Indem wir diese durch Fusion miteinander verschmelzen, schaffen wir ein Periodensystem der Elemente und ihrer Isotope. Worin liegt bei diesem Bild der Fusionsentwicklung die Negentropie? Liegt sie darin, daß Lithium einen „höheren Organisationszustand" hat als Wasserstoff? Oder ist es nicht vielmehr so, daß das Universum jetzt Neutronen, Wasserstoffatomen und außerdem Helium- und Lithiumatome enthält? Das soll heißen: Höhere Organisationszustände des *Gesamtprozesses* werden nacheinander, und zwar im Einklang mit einem höheren, zusammenfassenden Prinzip eines periodischen Systems im allgemeinen, hervorgebracht: In letzterem Aspekt liegt die Negentropie.

Die Subjektivität der Wissenschaft

Unter den zahlreichen Errungenschaften der modernen Wissenschaft lauert die absurde, aber weit verbreitete Täuschung, die „Physik" habe „materialistisch" und „objektiv" zu sein. Die schlimmste und am weitesten verbreitete Form dieser Täuschung geht davon aus, die wissenschaftliche Methode wäre im wesentlichen statistisch, und die „Mathematik" beschäftigte sich mit dem Messen von Kräften, die auf einer geraden Linie zwischen zwei Punkten wirken. Auf diese Täuschung gründet sich auch der weit verbreitete Schwindel der „Systemanalyse" sowie Prof. Norbert Wieners „Informationstheorie".

Die Absurdität solcher Definitionen „objektiver Wissenschaft" ist einfach zu beweisen; der Autor hat diesen Beweis im Rahmen einer Einführung in Leibniz' Wissenschaft der physikalischen Ökonomie geführt.[45] Wir fassen die dahinter stehenden Überlegungen Punkt für Punkt zusammen.

1. Wäre der Mensch ein Tier, etwa ein Affe, ein Geschöpf, das bei seiner sozialen Reproduktion auf „primitives Jagen und Sammeln" beschränkt ist, dann hätte die menschliche Bevölkerung dieses Planeten nie zehn Millionen Personen überschritten.

2. Das Wachstum der menschlichen Bevölkerung und die damit einhergehende längere Lebenserwartung sowie die Erhöhung des Lebensstandards verdanken wir dem, was wir einfach und zutreffend als „wissenschaftlich-technischen Fortschritt" bezeichnen. Wir messen diese Funktion des Fortschritts anhand des Anstiegs der potentiellen Bevölkerungsdichte der Menschheit; dies bedeutet einen höheren Lebensstandard *pro Kopf* und eine längere Lebenserwartung, während gleichzeitig immer weniger Landfläche erforderlich ist, um einen einzelnen Menschen am Leben zu erhalten.

3. Diese Verbesserungen finden ihren Ausdruck in einer Aufeinanderfolge erfolgreicher, durchgreifender Veränderungen im Produktivverhalten des Menschen, wobei diese Aufeinanderfolge der Folge von Unstetigkeiten entspricht, die wir mit *A, B, C, D, E, ...* bezeichnet haben. Diese Veränderungen im Verhalten aufeinanderfolgender Ebenen der Höherentwicklung einer Gesellschaft entsprechen in Form, Funktion und Auswirkung der erfolgreichen biologischen Evolution der Gattungen niederer Lebewesen.[46]

4. Deshalb ist es eine *subjektive* Frage, wie der *Typus* der Reihenfolge von Gedankendingen entdeckt und ausgewählt wird, die einer negentropisch geordneten Aufeinanderfolge revolutionärer Veränderungen bekannter wissenschaftlicher Prinzipien entspricht. Es geht darum zu entdecken, welcher subjektive *Typus* des geistig-schöpferischen Schaffens von Gedankendingen einer negentropisch beschleunigten Steigerung des kulturellen Vermögens der Menschen entspricht, die potentielle Bevölkerungsdichte weiter anzuheben.

Von diesem Standpunkt aus ist dieses Gedankending höherer Ordnung — ein *Transfinitum* — eigentlicher Gegenstand der Wissenschaft. Es setzt den formalen wissenschaftlichen Fortschritt in Beziehung zur Anstiegsrate der durch wissenschaftlichen Fortschritt erhöhten potentiellen Bevölkerungsdichte einer bestimmten Kultur. Anders ausgedrückt: Es geht um die Fähigkeit des Menschen, willentlich die Fähigkeit seiner Gattung zu verbessern, ihre bestimmende Existenz im Universum auf Dauer und immer erfolgreicher zu sichern.

Diese Sichtweise widerspricht dem gängigen materialistischen *Mythos* einer angeblich „objektiven Wissenschaft", der den Menschen nur als beobachtenden Mathematiker anerkennt.

„*Ich sehe mich selbst schaffen*, wobei ich Schöpfung als das gemeinsame Prinzip der mit Namen bezeichneten Gedankendinge grundlegender Entdeckungen von Platon, Archimedes, Nikolaus von Kues, Leonardo, Kepler und Leibniz definiere. Meine eigene schöpferische Aktivität sehe ich in dem Bemühen, der Mannigfaltigkeit dieser ehrwürdigen Namen der ursprünglichen Entdecker ein höheres Gedankending, einen Cantorschen *Typus* zuzuordnen. Meine Untersuchung richtet sich unmittelbar darauf, für diese *Alef*-Mannigfaltigkeit eine bestimmte Ordnung auszuwählen und dieser Ordnung einen *Typus* zuzuordnen. Dieser *Typus* definiert ein relativ grundlegendes wissenschaftliches Prinzip oder vielmehr die Aufstellung einer Hypothese über ein solches Prinzip; Platon bezeichnet sie als ,Hypothese der höheren Hypothese'. Ich setze nun die hypothetische Auswahl des *Typus* in Beziehung zur sichtbaren Ordnung eines durch wissenschaftlichen Fortschritt ermöglichten Anstiegs der relativen potentiellen Bevölkerungsdichte, wobei ich relativ überlegene mit relativ unterlegenen physikalisch-ökonomischen Kulturstufen vergleiche."

Dieses In-Beziehung-Setzen kennzeichnet die Physik; das Streben, alle Hypothesen der höheren Hypothese als eine Mannigfaltigkeit noch höheren Typus begrifflich zusammenzufassen, macht die *Physik* aus.[47]

Wie an anderer Stelle beschrieben[48], sieht dieses Phänomen im einzelnen folgendermaßen aus. Schließt man aufgrund eines einzigen entscheidenden (oder „einzigartigen") Paradoxons eines bestimmten *Typus* hypothetisch auf einen neuen Ordnungstypus der Mannigfaltigkeit (oder Teilmannigfaltigkeit) entscheidender Gedankendinge grundlegender wissenschaftlichen Entdeckung, dann muß diese neue Hypothese in einem entscheidenden Aspekt auch experimentell bewiesen werden. Zum Plan eines solchen Experiments gehört entweder eine Versuchsanordnung oder eine andere, dem Versuch verwandte Beobachtungsmethode.

So wird die Entdeckung eines wissenschaftlichen Prinzips in einen allgemeinen Anstieg sozialer Produktivität umgesetzt: zuerst die grundlegende Entdeckung eines transfiniten Ordnungsprinzips, dann der Plan für ein Experiment, und dann der aus diesem Experiment gewonnene Entwurf einer neuen Werkzeugmaschine (oder analoger Innovationen). Auf jeder Stufe dieses Prozesses ist das Entscheidende die Schaffung eines neuen konzeptionellen Gedankendings, und zwar durch, innerhalb und in Übereinstimmung mit dem individuellen schöpferischen Geist der souveränen individuellen Persönlichkeit.

Wir sollten noch einmal betonen, daß der hier beschriebene Prozeß Platons „Hypothese der höheren Hypothese" entspricht. Die höhere Hypothese ist der *Typus* von Kardinalität, dem eine Mannigfaltigkeit (oder Teilmannigfaltigkeit) von Gedankendingen entspricht, die in einer besonderen Weise geordnet sind. Bei der Aufstellung einer bestimmten höheren Hypothese, der Hypothesenbildung bei der Auswahl einer oder mehrerer solcher höheren Hypothesen für eine Reihe individueller Gedankendinge, bringt selbst wieder eine Mannigfaltigkeit solcher verschiedenen *Typen* ins Spiel. Den *Typus* der letztgenannten Mannigfaltigkeit sollten wir im Sinn haben, wenn wir von *Physik* sprechen.

Mit anderen Worten: Die Wissenschaft der Physik ist der Prozeß des Entdeckens der Gesetzmäßigkeiten unserer individuellen schöpferischen Denkprozesse, die uns zu Entdeckungen eines *Typus* führen, der eine Veränderung unserer Kultur bewirkt, so daß die potentielle Bevölkerungsrate unserer Gattung in optimaler Weise ansteigt. Deshalb ist die Physik im wesentlichen eine subjektive Wissenschaft.

Zugegebenermaßen ist das noch nicht alles. Wenn ein bestimmter Typus der „Hypothese der höheren Hypothese" die Physik ausmacht, dann beweist uns der dadurch erreichte Anstieg der potentiellen Bevölkerungsdichte, daß die erkennbare, gesetzmäßige Ordnung in der Natur dem Prozeß der Vervollkommnung unserer Hypothese der höheren Hypothese entspricht. Unsere erfolgreiche Hypothesenbildung der höheren Hypothese, und nicht unsere Sinneseindrücke, bilden also die Grundlage zur Erkenntnis des gesetzmäßigen Aufbaus und der ontologischen Merkmale des wirklichen physikalischen Universums, das wir mit unseren Sinnen nur zum Teil erfassen können. Unsere schöpferischen Geistesprozesse wenden sich nicht direkt an sinnlich wahrnehmbare Gegenstände als solche. Menschliches Denken kennt nur *Veränderung*; wir kennen nur eine denkbare Übereinstimmung zwischen einer Veränderung in unserem Verhalten und einer entsprechenden Veränderung im sichtbaren Verhalten der Natur. Die Beziehung der beiden *Typen* von Veränderung macht die Gesamtheit der eigentlichen Physik aus. Diese Beziehung können wir erkennen; alles andere in der Natur müssen wir auf diesem Wege erforschen, welcher die Veränderung vor alles andere stellt, denn das universale Grundgesetz in der Raum-Zeit ist nichts als Veränderung.

Dieser Punkt wird deutlicher, wenn wir uns nun den historischen Wurzeln des Widerstands gegen die eben dargelegte Auffassung zuwenden.

Die Opposition der „Materialisten"

Hauptgegner unserer Leibnizschen Auffassung von Wissenschaft und moderner Widersacher von Platon, Nikolaus von Kues, Leonardo da Vinci, Kepler und Leibniz ist der sogenannte „materialistische" oder „mechanistische" Standpunkt eines Francis Bacon, Robert Fludd, Elias Ashmole, René Descartes, John Locke und Isaac Newton. Das „materialistische" Dogma wurde im 17. Jahrhundert von der damals neu entstandenen Sekte der Rosenkreuzer in Frankreich und England eingeführt. Der Kern der gnostischen Lehre der Rosenkreuzer kommt in Descartes' *deus ex machina*[49] und Isaac Newtons Maxime „*Hypotheses non fingo*"[50] zum Ausdruck. Hierin liegt auch der axiomatisch „vererbte" Ursprung moderner Abarten des radikalen Positivismus wie von Neumanns „Systemanalyse", Noam Chomskys von Korsch entlehnter „Linguistik" und Wieners äußerst unseriöser „Informationstheorie".

Wir untersuchen das Dogma der Rosenkreuzer-Sekte nur soweit als nötig, um dem Ursprung des weitverbreiteten Irrtums auf die Spur zu kommen, den wir als Mythos der „objektiven Wissenschaft" kennen. Dabei ist die Vorgeschichte der Rosenkreuzer sehr aufschlußreich. Mit der Rosenkreuzer-Sekte von Fludd, Ashmole und anderen kam im 17. Jahrhundert eine berüchtigte Wuchersekte des Mittelalters wieder zum Vorschein. Jene Sekte ist unter dem Namen *Katharer* oder Bogomilen[51] (im englischen auch „The Buggers") bekannt, die besonders auf die Handelszentren in Norditalien und Südfrankreich (Languedoc) schädlichen Einfluß ausübte. Sie gehörte zu den gnostischen Kulten, die sich im Laufe der Jahrhunderte aus heidnischen Ursprüngen wie dem phrygischen Kybele-Dionysos-Kult, dem delphischen Apollo-Dionysos-Kult, dem hellenischen Osiris-Kult und vergleichbaren Mysterienreligionen Babylons und Kanaans entwickelt hatten. Alle diese gnostischen Vorläufer von Ashmoles Rosenkreuzertum hängen der Lehre von der Verderbtheit des „Fleisches" an. Diese Lehre ist auch die Quelle für die materialistischen Dogmen eines Bacon, Descartes, Locke, Newton und anderer. Die sexuellen Perversionen der Katharer entspringen ganz direkt ihrem materialistischen Dogma. Kurz, wer zu den „Auserwählten" der Sekte zählte, der durfte seinen Samen nicht in die Scheide einer Frau ergießen, damit er kein neues menschliches Fleisch erzeugte! Der im Auserwählten wohnende Geist sollte nicht mit dem verderbten, fleischlichen Vorgang der menschlichen Fortpflanzung in Berührung kommen.[52]

Vor diesem Hintergrund betrachte man den durch wissenschaftlichen Fortschritt erreichten Anstieg der potentiellen Bevölkerungsdichte einer Gesellschaft. Neue, gültige, grundlegende Entdeckungen haben ihren Ursprung in einem geistigen Schöpfungsakt, *einem Akt der Seele*: der Schaffung eines solchen Gedankendings. Der wichtigste *materielle Effekt* liegt darin, aus diesem neuen Gedankending eine Versuchsanordnung und dann die Entwicklung einer neuen Werkzeugmaschine abzuleiten. Genau diese Verbindung wollte der Rosenkreuzer Descartes unbedingt kappen, daher sein *deus ex machina*.*

---

* Descartes' Gott hat mit der materiellen Welt, die wie eine riesengroße Maschine ausschließlich mechanisch erklärt werden soll, nichts zu tun.

56

Und Newton verbot sogar die Hypothesenbildung: *„Hypotheses non fingo."*

Welche Gesellschaftsform repräsentieren diese Auserwählten der Manichäer oder Bogomilen? Die Auserwählten dürfen nicht in die Natur eingreifen; sie dürfen keinen Ackerbau betreiben oder eine andere produktive Tätigkeit ausüben. Sie dürfen nur um Almosen betteln oder die angehäuften Geldalmosen als *Wucherer* verleihen. Die Auserwählten bilden eine parasitäre Klasse, die sich von Tribut und Wucher unterhält.

Dieser wuchertreibenden gnostischen Verschwörung kam der Umstand entgegen, daß die Auserwählten der „Bugger"-Sekte in Lyon eine Wechselnotierung für zwölf oder mehr Dukaten verkaufen konnten, die sie für zehn Dukaten oder weniger in Padua eingekauft hatten. So breiteten die Auserwählten der „Buggers" ihre Netze in ganz Norditalien und Südfrankreich an Garonne, Tarn und Rhone aus, wobei sie eng mit anderen wuchertreibenden „Auserwählten" unter den Lombardbankiers und den jüdischen Geldverleihern zusammenarbeiteten.

Während also die oligarchische, wuchertreibende Fraktion der venezianischen Handelsbankiers, *i nuovi*, über Institutionen wie die Levantinische Kompanie ihre parasitäre, oligarchische Macht bis nach England, die Niederlande und die alte Hanse in Nordeuropa ausbreitete, machten sich in den Niederlanden und in England Ableger der Levantinischen Kompanie breit: die Bank von England, das Finanzzentrum der Londoner City und die britische und niederländische Ostindische Kompanie. London wurde zum „neuen Venedig", die wuchertreibenden „Lombarden" von der Levantinischen Kompanie „Lombard" verbanden sich mit der Rosenkreuzer-Sekte um Bacon, Ashmole und andere. Diese Entwicklungen des 17. Jahrhunderts speisten im 18. und 19. Jahrhundert die Bemühungen der Liberalen Partei und der späteren Fabianer, London zur Hauptstadt eines „dritten Römischen Reiches" zu machen und eine *pax universalis* in einem britischen Weltreich zu errichten, das in die Fußstapfen des heidnischen Römischen Reiches unter

Augustus, Tiberius, Caligula, Nero und Diokletian treten sollte.

Ursprünglich war die Wissenschaft allein das Werk der Platoniker der Goldenen Renaissance, vor allem solcher moralischen und geistigen Riesen des 15. Jahrhunderts wie Kardinal Nikolaus von Kues und Leonardo da Vinci. Kepler, Gilbert, Fermat, Desargues, Pascal, Huygens, Leibniz und die Bernoullis setzten diese Tradition fort. Der Franzose Gaspard Monge und die Deutschen Carl Gauß und Bernhard Riemann retteten diese Leibnizsche Tradition des 17. Jahrhunderts weit ins 19. Jahrhundert hinüber. Sie wird manchmal als „kontinentale Wissenschaft" bezeichnet, um sie von den Machenschaften der Cartesianer, Empiristen und Positivisten unter dem Einfluß der Rosenkreuzer zu unterscheiden.

Diese Gegenwissenschaft in Gestalt des *Cartesianismus*, Empirismus und *Positivismus* geht auf Bacon, Fludd, Descartes und Newton zurück. Daß sich der Materialismuskult der „Aufklärung" in der wissenschaftlichen Ausbildung so weitgehend durchsetzen konnte, hängt damit zusammen, daß Großbritannien die meisten Kriege, an denen es im Laufe der letzten 300 Jahre teilnahm, gewonnen hat. Die Vorherrschaft des materialistischen Dogmas der Rosenkreuzer in der heutigen Wissenschaft ist kein wissenschaftliches, sondern ein rein politisches Phänomen.

Die politische Spaltung der Wissenschaft hat eine sehr praktische Ursache: Es ist der geschichtsumspannende Konflikt zwischen den beiden führenden, grundverschiedenen Gesellschaftssystemen, die seit Solons Sieg über die oligarchischen Wucherer des alten Athen vor zweieinhalbtausend Jahren die europäische Geschichte bestimmt haben. Dieser Konflikt ist das Thema von Friedrich Schillers Gegenüberstellung der humanistischen, republikanischen Verfassung des Solon mit der Gesetzgebung der Sklavenhaltergesellschaft Spartas unter Lykurg,[53] die man mit der amerikanischen Südstaatenkonföderation vergleichen kann.

Wenn wissenschaftlicher und technologischer Fortschritt aufrechterhalten werden sollen, müssen alle am produkti-

58

ven Prozeß einer Gesellschaft Beteiligten eine angemessene Erziehung erhalten. Eine gebildete Bevölkerung wird die Unterteilung der Gesellschaft in Oligarchen und Heloten wie im Sparta des Lykurg, im heidnischen Römischen Reich oder in den Südstaaten Amerikas unter dem Einfluß der „Southern Jurisdiction" des Schottischen Ritus nicht ewig tolerieren. Deswegen verurteilte das oligarchische Sklavenhaltersystem der Südstaaten auch die „armen Weißen" und großenteils sogar die sogenannte „Pflanzeraristokratie" zu erniedrigender Ignoranz.[54] Die sogenannten „sozialistischen" Erlasse des römischen Kaisers Diokletian, die technologische Entwicklung untersagten, sind ein bezeichnender Vorläufer für das heruntergekommene System der alten Südstaatenkonföderation.[55]

Andererseits kann sich ein ungebildetes Volk nicht selbst regieren; denn das setzt die Fähigkeit voraus, bestimmte Prozesse zu verstehen, die wissenschaftlich ungebildeten Schichten eben fehlt. Einige amerikanische Gründerväter mahnten, das Überleben einer naturrechtlich verankerten demokratischen Republik verlange ein gewisses Mindestmaß an obligatorischer Erziehung.[56] Friedrich Schiller lieferte die konzeptionelle Grundlage für die Reformen Wilhelm von Humboldts, das bislang erfolgreichste Modell christlich-klassischer humanistischer Erziehung.[57]

Unter dem Einfluß einer derartigen höheren Schulbildung bei allgemeiner Schulpflicht wird die gebildete Bürgerschaft danach trachten, sich von jedweder oligarchischen Herrschaft zu befreien. Doch ohne eine solche ihrer Natur nach antioligarchischen Erziehung wäre eine Gesellschaft nicht in der Lage, wissenschaftlich-technische Fortschritte hervorzubringen, weiterzugeben oder auf breiter Ebene wirksam anzuwenden. Es liegt im Selbstinteresse der Oligarchie als sozialer Formation, Nationen zu zerstören, die allgemeinen wissenschaftlichen und technologischen Fortschritt anstreben, und in weltweitem Maßstab klassische Erziehung wie auch das Streben nach wissenschaftlichem Fortschritt zu verbieten. Das ist der *entropische Typus* der Kulturpolitik, die uns im „(Gilde-)Sozialismus" eines Diokletian und im Laufe der Geschichte seit der Zeit des phrygischen Kults der Kybele und des Dionysos immer wieder begegnet.

Wie später Kants die Irrationalität fördernde *Kritiken*, so zielt auch Descartes' gnostisches Dogma vom *deus ex machina* darauf ab, die materielle Welt so darzustellen, als wäre sie unabhängig von der subjektiven Tätigkeit schöpferischer Geistestätigkeit, die wissenschaftliche Erkenntnisse hervorbringt. Kant leugnete die Existenz der schöpferischen Fähigkeit zu wissenschaftlicher Erkenntnis nicht, aber er erklärte willentliche schöpferische Handlungen für unmöglich.[58]

Das ist der Kern dessen, was man als hochgelehrten philosophischen Materialismus gelten läßt. Dem gutgläubigen Einfaltspinsel präsentiert sich der Demagoge des Materialismus als grundsolider Kerl, der mit beiden Beinen — wenn nicht gar mit allen Vieren — auf der Erde steht. „Wir Materialisten glauben nichts, das wir nicht aus erster Hand, mit unseren eigenen fünf Sinnen, erleben können." Mit solch billiger Rhetorik läßt sich eine gebildete, denkfähige Zuhörerschaft nicht überzeugen, deshalb führt man statt dessen das Kantsche Argument des unerkennbaren *Dings an sich* oder Descartes' *deus ex machina* ins Feld.

Für uns muß die Physik auf der Erfahrung der *Veränderung*, nicht der Starrheit, beruhen: auf dem Zusammenhang zwischen einer Veränderung in unserem wissenschaftlichen Denken und Handeln und der daraus resultierenden, veränderten Antwort der Natur. Anders als die Theologie, die sich auf das *Absolute* bei Platons Idee des *Guten*[59] bezieht, kennt die Physik das *Absolute* nicht, sondern nur das Cantorsche *Transfinite*. Das Reich des Transfiniten ist auf der höchsten Ebene die Bildung von Platons *Hypothese der höheren Hypothese*, die physikalische Raum-Zeit, der Bereich der *Veränderung* und Vervollkommnung des Unvollkommenen. Deshalb bedeutet Erfahrung für die Physik als Wissenschaft der physikalischen Raum-Zeit *Veränderung*; und Veränderung ist das *elementare Wesen* aller wissenschaftlichen Erfahrung.

Wie das Beispiel des Experiments zeigt, beginnt *Veränderung* mit dem offenbar nichtmateriellen, subjektiven Akt der gültigen schöpferischen Entdeckung einer neuen, unaussprechbaren *Geistesmasse* — eines *Gedankendings*. Dieser erste Schritt menschlicher Tätigkeit ist *seelischer*, nicht „materieller" Natur. Mit dem betreffenden Gedankending im Hinterkopf wird ein entscheidendes Experiment geplant, als materielles Medium für die *geistig-seelische Ursache*, nämlich das Gedankending. Es folgt der Entwurf eines neuartigen Werkzeugmaschinenprinzips als Mittel, wodurch der Einfluß des Menschen pro Kopf auf das Universum pro Quadratkilometer erhöht wird. In letzterem besteht der entsprechende *materielle Effekt*.

Jedes erfolgreiche Experiment belegt diese Reihenfolge, wonach die geistig-seelische Veränderung die materielle Veränderung nach sich zieht. Der Materialist besteht darauf, die Ergebnisse des Experiments ausschließlich in einer Weise zu beschreiben, die das Entstehen des betreffenden neuen Gedankendings außer acht läßt. Das Universum entspricht dem Experiment und dessen Entstehungsweise, es ist anfänglich geistigen Ursprungs. Deshalb verfälscht der Materialismus mit seinem fanatischen Beharren auf formal-deduktiver Folgerichtigkeit das Universum durch solche reduktionistischen Fehldarstellungen.

II.
METAPHER ALS
KLASSISCHE TRAGÖDIE

Als ich in den Jahren 1948-52 die hier neu dargelegten Thesen entwickelte, wollte ich nachweisen, daß Wieners „Informationstheorie" ein gefährlicher Schwindel sei, und fand, daß man den Radikalpositivisten Wiener in der gleichen Weise widerlegen mußte, wie ich es bereits mit den Hauptfehlern von Immanuel Kants gegen Leibniz gerichteten *Kritiken*[60] getan hatte; wir beziehen uns hier auf die letzte der drei Kritiken, Kants *Kritik der Urteilskraft*.[61]

Damals wie heute muß man zunächst Kants neuaristotelischen Formalismus angreifen, Kants formalen, reduktionistischen Scheinbeweis der Behauptung, die schöpferischen Prozesse hinter der ursprünglichen Entdeckung einer wissenschaftlichen Gesetzmäßigkeit wären *a priori* nicht erkennbar. Da Kant nun in seiner *Kritik der Urteilskraft* so weit geht, jegliches rationale Verständnis ästhetischer Gesetzmäßigkeiten zu leugnen, müssen wir — damals wie heute — zeigen, daß das gleiche Prinzip, das schöpferischen, gültigen, ursprünglichen Entdeckungen zugrunde liegt, auch in der Kunst herrschen muß.

In den Jahren 1948-52 wie heute konzentrierten wir uns in erster Linie auf die weiter oben erläuterte, schrittweise Verwirklichung entscheidender wissenschaftlicher Entdeckungen bis zu ihrer Anwendung in Form daraus abgeleiteter Werkzeugmaschinen. Um dasselbe Prinzip in der klassischen Kunst nachzuweisen, haben wir die klassische Poesie herangezogen, vor allem Schiller und Goethe. Am Beispiel Goethes studierten wir das deutsche Kunstlied, nämlich vertonte Goethe-Gedichte von Mozart, Beethoven, Schubert, Brahms sowie Hugo Wolf.[62] Hier stellen wir statt des Liedes die klassische Tragödie in den Vordergrund.

Es ist schwieriger, die klassische Tragödie als Beispiel heranzuziehen, weil es im Vergleich zu den großen klassischen Komponisten von Praetorius bis Brahms nur wenige echte Tragödiendichter gibt. Lediglich Aischylos, Cervantes,[63] Marlowe, Shakespeare und vor allem Schiller sind wirkliche Meister der Tragödie. Unter diesen wenigen gelang es nur dem Historiker Schiller, die Kompositionsprinzipien der klassischen Tragödie ausdrücklich zu formulieren und nachzuweisen. Trotzdem hat das Beispiel der Tragödie den großen Vorteil, daß sie implizite, in der Form des Kunstwerks Cantors Begriffe der *Kardinalität* und *Mächtigkeit* beinhaltet, die nach Cantors Definition zur Ordnung der *Alef*-Mannigfaltigkeit gebraucht werden.[64]

Man stelle sich als Drama die zuvor aufgezählte Reihe beispielhafter wissenschaftlicher Entdecker vor: Pythagoras, Platon, Archimedes, Nikolaus von Kues, Leonardo da Vinci, Kepler, Gilbert, Desargues, Fermat, Pascal, Huygens, Leibniz, die Bernoullis, Gaspard Monge, Carl Gauß, Bernhard

Riemann, Eugenio Beltrami und Georg Cantor. Die entscheidenden Entdeckungen dieser Personen werden nun so geordnet, daß sie indirekt ein Ordnungsprinzip ausdrücken (höhere *Äquivalenz, Typus*), dem wir den metaphorischen Namen *Wissenschaft* geben können. Dann konstruiere man eine entgegengesetzte, *entropische* Reihe aus Anhängern des materialistischen Rosenkreuzer-Prinzips wie Bacon, Fludd, Hobbes, Descartes, Locke, Newton, Cauchy, Clausius, Klein, Kronecker, Helmholtz, Maxwell, Rayleigh, Boltzmann, Russell, von Neumann, Wiener und anderen. Dies ist ein *entropischer Typus* den wir metaphorisch getrost *Antiwissenschaft* nennen können. Damit haben wir den historischen Hintergrund der *dramatis personae*, aus dem sich nach Schillers Prinzipien eine klassische Tragödie ableiten läßt.

Die Grundlage, um aus diesen beiden, einander ausschließenden *Typen* ein Drama aufzubauen, besteht darin, daß die formalen Elemente beider Mannigfaltigkeiten sich auf dasselbe Phänomen in der Wissenschaftsgeschichte beziehen können, obwohl das Ordnungsprinzip, nach dem der eine *Typus* das Element *metaphorisch* erkennt, mit dem des anderen ganz und gar unvereinbar sein mag.

Eine Tragödie über ein solches Zusammentreffen könnte folgendermaßen aufgebaut sein.

Nehmen wir eine Gesellschaft an, deren wissenschaftliche Praxis der „postmodernen" Version des *entropischen Typus* folgt. Nur einige wenige potentielle Helden wissen, daß man die Grundlagen der wissenschaftlich-wirtschaftlichen Praxis ebensogut nach dem *negentropischen Typus* ordnen könnte. Nun muß man sich eine Situation ausdenken, in der ein potentieller Held es unterläßt, entschlossen und kraftvoll genug für die zweite Option einzutreten und damit eine vernichtende militärische Niederlage oder sonstiges Leid über sich und sein Land bringt. Es kommt zu diesem unglücklichen Ausgang, weil der potentielle Held auch die letzte Gelegenheit — am *punctum saliens* — versäumt, den erforderlichen Kurswechsel in der politischen Praxis der Gesellschaft herbeizuführen. Den potentiellen Helden befällt wie Hamlet eine Art „psychosexueller Impotenz", etwa in der Form, daß er seine akademische Sicherheit oder seine Pension zu verlieren fürchtet, wenn er sich der entropischen Fraktion zu direkt entgegenstellte.

Dieses Scheitern des potentiellen Helden bestimmt die Tragödie. Das Scheitern entspricht einem intelligiblen Cantorschen *Typus*; aber damit ist diese Tragödie noch nicht angemessen auf den Begriff gebracht.

Die Tragödie wird vor einem Publikum aufgeführt. Die Aufführung dieses Dramas beginnt, ein Erfolg zu werden, wenn dem Publikum der Gegensatz der beiden *Typen* und die Situation des potentiellen Helden bewußt wird. Indem das Publikum sich bewußt auf das zum Ausdruck gebrachte Bewußtsein des dramatischen Charakters konzentriert, sieht es Drama und Charaktere wie von oben. Wenn das Publikum zudem noch in jedem der Charaktere etwas von sich selbst wiedererkennt, dann ist das Drama dem Erfolg einen weiteren Riesenschritt näher gekommen.

Außerdem muß die negentropische Alternative letztendlich den Geist des Publikums erheben; darin liegt der Funke wirklichen Lebens, der im Publikum wachgerufen und mit dessen Bewußtsein über den dramatischen Ablauf auf der Bühne verschmolzen wird.

Dies bedeutet eine Mannigfaltigkeit, an der mindestens die folgenden miteinander verknüpften Reihen von Gedankendingen teilhaben: 1. der *negentropische Typus* der Wissenschaft, wie dargelegt; 2. der *entropische Typus* der Antiwissenschaft; 3. die Mannigfaltigkeit der Phänomene, auf die sich beide gegensätzlichen Typen von Gedankendingen beziehen; 4. die Rolle des potentiellen Helden als Gedankending; 5. die Reflexion des Publikums über das eigene Bewußtsein und wie es, verschmolzen mit der Handlung auf der Bühne, in sich selbst zurückkehrt.

Eine so zusammengesetzte Mannigfaltigkeit muß durch ein Gedankending dargestellt werden, das der Tragödie als Ganzer entspricht. Dieser *Typus* ist die unteilbare Substanz, das souveräne Wesen dieser Tragödie als schöpferisches, klassisches Kunstwerk. Die Metapher bildet hier einfach den unverzichtbaren ironischen Charakter jedes einzelnen Moments der dramatischen Entwicklung wie des Dramas insgesamt.

Nur ein völlig ungebildeter Mensch versteht unter Metapher bloßen „Symbolismus". Der Symbolismus fällt auf die Ebene des bloßen Sinnesobjekts zurück. Die Idee des Dramas als Ganzen ist aber kein sinnliches Symbol, sondern liegt im Hervorbringen eines Gedankendings, das der Tragödie als unteilbarer, dichterischer Einheit unverwechselbar entspricht.

Diese Idee, dieser Typus ist die wesentliche Erfahrung des Dichters und Urhebers der Tragödie, sowie des Publikums, das die Entstehung dieses neuen Gedankendings ganz so erlebt, wie man eine ursprüngliche wissenschaftliche Entdeckung als Gedankending in seinen eigenen souveränen Denkprozessen nachvollzieht.

Damit wendet sich die Tragödie implizite an das Wesen aller individuellen geistig-schöpferischen Tätigkeit; dieses Wesen ist das aktive *Mitwirken an der Menschheit als historischer Gesamtheit*. Keiner drückt diesen innersten Wunsch und Antrieb besser aus als Nikolaus von Kues, wenn er über die *capax Dei* spricht.[65] Zu den *Typen*, die mit diesem schöpferischen Antrieb zusammenhängen, gehören vor allem folgende:

1. Der individuelle Mensch als *imago viva Dei*, als *lebendiges Abbild des Schöpfergottes*.[66] Dadurch, daß allein die schöpferischen Handlungen des Menschen den Fortbestand der menschlichen Gattung sichern, unterscheidet er sich von den Tieren und steht über ihnen. Diese schöpferischen Handlungen sind von einem *Typus*, der auf Erzeugung, Weitergabe und praktischer Aneignung von wissenschaftlich-technischem Fortschritt beruht. Ohne diese schöpferische Tätigkeit könnte die Menschheit nicht unter menschlichen Bedingungen weiterexistieren. Gottes Eigenschaft als Schöpfer und die einzigartige Beziehung des Menschen zu diesem Schöpfergott – dieses Wissen erfordert ein Gedankending, das einem solchen schöpferischen Selbstverständnis des Menschen entspricht.

2. *Der Mensch als souveränes schöpferisches Individuum.* Wir sind sterblich, und doch leben wir in der Gegenwart und aller Zukunft der ganzen Menschheit weiter, wenn wir unsere geistig-schöpferische Tätigkeit auf die Erzeugung, Weitergabe und Aneignung von Gedankendingen richten, die den entscheidenden Aspekten wissenschaftlichen und technologischen Fortschritts *äquivalent* sind. Dabei ist jeder Augenblick der Schaffung eines Gedankendings (ob es sich um eine ganz neue Entdeckung handelt oder nicht) der souveräne Akt eines Individuums und keine „kollektive" Handlung.

3. Die Frage schöpferischer Entdeckung läßt sich nicht durch fallweise Auswertung einzelner isolierter Entdeckungen lösen. Es geht darum, ein Ordnungsprinzip zu entdecken und zu verbessern, das uns einen negentropischen Weg gültiger, aufeinanderfolgender Entdeckungen weist. Wir brauchen einen Prozeß gültiger Entdeckungen. Wir streben eine höhere Rate dieser Art Wachstum an. An und für sich genommen ist die abstrakt isolierbare, besondere Entdeckung einer einzelnen Person in einer transfiniten Ordnung weniger bedeutend als der Beitrag dieser Person zur Verbesserung der Negentropie des *Ordnungsprinzips aufeinanderfolgender Veränderungen,* das den ständigen Anstieg der potentiellen Bevölkerungsdichte als einheitliche Mannigfaltigkeit definiert. In dieser letzten Form ist am einfachsten zu verstehen, wie der Einzelne am Ganzen teilhat, und zwar nicht nur in der klassischen Tragödie, sondern auch in bezug auf das gesamte Universum.

Wie an anderer Stelle entwickelt,[67] wirkt das Individuum nicht nur auf gegenwärtige und zukünftige Generationen ein, sondern auch auf die Vergangenheit. In der Raum-Zeit ist der transfinite Prozeß stetiger negentropischer Veränderung ontologisch die vorherrschende Realität. Diese Veränderung ist nicht nur das Ergebnis einer individuellen Handlung, sie ist vielmehr das Ergebnis der Teilnahme an der Veränderung des gesamten hierbei maßgeblichen Prozesses, wodurch die sterbliche Existenz eines Menschen zugleich ihren Sinn erhält. So wirken wir auf die Vergangenheit ein, indem wir daran *mitwirken,* wichtige Ergebnisse des Mitwirkens sogar entfernter Vorfahren zu verändern — indem wir nämlich die Auswirkungen ihres Mitwirkens in der Vergangenheit auf die Gegenwart und Zukunft ändern.

So läßt Shakespeare seinem Hamlet in der Tragödie den Geist seines Vaters erscheinen. Und die großen Dichter versuchen ihr Publikum durch die historischen Stoffe klassischer Tragödien dazu zu bringen, die Vergangenheit künftig auf bessere Art an der Gegenwart und Zukunft teilhaben zu lassen.

Bisher haben wir solche Persönlichkeiten herausgehoben, deren Namen schon Metapher für die entscheidenden Gedankendinge wissenschaftlicher Erkenntnis sind. Pädagogisch ist es von Vorteil, die Aufmerksamkeit auf die ausgewählten Persönlichkeiten zu beschränken, denn die Entdeckungen dieser historischen Personen eignen sich zumindest für eine negative Form mathematischer Behandlung; deswegen gelangen wir mit Hilfe von Cantors *Alef*-Mannigfaltigkeit zum Begriff einer transfiniten Ordnung dieser Entdeckungen.

Wenn solche wissenschaftliche Metapherbildung zumindest annähernd verstanden ist, dann läßt sich das Konzept leichter auf die Metapher in der klassischen Kunst und Staatskunst ausweiten. Und es lohnt sich; nach seiner Erweiterung auf Kunst und Staatskunst bringen wir das Konzept bedeutend bereichert zu wissenschaftlichen Fragen zurück. Die wichtigste Bereicherung ist nicht nur, daß wir nun klarer einsehen, warum alle gültige Wissenschaft im wesentlichen *subjektiv* ist — im Gegensatz zu den gängigen Einflüssen der Katharer und Rosenkreuzer auf Descartes und den britischen Empirismus; wir haben auch verstanden, daß der Sinn der Wissenschaft nicht auf Leibniz' physikalische Ökonomie beschränkt ist, sondern im weiteren Sinne das

Mitwirken des heutigen Menschen an Vergangenheit, Gegenwart und Zukunft des Universums bedeutet. Wir verstehen die entscheidende Rolle der klassischen Kunst, Wissenschaft überhaupt möglich zu machen, und begreifen die Bedeutung der Metapher; die höchste und rigoroseste Form mathematischer Physik ist daher eine bestimmte Kategorie klassischer Dichtung und Musik, die einer erweiterten klassischen Philologie angehört und von der mehrstimmig gesungenen Poesie abstammt.[68] Auch die klassische Tragödie ist Teil dieser Philologie.

Musikalische Philologie

Wie die Quellen belegen, hat die menschliche Sing- und Sprechstimme eine Reihe natürlicher Charakteristika und Werte, die bei der bestmöglichen Ausbildung des Stimmapparats und dessen optimalem Gebrauch deutlich zum Ausdruck kommen. Diese „bestmögliche" Stimmbildung gewährleistet der Florentiner *Belcanto*, der wohl schon Mitte des 15. Jahrhunderts gebräuchlich war, als Cosimo de Medici in Florenz regierte. Das Verhältnis zwischen dem erzeugten Ton und der Menge Luft, die der Sänger dabei durch Mund und Nase ausströmt, ist beim Belcanto optimal. Die gesprochene Sprache, besonders die Aussprache der Vokalen (Vokalisation) ist natürlich *gestimmt*.[69] Jede Gattung der Sing- und Sprechstimme des erwachsenen Menschen hat eine eigene spezifische Unterteilung in Register unterschiedlicher „Farbe", wobei diese Register jeweils zwischen bestimmten Tonintervallen auf einer Tonleiter liegen, die auf $c'=256$ Hz basiert.

Die Bedeutung dessen läßt sich verhältnismäßig einfach veranschaulichen, indem man versucht, ein Vokalquartett (Sopran, Mezzosopran, Tenor, Baß) in wohltemperierter Polyphonie zu komponieren, wobei man die erste Zeile eines klassischen Gedichts verwendet, in englischer Sprache beispielsweise ein Gedicht von John Keats. Zunächst halte man sich an das simplistische, aber strenge Schema von Goethes bevorzugtem Liedkomponisten J.F. Reichhardt.[70] Man beginne mit der Sopranstimme und setze die erste Zeile ins zweite Register der Sopranstimme. Dann untersuche man die auftretenden Schwierigkeiten, wenn man einen einfachen, vierstimmigen Kanon schreiben will, indem man die Sopranstimme in die anderen Stimmen überträgt. Ein Anfänger sollte zunächst versuchen, die Stimme so zu setzen, daß der Abstand zum Wechsel vom zweiten zum dritten Register für jede Stimmgattung gleich bleibt.

Man betrachte bei diesem Bemühen zwei besonders augenfällige Aspekte. Zunächst vergegenwärtige man sich kurz die Akkorde, die durch die Polyphonie entstehen. Zweitens untersuche man die Bedeutung der Stimmenkreuzungen. Um die Kreuzstimmen zu verdeutlichen, wähle man eine Note aus der Baßlinie und lese dann die unmittelbar darauffolgende Note im Tenor; in ähnlicher Weise gehe man von der Mezzosopran- zur Sopranstimme. Man wiederhole diesen Kreis für alle weiteren Töne der Baßlinie. Als nächstes ziehe man die Kreuzstimmenfolgen in Betracht, indem man zuerst alle möglichen Permutationen* untersucht, die in der Baßlinie beginnen. Man beachte die Ähnlichkeit zu verschiedenen möglichen Ordnungen innerhalb einer oben beschriebenen *Alef*-Mannigfaltigkeit.

Bei jeder Kreuzstimmenfolge betrachte man die entstehenden Dissonanzen; die Untersuchung sollte hier aber nicht enden. Man studiere von diesem Standpunkt aus die Regeln des klassischen Kanons und verallgemeinere den Begriff der Auflösung der einzelnen Dissonanzen. Bei alledem handelt es sich um den Vorgang der Bildung eines Gedankendings aus dem einfachen polyphonen Keim einer einzigen Zeile klassischer Poesie. Die Tatsache, daß jede Dissonanz eine Reihe möglicher Auflösungen erlaubt, macht jede zu einer Mannigfaltigkeit. So definiert der polyphone Satz einer einfachen Zeile klassischer Poesie implizit einen Cantorschen *Typus*.[71]

---

* Möglichkeiten des Stimmentauschs; mathematisch bedeutet Permutation die Bildung aller Zusammenstellungen, die aus einer bestimmten Anzahl von Elementen möglich sind.

Das Beispiel beruht auf den einfachsten Grundlagen klassischer Liedkomposition; es reicht aber aus, um zu erläutern, daß Musik das Reich der Metapher, nicht des Symbolismus ist. Da diese Musik in der natürlich bestimmten, polyphonen Vokalisation klassischer Poesie ihren Ursprung hat, muß die musikalische Komposition ihr *transfinites Wesen* von der klassischen Dichtung „geerbt" haben und ist damit auch der Sprache im allgemeinen und dem Drama verwandt.

Sprache bezieht sich in erster Linie auf die Sinne des Sehens und des Hörens; insoweit die Sprache die Sinne anspricht, bezieht sie sich hauptsächlich auf diese beiden. Sehen ist Geometrie; Hören und Sprechen sind die Sprache der Musik. So rüstet uns die Sprache mit Sinnesmetaphern aus, mit deren Hilfe wir uns auf diejenigen Gedankendinge beziehen können, welche die schöpferische Vernunft betreffen, die wiederum den Menschen in die Lage versetzt, das Universum durch seine Arbeit zu beherrschen und so am Werk des Schöpfers mitzuwirken. In der Tragödie beziehen wir uns direkt auf die gesellschaftliche Natur dieser Arbeit; bei der klassischen Musik feiern und stärken wir den Prozeß, der diese schöpferische Arbeit ermöglicht.

Zusammenfassung: Negentropie

Seit Nikolaus von Kues sich zu diesen Fragen äußerte, war das Paradigma für die Idee des *Wachstums* keine einfache Fibonacci-Reihe, sondern seine bildhafte Vorstellung der aufsteigenden Evolution der Gattungen; jede Gattung wirkt daran mit, die nächsthöhere, sie übertreffende Gattung hervorzubringen.[72] Mendelejews Periodensystem der chemischen Elemente und Isotopen impliziert bei strenger Betrachtung eine ebensolche Funktion negentropischer Ordnung. Man kann die Idee negentropischen Wachstums von keinem geringeren Standpunkt aus verstehen, als wir in diesem Beitrag dargestellt haben; unverzichtbar ist es, den Wachstumsbogen der wichtigsten Strömung der modernen Wissenschaft zu verfolgen, der von Platon über Nikolaus von

Kues, Leibniz, Gauß und Riemann bis zu Cantor führt.

Man muß diese Art Wachstums als etwas verstehen, das qualitativ mehr bedeutet als einfachen linearen Größenzuwachs. Genausowenig kann man es auf die einfache Umkehrung der statistischen Entropie von Clausius und Kelvin beschränken, wozu Wiener Boltzmanns Arbeit törichterweise verballhornt hat. Wirkliches Wachstum, das mit den integralen Funktionen des Periodensystems oder mit Nikolaus' Reihe aufsteigender Gattungen übereinstimmen soll, darf nicht nur als einfache Größenzunahme verstanden werden, sondern vielmehr als *qualitative* Zunahme. Die einfachste mathematische Beschreibung einer solchen Qualität ist die *Zunahme der Dichte an Singularitäten (mathematischen Unstetigkeiten) pro Aktionsintervall* oder noch besser die *Zunahme der Wachstumsrate der Singularitätendichte* pro Aktionsintervall.

Eine solche negentropische Reihe kann man in erster Annäherung durch unsere Folge *A, B, C, D, E, ...* beschreiben, wobei die Trennungen zwischen einem Glied und allen übrigen den *Typen* einer Alef-Mannigfaltigkeit höherer Ordnung im Cantorschen, mathematischen Sinne *äquivalent* sind.

Diese Unstetigkeits*typen* der *Alef*-Mannigfaltigkeit erscheinen als absolute Trennungen, also kommt ihre Dicke der Zahl „0" so nahe, wie der menschliche Geist es bisher gerade noch als positiven Wert definieren konnte. Trotzdem stellt jede Singularität nicht nur eine Trennung, eine einfache mathematische Unstetigkeit dar; sie ist vielmehr eine wirkende Singularität, deren Inhalt dem eines Gedankendings entspricht — eine *Monade*. Was Leibniz als *Monade*[73] bezeichnet, was Riemann mit seinen *Geistesmassen*[74] meint und was hier Gedankending genannt wird, hat ebendiese funktionale Bedeutung.

Wir haben die unverzichtbare Rolle der Metapher als poetisches Wesensmerkmal jeder wissenschaftlichen oder ähnlich strengen Kommunikation erläutert. Die *Metapher* ist der Schlüssel, das einzig mögliche Mittel, um in der Kommunikation zwischen zwei oder mehr Personen das Unaussprechliche *völlig nachvollziehbar* auszudrücken.

Im Gegensatz dazu verbindet das *Symbol* lediglich eine sinnliche Erfahrung mit einer anderen, oder im schlimmsten Fall nur den Namen eines Objekts mit dem Namen eines anderen Objekts oder bloß mit einem Namen. *Symbolismus* ist mit intelligenter Kommunikation genauso unvereinbar wie kabbalistische Zahlenmystik mit Wissenschaft, ja selbst mit dem gesunden Verstand. Symbolismus ist nichts als Verknüpfungsspielereien im leeren Reich der Namen.

Ein verständiger Begriff der *Metapher* haftet Platons sokratischer Dialektik der Negation an. Bezugspunkt ist die Erfahrung, durch den Prozeß schöpferischer Überlegung ein echtes Gedankending, keinen Sinneseindruck, zu schaffen. So verstanden ist die Metapher das Vorgehen, mit dem zwei Menschen sich vermittels schöpferischen, problemlösenden Denkens im Geiste auf eine Ordnung ähnlicher Gedankendinge verständigen können. Nur auf diese Weise ist es sterblichen Menschen möglich, ein unaussprechbares Gedankending mehr oder weniger *vollkommen* nachvollziehbar zu machen. Deshalb muß die so verstandene Metapher im Mittelpunkt der höheren Schulbildung stehen.

In der Kunst kommt das metaphorische Prinzip vielleicht schon dadurch hinreichend zum Ausdruck, daß wir den „Romantizismus", den „Naturalismus" und die „Moderne" in Kunstformen wie der klassischen Musik verwerfen. Man beziehe sich auf einige besondere Höhepunkte der 200jährigen Geschichte der klassischen Polyphonie von Bach bis Brahms.[75] Zwei Punkte sind besonders bedeutsam: der revolutionäre Durchbruch in der klassischen Polyphonie, der Johann Sebastian Bach mit der Komposition seines *Musikalischen Opfers*[76] gelang, und Joseph Haydns Entdeckung der *Motivführung*[77] bei einer gründlich durchgearbeiteten Komposition. Man untersuche anschließend, wie Wolfgang Amadeus Mozart beide Errungenschaften in seinen berühmten „Haydn"-Streichquartetten aus den Jahren 1782-85 wirkungsvoll miteinander verknüpft hat.[78] Dieses Beispiel, das bei Beethoven, Schubert und Chopin seine Fortsetzung fand, veranschaulicht, wie alle ernsthafte klassische Komposition dem Prinzip der Metapher folgt.

Das berühmte „Ricercar" aus J.S. Bachs *Musikalischem Opfer* löst ein Problem des Kontrapunkts mit einer Vorgehensweise, die Leibniz als *Analysis situs* bezeichnet hätte. Mozarts regelmäßige intensive Beschäftigung mit der Arbeit Händels und Bachs bei den sonntäglichen Treffen im Hause des Barons van Swieten in Wien fiel in die Zeit, in der Mozart von den berühmten „Russischen" Quartetten inspiriert wurde, die Haydn gerade veröffentlicht hatte. Der Einfluß von Bachs *Musikalischem Opfer* tritt in Mozarts sechstem „Haydn"-Quartett, dem „Dissonanzen"-Quartett c-moll, KV 465, am deutlichsten zutage. Die gleiche Verbindung kennzeichnet Mozarts berühmte Fantasie und Sonate für Klavier, KV 475-457, die Beethoven später in seinen Klaviersonaten op. 13 und op. 111 und seiner Violinsonate op. 30, 2 zitiert. Schubert wiederum zitiert Beethovens op. 13 in seiner nachgelassenen Klaviersonate c-moll; und der erste Satz von Chopins „Trauermarsch"-Sonate zitiert aus Beethovens op. 111. Mozarts gesamtes Werk aus der Zeit von 1782-1791 spiegelt seine revolutionäre Einsicht in die Bedeutung der Entdeckungen seiner beiden Vorgänger wider.

Die beste Darstellung von Haydns Prinzip der *Motivführung* ist das „Credo" aus Beethovens *Missa solemnis*. Dasselbe Prinzip wird im ersten Satz von Brahms' *Vierter Sinfonie* schön und meisterhaft ausgedrückt. Der Schlüssel zum Verständnis und zur Interpretation von Mozarts Kompositionen der Jahre 1782-1791 liegt darin herauszufinden, wie das Prinzip der *Motivführung* weiterentwickelt wurde, um die Komposition als unteilbares, vereinigendes Entwicklungskonzept aus einem einzigen Keim zu definieren.[79]

Bei diesem kurzen Bezug zur klassischen Musik geht es darum zu zeigen, warum besonders seit Haydns genannter Entdeckung die gute klassische Kompositionsschule jedes sorgfältig komponierte Werk als Ausdruck eines einzigen, aus einem Stück bestehenden, unteilbaren Gedankendings definiert, wobei dieses Gedankending einer bestimmten *geordneten Entwicklung* entspricht.

Die wirkliche Musik einer solchen klassischen Komposition ist ein Gedankending, und der gehörte Aspekt der Musik ist die unverzichtbare Metapher dafür. Das Gedankending erscheint gewissermaßen „zwischen den Noten", so wie die sichtbaren, absoluten mathematischen Unstetigkeiten der nichtlinearen Folge $A, B, C, D, E, ...$ als Ganzes gesehen indirekt (*negativ*) das Gedankending definieren, das metaphorisch dieser Folge entspricht.

Die offensichtlichsten Unstetigkeiten in einer musikalischen Partitur sind die einfachen Intervalle, die von den Zeitintervallen zwischen den Tönen und (*negativ*) durch die Dauer der Töne definiert werden. Die einfachste Ordnung der Intervalle ist die *Tonleiter* oder *Tonart*. Die Übergänge von einer Tonart oder Tonleiter zur anderen stellen eine höhere Ordnung dar, und so weiter.

Diese Werte sind keine relativen Werte, sondern bewegen sich im Rahmen einer absoluten, wohltemperierten Tonleiter (c'=256 Schwingungen pro Sekunde); außerdem folgen sie gewissen Gesetzmäßigkeiten der Vokalisation bei der poetischen Sprache, und so weiter und so fort.

Deshalb erfordert die Darstellung des Gedankendings mit den Mitteln der Metapher — denn das ist die Absicht der Komposition — eine rigoros klare, polyphone Transparenz. Abweichungen sind nur zulässig, wenn sie zur metaphorischen Darstellung des betreffenden Gedankendings notwendig sind.

Die Interpreten dürfen deshalb nicht einfach nur die Noten spielen. Sie müssen zunächst das entsprechende Gedankending erfassen und dann beim Notenstudium darauf achten, daß die auftretenden Dissonanzen und anderen Abweichungen bei der Aufführung ausschließlich der metaphorischen Entwicklung des einheitlichen Gedankendings dienen.

Wenn wir diesen Überblick der klassischen Musik mit der klassischen Tragödie vergleichen und versuchen, die gemeinsamen Merkmale in der Entwicklung beider Kunstmittel zu verstehen, dann verstehen wir die Kunst richtig — im Unterschied zu Kant. Nach unserem Verständnis entspricht die Kunst der Wissenschaft, wie wir sie hier dargelegt haben. Wenn wir, in welcher Sparte der Kunst auch immer, die Einheitlichkeit einer Komposition als das verstehen, was sie zu einem echten metaphorischen Kunstwerk macht, und diese einheitliche Konzeption des Ganzen zu erfassen suchen, bevor wir an die Aufführung dieses Kunstwerks gehen, dann sind wir auf der richtigen Spur.

Eine neuere Ausgabe ausgewählter Briefe Cantors enthält ein Zitat, das für Cantors Sicht einer bestimmten wichtigen Angelegenheit typisch ist und die widerwärtige und destruktive Inkompetenz betrifft, mit der die „Informationstheorie" Anspruch erhebt, zur Wissenschaft gezählt zu werden:

„Die modernen Mathematiker (sind) in ihrer Mehrheit durch den glänzenden Erfolg ihres stets sich vervollkommnenden Formalwesens, das immer mehr Anwendungen auf die mechanische Seite der Natur zuläßt, in einen Siegesrausch hineingeraten (...), der sie zur materialistischen Einseitigkeit verkommen läßt und sie für jegliche objektiv-metaphysische Erkenntnis und daher auch für die Grundlagen ihrer eigenen Wissenschaft blind macht."[80]

Cantor beklagt sich hier wie auch wiederholt an anderen Stellen über die materialistische Tradition der „Buggery", welche Rosenkreuzer und Theosophen über den Empirismus des 17. Jahrhunderts und den Cartesianismus einführten. Dieser neuheidnische, materialistische „Aufklärungs"-Kult richtete seine Energien darauf, die christlich-platonische Tradition eines Nikolaus von Kues, Leonardo da Vinci, Kepler, Leibniz und anderer zu zerstören. Damit versuchte man solche entscheidenden Gedankendinge wie Nikolaus von Kues' negative Definition der elementaren Bedeutung der Kreisbewegung als universaler kleinster Wirkung, wie Leonardos Arbeiten über die Harmonien des Goldenen Schnitts, wie Keplers Unterteilung der elementaren sphärischen Raum-Zeit in negative und positive Krümmungen oder die Entwicklung der voneinander abhängigen Begriffe nichtlinearer Funktionen und Funktionen kleinster Wirkung im 17. Jahrhundert auszulöschen und zu vernichten.

Wie Cantor besonders dank seiner umfassenden historischen Erörterung des Themas darlegt, bewirkt die Fortführung nichtalgebraischer Funktionen bis an die äußersten Grenzen des Makrokosmos und des Mikrokosmos, daß uns das platonische Prinzip der Negation zur Erkenntnis einer notwendigen, begreifbaren Wirkursache führt, die weit über den entferntesten Bereich nichtalgebraischer Funktionen hinausreicht. Um zu dieser Erkenntnis zu gelangen, war es erstens notwendig, die nichtalgebraischen Funktionen zu entdecken; zweitens mußte davon ausgehend nachgewiesen werden, daß alle ontologischen Annahmen, die axiomatisch auf einem arithmetischen oder algebraischen Standpunkt beruhen, falsch sind. Erst wenn die besondere Stellung der nichtalgebraischen Funktionen und des darin enthaltenen Leibnizschen universalen Prinzips der kleinsten Wirkung eingesehen ist, gibt es überhaupt eine Grundlage zur Entdeckung der höheren Mannigfaltigkeit.

Wenn wir heute auf Keplers Unterscheidung — bezüglich der harmonischen Folgerungen — zwischen positiver und negativer sphärischer Krümmung und die darauf fußende Ableitung der modernen „nichtalgebraischen" Funktionentheorie zurückblicken, dann sollten wir erkennen, warum die Unkenntnis der elementaren Entdeckungen eines Nikolaus von Kues, Leonardo, Kepler, Leibniz und anderer die heutigen Opfer einer empiristischen Erziehung blind macht, so daß sie nur die mechanistischen, entropischen Auswirkungen positiver Krümmung sehen, und damit für die eigentlich vorherrschenden, miteinander verknüpften Prinzipien negativer Krümmung und kleinster Wirkung blind sind. Deshalb können sie die Natur jener Grenzen nichtalgebraischer Funktionen nicht verstehen, auf denen Cantors wichtigste Entdeckungen beruhen.

Was Cantor auf diese Weise zeigt, läßt sich mit formalen Begriffen der Funktion im herkömmlichen Sinn weder kontrastieren noch vergleichen. Cantor argumentiert in seinen *Beiträgen*[81] aus den Jahren 1895-97, daß der formale Aspekt des herkömmlichen Begriffs der mathematischen Funktion, selbst der nichtalgebraischen Funktion, lediglich ein metaphorisches Schattenbild einer völlig anderen Ordnung ist — einer Ordnung von *Gedankendingen,* deren Ordnung wiederum ontologisch ein solches *Gedankending* ist.

Wir bewegen uns in einer Welt von Bewußtseinsgegenständen, deren Ursprung und Wesen, deren Platz und Auswirkungen wir anderen mitteilen können; aber in diesem Fall ist der Bewußtseinsgegenstand — das Gedankending selbst — in keiner Kommunikationsart direkt aussprechbar. In solchen Fällen wird dieser Gegenstand einem anderen Geist mitgeteilt, indem entweder dialektisch die Erzeugung eines ebensolchen Gedankendings im Geist des Hörers angeregt wird oder indem der Hörer veranlaßt wird, sich wieder an die frühere Erzeugung dieses Gedankendings zu erinnern.

Das bedeutet auch, daß eine solche Kommunikation nicht als Übermittlung von „Information" geschehen kann, sondern daß der Kommunikationsprozeß der intensivsten und strengsten Methode platonischen dialektischen Denkens gehorchen muß. Deshalb ist die „Informationstheorie", sofern sie sich auf das menschliche Denken bezieht, nicht nur ein Schwindel, sondern ein ungeheuer zerstörerischer Angriff auf den menschlichen Geist, der bereits eine ganze Generation geistig verkrüppelt hat. Leider ist dieser destruktive Schwindel unter dem Einfluß John Deweys und, noch schlimmer, der Frankfurter Schule, des „New Age" und mehreren bereits erfolgten Bildungsreformen zum heute mehr oder weniger akzeptierten Standard in der Erziehung geworden.

Wir enden mit einigen Bemerkungen über das Problem der Nachvollziehbarkeit bei der Mitteilung von Gedankendingen.

Man beziehe sich noch einmal auf die pädagogische Folge der Theoremgitter *A, B, C, D, E,* ... Die Glieder *A* und *B* einer solchen Folge nichtlinearen Funktionen werden verständlich und nachvollziehbar, wenn man die *Veränderung* des „Erbprinzips" — der axiomatischen Basis — kennt, die *B* von *A* unterscheidet. Der ontologische „Ort" dieser Funktion der *Veränderung* ist formal der *Typus* der Unstetigkeit zwischen jedem Gliederpaar in der Alef-Mannigfaltigkeit. Die so formal lokalisierte *Veränderung* ist zugleich der kausale Wesenszug des Prozesses insgesamt. Der allen derartigen Veränderungen in dieser Folge gemeinsame, äquivalente Aspekt, definiert einen *Typus* und ein entsprechendes Gedankending: das *Eins*, das die *vielen* Glieder dieser Folge hervorbringt.

Dieser Aspekt der Angelegenheit findet im Kommunikationsprozeß seinen Ausdruck in der platonischen Form der *Negation* des axiomatischen „Erbprinzips", das eine Menge zugrundeliegender Annahmen (etwa für Theoremgitter *A*) von allen anderen derartigen Mengen einer Folge (nämlich die Theoremgitter *B* oder *C* oder *D* ...) unterscheidet. Diese platonische Kommunikationsmethode, wie Nikolaus von Kues sie beispielsweise anwendet, ist der einzige mögliche *Typus* zur Mitteilung solcher Konzepte — Gedankendinge —, die sich nicht zur ausdrücklichen Wiedergabe mit den linearen Mitteln jedweden Kommunikationmediums eignen.

Entscheidend sind bei aller derartigen platonischen Kommunikation vor allem zwei Aspekte.

Erstens ist das wesentliche Gedankending, auf das sich alle anderen Gedankendinge beziehen, der Begriff der *Negentropie*, wie wir sie hier metaphorisch definiert haben (was auch die „Anti"-Negentropie in Betracht zieht). Zweitens muß sich der *Typus* der Gedankending-Mannigfaltigkeit auf die Realität beziehen, auf die erfolgreiche, negentropische gesellschaftliche Reproduktion der menschlichen Gattung im Universum, indem der Mensch als *imago viva Dei* negentropisch geordnete Veränderungen im praktischen Einwirken der Menschheit auf das Universum vornimmt.

Für die Kunst muß das gleiche gelten wie für die Wissenschaft. *Wahrhaftigkeit* ist sokratische Ironie, und *Wahrheit* ist eine Metapher. Wir können nicht sagen, was wir meinen, aber wir können unsere Gedanken über von uns beabsichtigte *Veränderungen* für andere geistig nachvollziehbar machen, wenn wir rigoros die Tatsache beachten, daß sogenannte Information nie etwas anderes ist als Metapher.

Anmerkungen

1. Cervantes' *Don Quijote* ist die platonische Form einer klassischen Tragödie in Prosa.
2. William Empson, *Seven Types of Ambiguity*, Penguin Books, Middlesex, 1961.
3. Siehe Bernhard Riemann, „Zur Psychologie und Metaphysik", über Herbarts Göttinger Vorlesungen; bzgl. des Ausdrucks „Geistesmassen" siehe Text im Anhang, entnommen aus *Mathematische Werke*, 2. Ausgabe (1892), Nachgelassene Schriften, hrsg. von H. Weber in Zusammenarbeit mit R. Dedekind.
4. Archimedes, „Kreismessung" und „Die Quadratur der Parabel" in *Werke*, dt. Übers. F. Rudio, Wissenschaftliche Buchgesellschaft, Darmstadt, 1972; Nikolaus von Kues, *De docta ignorantia* (Die belehrte Unwissenheit), dt. Übers. P. Wilpert, Felix Meiner Verlag, Hamburg, 1967; und *De circuli quadratura* (Die Quadratur des Kreises), dt. Übers. Josepha Hofmann, Felix Meiner Verlag, Hamburg, 1952.
5. Siehe G.W. Leibniz, „Historio et origo calculi differentialis" (Geschichte und Ursprung der Differentialrechnung) in *Mathematische Schriften*, Georg Olms Verlag, Hildesheim-New York, 1971.
6. In der Mathematik ist es immer sinnvoll, sich über die physikalischen Implikationen seiner Berechnungen bewußt zu sein. Bei n=112 haben zwei angrenzende Winkel des Vielecks auf dem Kreisumfang bei einem Radius von 1 cm einen Abstand von $1,21009 \times 10^{-33}$ cm. Bei einem Vieleck mit n=256 beträgt der Abstand auf dem Kreisumfang $5,42626 \times 10^{-77}$ cm. Um also den Abstand zwischen zwei angrenzenden Winkeln eines Vielecks mit n=256 auf 10^{-33} cm bedeutend zu vergrößern, brauchte man einen Kreis, der $2,23006 \times 10^{43}$ größer ist als unser Kreis mit einem Radius von 1 cm. Der Radius dieses größeren Kreises betrüge $2,236006 \times 10^{38}$ km oder $2,35717 \times 10^{25}$ Lichtjahre. Man vergleiche dies mit Archimedes' berühmter Sandzahl („Die Sandzahl", in *Werke*, a.a.O.) Wie alt ist ein Universum, dessen Radius $2,35717 \times 10^{25}$ Lichtjahre beträgt?
7. Platon, „Parmenides", in *Werke*, Felix Meiner Verlag, Hamburg, 1989, dt. Übers. O. Apelt); Lyndon H. LaRouche, Jr., „Project A", in *The Science of Christian Economy and other Prison Writings*, Hrsg. Schiller Institute, Washington, D.C., 1991 (dt. Übers. „Projekt A", veröffentl. in *Fusion*, 12. Jahrg., Heft 1 u. 2, 1991, Dr. Böttiger Verlag, Wiesbaden.
8. Platon, „Timaios", a.a.O.
9. Luca Pacioli, *De Divina proportione*, mit Illustrationen von Leonardo da Vinci, dt. *Die Lehre vom goldenen Schnitt*, nach der venezianischen Ausgabe v. J. 1509, neu hrsg., übers. und erl. von Constantin Winterberg, C. Graeser Verlag, Wien, 1889. Siehe auch Augusto Marioni, „Der Schriftsteller: Leonardos literarisches Erbe" in *Leonardo: Künstler, Forscher, Magier*, (engl. Titel: *The Unknown Leonardo*, Hrsg. Ladislao Reti, S. Fischer Verlag, Frankfurt, 1974. Der Aufsatz enthält einige Zeichnungen Leonardos aus *De Di*

vina proportione und Hinweise auf Leonardos Arbeiten über die Hydrodynamik.

10. Johannes Kepler, *Harmonices Mundi* (Weltharmonik), dt. Übers. Max Caspar, R. Oldenbourg Verlag, München-Wien, 1982; „De nine sexangula" (Vom sechseckigen Schnee), in *Gesammelte Werke*, Bd. IV, Hrsg. Max Caspar und Franz Hammer, C.H. Beck'sche Verlagsbuchhandlung, München, 1941, dt. Übers. *Fusion*, 7. Jahrg., Heft 1, Februar 1986. Siehe auch LaRouche, *Verteidigung des gesunden Menschenverstandes*, 8. Kap., Dr. Böttiger Verlag, Wiesbaden, 1990; und *Christentum und Wirtschaft*, Anhang I-III, V, VI, Dr. Böttiger Verlag, Wiesbaden, 1992; und *A Concrete Approach to U.S. Science Policy*, Kap. II, Hrsg. Schiller Institute, Washington, D.C., 1992.

11. Pierre de Fermat, *Oevres Fermat*, 1891, epistl. xlii, xliii. Christiaan Huygens, *Die Penduluhr, oder geometrische Demonstration über die Pendelbewegung, bei Uhren angewendet*, dt. Übers. hrsg. von A. Heckscher und A. Oettingen, Leipzig, 1913; und *Abhandlungen über das Licht* (1690), Hrsg. Eugen Lommel, Engelmann, Leipzig, 1890. Gottfried Wilhelm Leibniz, „Specimen Dynamicum" (1695), dt. Übers. in *Hauptschriften zur Grundlegung der Philosophie*, Bd. 1, Felix Meiner Verlag, Hamburg, 1966; und „Neues System der Natur und der Gemeinschaft der Substanzen" (1695), a.a.O., Bd. 2: Johann Bernoulli, *Acta Eruditorum*, Mai 1697.

12. Johannes Kepler, *Vom sechseckigen Schnee*, a.a.O.

13. Siehe LaRouche, *U.S. Science Policy*, a.a.O.

14. Ebenda.

15. Ebenda.

16. Wenn dieses Argument Cantors Erläuterung der Alef-Typen und Kurt Gödels berühmtem Beweis ähnelt, dann ist diese Ähnlichkeit beabsichtigt und wohlbegründet. Siehe Georg Cantor, „Beiträge zur Begründung der transfiniten Mengenlehre", in *Gesammelte Abhandlungen mathematischen und philosophischen Inhalts*, Springer Verlag, Berlin-Heidelberg, 1990.

17. Siehe Lyndon LaRouche, *Verteidigung des gesunden Menschenverstandes*, 3. u. 4. Kap., a.a.O.

18. Ebenda.

19. Siehe Nikolaus von Kues, *Die belehrte Unwissenheit*, a.a.O., Buch I, Kap. XIII, über den sehr großen Kreis als Annäherung an eine gerade Linie.

20. Gilles de Roberval, „Die Zykloide", in *Treaties on Indivisibles*, in D.J. Struik, *A Source Book in Mathematics 1200-1800*, a.a.O.

21. Christiaan Huygens, *Die Penduluhr*, a.a.O.

22. Ebenda.

23. Christiaan Huygens, *Die Penduluhr*, a.a.O.; Johann und Jakob Bernoulli, in D.J. Struik, *Sourcebook*, a.a.O.; Gaspard Monge, *Application de l'algèbre a la géométrie*, 5. Ausgabe, Hrsg. J. Liouville, Bachelier, Paris, 1850.

24. Christiaan Huygens, *Abhandlungen über das Licht*, a.a.O.

25. G.W. Leibniz, „Zur Analysis der Lage", in Hauptschriften, Bd. 1, a.a.O.; Bernhard Riemann, „Lehrsätze aus der Analysis situs..." in *Mathematische Werke*, a.a.O.

26. Johannes Kepler, *Vom sechseckigen Schnee*, a.a.O.; siehe auch LaRouche, *U.S. Science Policy*, a.a.O., Kap. IV.

27. Eugenio Beltramis Widerlegung der Elastizitätstheorie, auf die sich Maxwells elekromagnetische Theorie stützt, findet sich in „Sulle equazioni generali dell' elasticita" (Über die allgemeinen Elastizitätsgleichungen), in *Annali di Mathemàtica pura ed applicata*, Serie II, Bd. X (1880-82), S. 188-211.

28. Georg Cantor, „Beiträge zur Begründung der transfiniten Mengenlehre", a.a.O.; siehe auch *Gesammelte Abhandlungen*, Hrsg. Ernst Zermelo, Hildesheim, 1962.

29. Wie das Projekt „Frankfurter Schule" von Adorno, Horkheimer, Marcuse, Heidegger, Arendt u.a. (siehe Michael J. Minnicino, „The New Dark Age: The Frankfurt School and ‚Political Correctness'", in *Fidelio*, 1. Jahrg., Nr. 1, 1992), so wurde auch die moderne Linguistik in den zwanziger Jahren von der Kommunistischen Internationale eingeführt. Eine wesentliche Rolle spielte dabei der deutsche Kommunist und Stalin-Mitarbeiter Karl Korsch. In den dreißiger Jahren arbeitete Korsch mit Rudolf Carnap zusammen. Beide waren später an Russells und Hutchins' Projekt der „Vereinigung der Wissenschaften" beteiligt und nahmen an den ersten Sitzungen vor dem Krieg an der University of Pennsylvania teil. Prof. Harris von der University of Pennsylvania übernahm diese Form der Linguistik, sein Schüler und Nachfolger ist Prof. Noam Chomsky.

30. Siehe Platon, „Timaios", a.a.O.; Euklid, *Elemente*, Buch 10-13, Wissenschaftliche Buchgesellschaft, Darmstadt, 1980. Luca Pacioli, *De Divina proportione*, a.a.O.; Johannes Kepler, *Weltharmonik*, a.a.O., Kap. II. Leonhard Euler, *Elementa doctrinae solidorum*, St. Petersburger Akademie der Wissenschaften, 1751.

31. Wir übergehen die zusätzlichen sternförmigen Körper, die zunächst von Kepler in der *Weltharmonik*, a.a.O., Kap. II behandelt wurden; später von Louis Poinsot, *Memoirs sur Les Polygons et Les Polyhedras* (Denkschrift über Vielecke und Vielflächner), engl. Übers. Laurence Hecht, unveröff. Manuskript.

32. Leonardo von Pisa (Fibonacci), *Liber Abaci* (Das Buch des Abakus), zit. nach J.D. Struik, a.a.O.

33. Siehe Anmerkung 11, entsprechende Werke von Huygens, Leibniz und den Bernoullis.

34. Christiaan Huygens, *Abhandlungen über das Licht*, a.a.O.; Johann Bernoulli, „Curvatura radii", in „Diaphanous Nonformabus", Acta Eruditorum, Mai 1697.

35. Siehe LaRouche, *U.S. Science Policy*, a.a.O., Kap. III.

36. Ebenda. Leibniz' Kommentar über die Ansicht Newtons ist in seinem ersten Brief an Clarke (1715) enthalten: „Newton und seine Anhänger haben außerdem noch eine recht sonderbare Meinung von dem Wirken Gottes. Nach ihrer Ansicht muß Gott von Zeit zu Zeit seine Uhr aufziehen, — sonst bliebe sie stehen." In seiner Antwort gestelit Clarke ein, daß Gott

„nicht nur Dinge zusammensetzt oder miteinander verbindet, sondern selbst der Urheber und immerwährende Erhalter ihrer ursprünglichen Fähigkeiten und ihrer bewegenden Kräfte ist." Aus „Streitschriften zwischen Leibniz und Clarke", in *Hauptschriften*, Bd. 1, Felix Meiner Verlag, Hamburg, 1966.

37. 1850 schrieb Rudolf Clausius seinen ersten Aufsatz über die Theorie der Wärme. Clausius' Buch enthielt keinen experimentellen Beweis und keinen Bezug zu einem „universalen Gesetz". 1952 schrieb William Thomson (der spätere Lord Kelvin) einen Aufsatz „Über eine universale Tendenz der Natur zur Verteilung mechanischer Energie". Dieser Aufsatz besteht aus ideologischen Überlegungen hinsichtlich Sadi Carnots experimenteller Arbeit über die Wärmekraftmaschinen, an der Thomson nicht beteiligt war. In dem Aufsatz behauptet Thomson, eines Tages werde das Universum abgelaufen sein, da es lediglich eine Maschine wäre. 1854 machte sich Thomsons Freund Helmholtz diese These in seinen Überlegungen über die Transformation der natürlichen Kräfte zu eigen. In der zweiten Auflage seines Buchs von 1865 beendet Clausius, nach einem Treffen mit Thomson, sein Buch mit den beiden berühmten Axiomen: 1. Die Energie des Universums ist konstant; und 2. die Entropie des Universums strebt einem Maximum zu. Siehe LaRouche, *U.S. Science Policy*, a.a.O., Kap. III.

38. Siehe LaRouche, *U.S. Science Policy*, ebenda.

39. Ein Postulat ist eine unbewiesene Annahme, die in Nachahmung eines echten Axioms eingeführt wird, um willkürlich einen sonst zweideutigen oder unvollständigen Bestandteil der Theoremgitter-Mannigfaltigkeit, die von einer vorher vorhandenen Axiom- und Postulatmenge herrührt, auszuschalten.

40. Es heißt, Hilbert habe den Studenten Norbert Wiener wegen hartnäckiger methodischer Unfähigkeit aus einem wissenschaftlichen Seminar in Göttingen hinausgeworfen.

41. Siehe Winston Bostick, „The Plasmoid Construction of the Superstring", *21st Century Science & Technology*, 3. Jahrg., Nr. 4, Winter 1990, und „How Superstrings Form the Basis of Nuclear Matter," *21st Century Science & Technology*, 3. Jahrg., Nr. 1, Januar-Februar 1990.

42. Deshalb, so Philon von Alexandrias Widerlegung der gnostischen Aristoteles-Anhänger unter den jüdischen Rabbinern seiner Zeit, könnten weder die Schöpfung noch Gott in der nominalistischen Form eines deduktiven Systems wie dem des Aristoteles existieren. Siehe Philon „Über die Weltschöpfung," in *Die Werke*, dt., Walter de Gruyter , Berlin, 1964.

43. Nikolaus von Kues behandelt das isoperimetrische Prinzip u.a. in *De docta ignorantia*, a.a.O., Buch I, und *De quadratura circuli*, a.a.O.

44. Augustinus, *De musica* (Musik), dt. Übers. Carl Johann Perl, Ferdinand Schöningh, Paderborn, 1962.

45. LaRouche, *Verteidigung des gesunden Menschenverstandes*, 2.-4. Kap., a.a.O., und *Christentum und Wirtschaft*, 2.-4. u. 6. Kap., a.a.O.

46. Nikolaus von Kues vertritt schon in seinem frühen Werk über die belehr-

te Unwissenheit: „Gott hat, wie wir uns überzeugen können, allen Wesen eine natürliche Sehnsucht nach der gemäß den Bedingungen ihrer Natur vollkommensten Denkweise eingegeben. (...) Ein ihrem Lebenszweck entsprechendes Erkenntnisvermögen ist ihnen angeboren, auf daß ihr Bemühen nicht ins Leere gehe und in der erstrebten Vollendung der ihnen eigenen Natur zur Ruhe kommen könnte." Später in *De visione Dei* (Von der Gottesschau, 1464), entwickelt der Kardinal den Gedanken, daß jede Gattung mit ihren natürlich entwickelten Fähigkeiten nach einer höheren Existenzform „strebt", so wie der Mensch in seinem Streben nach dem Verständnis des Absoluten, Gottes. Die Idee der negentropischen Entwicklung der Gattungen als Charakteristikum der Schöpfung wird hier mit dem poetischen Begriff des *terminus specie* ausgedrückt. Das Universum besteht in negentropischem Wachstum immer höherer Ordnung, dessen Mikrokosmos die menschliche Vernunft ist. Jede Gattung erkennt diese göttliche Schöpfungsordnung auf ihre eigene Weise und wird beim Übergang von einer Ordnungsstufe zur nächsten zur Singularität. So verfügt die Gattung über einen *terminus specie*, die Aktualisierung der Unendlichkeit in einem Punkt, der die Weiterentwicklung ermöglicht. „Und die Kraft hierzu, die ich von Dir habe, in der ich ein lebendiges Abbild der Kraftfülle Deiner Allmacht besitze, ist der freie Wille. Vermöge dessen kann ich die Empfänglichkeit für Deine Gnade sowohl steigern als auch schwächen."

47. Siehe LaRouche, *U.S. Science Policy*, a.a.O., Kap. III, Abschnitt über „Die Geometrie der schöpferischen Vernunft".

48. Siehe LaRouche, *Verteidigung des gesunden Menschenverstandes*, 4. u. 12. Kap.; „Projekt A", 17.-18. Kap., a.a.O.; und *Christentum und Wirtschaft*, 4. u. 7. Kap., a.a.O.

49. Zu Descartes' *deus ex machina* siehe LaRouche, *U.S. Science Policy*, a.a.O., Kap. IV.

50. Sir Isaac Newton erklärt in seinen *Principia mathematica*, er stelle keine Hypothesen auf, *hypotheses non fingo*, und stellt der Hypothesenbildung die Methode der *Induktion* gegenüber.

51. Siehe LaRouche, *U.S. Science Policy*, a.a.O., Kap. IV. Erste Erwähnung finden die Bogomilen im 10. Jahrhundert v. Chr. in Bulgarien. (In der bulgarischen Sprache heißt Bogomil „von Gott geliebt".) Zu ihrem Glauben gehört die gnostische Überzeugung, daß der Vater Jesu Christi nicht der Schöpfer der Welt war. Für die Bogomilen und später die Katharer wirkt die Kraft des Teufels durch die Natur und die Begrenztheit der materiellen Welt; Materie und Geist wurden nicht dazu geschaffen, zusammen zu existieren. Diese Teilung und die entsprechenden Konzepte von Gut und Böse, Licht und Dunkelheit, wird gemeinhin als Dualismus bezeichnet. Über die Ursprünge der Sekte der Bogomilen und Katharer im Manichäismus siehe LaRouche *Christentum und Wirtschaft*, a.a.O., S. 293f.

52. Die Katharer-Sekte war in Frankreich als bulgarischer Kult oder „Les Bougres" bekannt, daher die englische Übersetzung „The Buggers". Da den

Auserwählten der Sekte aufgrund ihrer gnostischen Lehre der Trennung von Materie und Geist der Geschlechtsverkehr mit Frauen verboten war, griff man zu anderen sexuellen Aktivitäten. Deshalb bringt man den Namen „Bugger" im Englischen mit Homosexualität in Verbindung.

Offene gnostische Kulte gibt es bis heute, einschließlich der sexuellen Perversionen. Samuel Aun Weor, Anführer der Universalen Christlichen Gnostischen Kirche in Kolumbien, schreibt in seinem Buch *Die perfekte Ehe:* „Das Sexzeitalter naht, das New Age des Wassermanns (...). Sexuelle Magie wird im neuen Zeitalter des Wassermanns an den Universitäten offiziell zugelassen." Das Buch fährt fort: „Um ein Kind zu machen, braucht man keinen Samen zu verspritzen. Der Spermafaden, der ohne Samenerguß davonkommt, ist ein auserwählter Spermafaden von überlegener Natur, vollkommen reif. Das Ergebnis solcher Schwängerung ist eine neue Schöpfung höchster Ordnung. So können wir eine Rasse von Übermenschen schaffen. In den Mysterien von Eleusis, den heiligen Tänzen, den nackten Tänzen, dem brennenden Kuß und der sexuellen Vereinigung, werden Menschen zu Göttern (...), die Tänze der Sufis und die wirbelnden Derwische sind wundervoll." Aun Weor ist auch der Verfasser des Buches *Die soziale Transformation der Gesellschaft*, worin er das politische Programm der Gnostiker für Lateinamerika umreißt. Die Gnostische Kirche war das politische Kontrollinstrument hinter der narcoterroristischen Bewegung M-19, die sich heute mit der kolumbianischen Regierung die Macht teilt.

53. Siehe Friedrich Schiller, „Die Gesetzgebung des Solon und Lykurgus" in *Werke*, Winkler Verlag, München.

54. Siehe Fred Henderson, „Free Trade, The Confederacy and Slavery" (Freihandel, die Konföderation und die Sklaverei), in *The New Federalist*, 5. Jahrg., Nr. 36, 11. Nov. 1991, S. 5-6. „The Lee myth is debunked, but not the more dangerous mythmakers" (Der Mythos über Lee ist verschwunden, aber nicht die noch gefährlicheren Mythenmacher), *Executive Intelligence Review*, 18. Jahrg., Nr. 38, 4. Okt. 1991, S. 62ff.

55. Die Erlasse des römischen Kaisers Diokletian (284-305 n.Chr.) versuchten, durch gesetzlich geregelte feste Preise und Löhne den wirtschaftlichen Verfall des Römischen Reiches aufzuhalten. Dies führte im 4. Jahrhundert zu den Reformen des Kaisers Theodosius, der per Gesetz verfügte, welcher Tätigkeit jeder Bürger Roms sein Leben lang nachgehen mußte. Diese malthusianischen Reformen stellen den ersten Versuch einer totalitären Regierung dar, sozialistische Maßnahmen per Dekret durchzusetzen. Zu den Erlassen des Kaisers Diokletian siehe *Global Showdown*, Abschnitt 2.3, Hrsg. *Executive Intelligence Review*, Washington, 1985.; und Kenneth Kronberg, „How the Romans Nearly Destroyed Civilization" (Wie die Römer beinahe die Zivilisation zerstörten), in *The Genocidal Roots of Bush's New World Order*, Hrsg. *Executive Intelligence Review*, 1992, S. 158f.

56. Siehe auch Benjamin Franklin, *Proposals Relating to the Education of the Youth in Pennsylvania* (Vorschläge zur Erziehung der Jugend in Pennsylvania),

Philadelphia, 1749. Thomas Jefferson, „A Bill for the More General Diffusion of Knowledge" (Ein Gesetz zur weiteren Verbreitung der Bildung, 1779), in Thomas Jefferson, *Schriften*, Hrsg. Merrill D. Peterson, Library of America, New York, 1984: „Das beste Mittel, die Tyrannei zu verhindern, wäre es, so weit es geht die Menschen auszubilden. (...) Deshalb ist es zum Wohlergehen der Allgemeinheit erforderlich, daß die Menschen, welche die Natur mit einem klaren Verstand ausgestattet hat, durch eine freiheitliche Erziehung in den Stand gesetzt werden, die heiligen Rechte und Freiheiten ihrer Mitbürger zu hüten, und daß sie zu dieser Pflicht ohne Rücksicht auf Reichtum, Geburt oder andere zufällige Umstände gerufen werden." John Adams, „Thoughts on Government" (Gedanken über die Regierung, 1776) in *American Political Writings During the Founding Era: 1769-1805*, Bd. 1, Hrsg. Charles S. Hyneman und Donald S. Lutz, Liberty Press, Indianapolis, 1983). Benjamin Rush, „A Plan for the Establishment of Public Schools and the Diffusion of Knowledge in Pennsylvania; To Which Are Added, Thoughts upon the Mode of Education, Proper in a Republic" (Ein Plan zur Einrichtung öffentlicher Schulen und der Verbreitung von Wissen in Pennsylvania; welchem hinzugefügt sind: Gedanken über die Art der Erziehung, die einer Republik angemessen ist, 1786) in *American Political Writings*, a.a.O.

57. Siehe Friedrich Schiller, „Über die ästhetische Erziehung des Menschen" (1792-93), a.a.O.; und Wilhelm von Humboldt, „Über Schiller und den Gang seiner Geistesentwicklung", in Wilhelm von Humboldt, *Werke*, J.G. Cotta'sche Buchhandlung, Stuttgart, 1961). Humboldt, der sein Werk auf den Einfluß und die Erziehung Schillers gründete, war kurze Zeit für die Erziehungspolitik in Preußen verantwortlich.

58. Siehe Immanuel Kant, *Kritik der reinen Vernunft; Kritik der praktischen Vernunft* und besonders *Kritik der Urteilskraft*: „Man sieht hieraus, daß Genie 1) ein *Talent* sei, dasjenige, wozu sich keine bestimmte Regel geben läßt, hervorzubringen: nicht Geschicklichkeitsanlage zu dem, was nach irgendeiner Regel gelernt werden kann, folglich, daß *Originalität* seine erste Eigenschaft sein müsse. 2) Daß, da es auch originalen Unsinn geben kann, seine Produkte zugleich Muster, d.i. *exemplarisch* sein müssen; mithin, selbst nicht durch Nachahmung entsprungen, anderen doch dazu, d.i. zum Richtmaße oder Regel der Beurteilung, dienen müssen. 3) Daß es, wie es sein Produkt zustande bringe, selbst nicht *beschreiben, oder* wissenschaftlich anzeigen könne, sondern daß es als *Natur* die Regel *gebe*; und daher der Urheber eines Produkts, welches er seinem Genie verdankt, selbst nicht weiß, wie sich in ihm die Ideen dazu herbei finden, auch es nicht in seiner Gewalt hat, dergleichen nach Belieben oder planmäßig auszudenken, und anderen in *solchen* Vorschriften mitzuteilen, die sie in Stand setzen, gleichmäßige Produkte hervorzubringen. (Daher denn auch vermutlich das Wort Genie von genius, dem eigentümlichen einem Menschen bei der Geburt mitgegebenen schützenden und leitenden Geist, von dessen Eingebung jene originale Ideen herrühren, abgeleitet

ist.) 4) Daß die Natur durch das Genie nicht der Wissenschaft, sondern der Kunst die Regel vorschreibe; und auch dieses nur, insofern *diese letzte-re* schöne Kunst sein soll." (Hervorh. im Orig.) Kant, *Werke in sechs Bänden*, Hrsg. Wilhelm Weischedel, Bd. V, Insel-Verlag, 1957, S. 406f.

59. Platon hat die Verbindung zwischen der Idee des Guten (oder das absolut Unendlichen, wie es später die christlichen Platoniker nannten) und der Entwicklung des Universums sowie dem Prozeß des Werdens, wie er dem menschlichen Verstand eigen ist, in einigen Dialogen ausführlicher entwickelt, z.B. in „Theaitetos", „Parmenides", „Sophistes" (Die Sophisten), „Politeia" (Der Staat), „Philebos", „Timaios", „Kritias".

60. Siehe Anmerkung 58.

61. Immanuel Kant, *Kritik der Urteilskraft*, a.a.O.

62. Siehe *A Manual on the Rudiments of Tuning and Registration* (Handbuch über die Grundlagen der Stimmung und der Register), Bd. 1, Hrsg. Schiller Institute, Washington, D.C., 1992, Kap. II.

63. Siehe Anmerkung 1.

64. Siehe Anmerkung 28.

65. Siehe Nikolaus von Kues, „De conjectures" (Mutmaßungen), in *Philoso-phisch-Theologische Schriften*, Bd. II, Herder, Wien, 1982, S. 158. „Der Mensch ist nämlich Gott, aber nicht in Absolutheit, weil er eben Mensch ist. Er ist also menschlicher Gott. Der Mensch ist auch die Welt, jedoch nicht Alles in seiner Verschränkung, da er Mensch ist. Er ist also ein Mikrokosmos oder eine menschliche Welt. Der Bereich der Menschlichkeit umgreift also Gott und das Welt-Gesamt in seiner menschlichen Mächtigkeit."

66. Siehe Nikolaus von Kues, „Die Gotteskindschaft", in *Philosophisch-Theologische Schriften*, a.a.O., S. 640. „So wie Gott die wirkliche Wesenheit aller Dinge ist, so ist die gesonderte, in sich lebendige und zurückkehrend geeinte Vernunft ein lebendes Ähnlichkeitsbild aller Dinge. Erkenntnis aber vollzieht sich durch Ähnlichkeit. Da die Vernunft ein vernunfthaftes, lebendiges Bild Gottes ist, erkennt sie, wenn sie sich erkennt, alles in sich als der einen."

Siehe auch Philon von Alexandria, a.a.O., Abschnitt XXIII: „Nach allen anderen Geschöpfen also ist, wie gesagt, der Mensch geschaffen worden, und zwar, wie es heißt ,nach dem Bilde Gottes und nach seiner Ähnlichkeit' (1. Mos. 1, 26). (...) Diese Ähnlichkeit darf man aber nicht in der Eigentümlichkeit des Körpers vermuten; denn weder hat Gott menschliche Gestalt noch ist der menschliche Körper gottähnlich. Jene Ebenbildlichkeit bezieht sich nur auf den Führer der Seele, den Geist; denn nach dem einzigen führenden Geist des Weltalls als Urbild wurde der Geist in jedem einzelnen Menschen gebildet; der also gewissermaßen der Gott des Körpers ist, der ihn als göttliches Bild in sich trägt. Denn was der große Lenker im Weltall ist, das ist wohl der menschliche Geist im Menschen; er ist selbst unsichtbar, erkennt aber das Wesen der anderen Dinge; durch Künste und Wissenschaften bahnt er sich weitverzweigte Heerstraßen und durchwandert die ganze Erde und das Meer und erforscht alles, was in beiden ist. Und dann erhebt er sich im Fluge und betrachtet die Luft und ihre Veränderungen und schwingt sich immer höher hinauf zu Äther und in die Himmelskreise und dreht sich mit den Reigentänzen der Planeten und Fixsterne nach den Gesetzen der vollkommenen Musik; indem er der Liebe zur Weisheit als Führerin folgt, schreitet er über die ganze sinnlich wahrnehmbare Welt hinaus und strebt nach der rein geistigen."

67. Siehe LaRouche, *Verteidigung des gesunden Menschenverstandes*, 11. Kap.; *Projekt A*, Kap. II, a.a.O.; und *Christentum und Wirtschaft*, 5. Kap.

68. Siehe *A Manual on Tuning and Registration*, a.a.O., Vorwort: „Die klassische Idee", 2. Kap.: „Die sechs Arten der Singstimme"; 9. Kap.: „Die Prinzipien des Belcanto"; 10. Kap.: „Die synthetische Geometrie der Komposition"; und 11. Kap.: „Künstlerische Schönheit: Schiller vs. Goethe". Siehe auch LaRouche, „Die Lösung des platonischen Paradoxons", in „Das Eins und das Viele", *Ibykus*, 10. Jahrg., Heft 35, 2. Quartal 1991, Dr. Böttiger Verlag; und Jonathan Tennenbaum, „Die Grundlagen wissenschaftlicher musikalischer Stimmung", *Ibykus*, Sonderausgabe, August 1988.

69. Siehe *A Manual on Tuning*, a.a.O., 9. u. 10. Kap.

70. Ebenda, 11. Kap.

71. In bezug auf Cantors Werk Begriffe aus der Musik zu verwenden, ist mehr als angemessen. Cantor war ein begabter Amateurmusiker, sein Großvater mütterlicherseits war der Kapellmeister Ludwig Böhm, dessen Bruder, der Geiger Joseph Böhm, Lehrer des großen Virtuosen Joseph Joachim war. (Adolf Frankel, *Das Leben Georg Cantors*, zit. in *Georg Cantors Gesammelte Abhandlungen*, a.a.O., S. 452). Ludwig Böhm führte Beethovens späte Streichquartette nach dessen Anweisungen auf.

72. Siehe Anmerkung 46 über Nikolaus von Kues' Entwicklung der Gattungen.

73. Siehe G.W. Leibniz, „Monadologie", in *Hauptschriften*, Bd. II, Felix Meiner Verlag, Hamburg, 1966, S. 435ff.

74. Siehe Anmerkung 3.

75. Die leider allgemein gebräuchliche „Hegelsche" Unterteilung der Musikgeschichte in eine „barocke," „klassische" und „romantische" Periode sollte man als unsinnig vergessen. Das Werk klassischer Komponisten wie von J.S. Bach und dessen Söhnen, Haydn, Mozart, Beethoven, Schubert, Mendelssohn, Schumann, Brahms u.a. unterscheidet sich durch ein moralisches Kompositionsprinzip von dem irrationalistischen Prinzip des ansteigend chromatischen Erotizismus der Romantiker des 19. Jahrhunderts wie Berlioz, Liszt, Wagner u.a.

76. Johann Sebastian Bach, *Ein musikalisches Opfer*, BWV 1079.

77. Joseph Haydn, op. 33, Nr. 1-6, *Die „Russischen" Quartette*.

78. Siehe Bernhard Paumgartner, *Mozart*, Piper-Verlag, München, 1991, Kap. 31, S. 299ff u. S. 548.

79. Siehe *A Manual on Tuning*, a.a.O., 12. Kap., über das Vorgehen Beethovens und Brahms' bei der Komposition von Variationen über ein Thema.

80. Herbert Meschkowski, Winfried Nilson, Hrsg., *Georg Cantors Briefe*, Springer Verlag, Heidelberg, 1991, S. 9-10. Zit. nach J. Bendiek, „Ein Brief Georg Cantors an Pater Ignazius Jeiler O.F.M.", in *Franziskanische Studien 47*, 1965, S. 65-73.
81. Siehe Anmerkung 28.

Über den Gottesbeweis

Nach einem Bericht des in London erscheinenden *Independent* hat ein Biologieprofessor der Universität Oxford während eines internationalen Wissenschaftsfestivals in Edinburgh am 15. April 1992 den Glauben an Gott als Geistesstörung bezeichnet, die sich ähnlich wie ein „Computervirus" verbreite. Der Oxford-Professor Richard Dawkins gebrauchte in seiner Rede folgende Formulierung: „Es handelt sich um willkürliche, überlieferte Glaubenssätze, die man den Leuten in einem kritischen Alter beibringt, indem sie von den Eltern wie ein Virus weitergegeben werden." Nach dem Zeitungsbericht habe er noch hinzugefügt, daß „die ‚Evolutionstheorie' jede wissenschaftliche Grundlage dafür beseitigt habe, die Existenz Gottes zu behaupten, und es sei ‚dumm', an einen Gott zu glauben, der für die Ordnung und Schönheit des Universums verantwortlich ist."[1]

Charles B. Stevens, ein Redakteur des Magazins *21st Century Science*, berichtete mir von Dawkins' Rede und regte gleichzeitig an, daß mehrere von ihm erwähnte Personen dem *Independent* eine gemeinsame Widerlegung der Dawkinsschen Ausführungen unterbreiten sollten. Grundlage hierfür könnte der in den sechziger Jahren von Prof. Kurt Gödel erbrachte Gottesbeweis sein.[2]

Auf den ersten Blick erschien eine solche Widerlegung besonders wichtig, da der kundige Leser aus den vom *Independent* wiedergegebenen Formulierungen schließen konnte, daß Dawkins damit auf Gödels ontologischen Gottesbeweis abzielte. Dennoch erschien mir Gödels Arbeit aus drei Gründen als Widerlegung unzureichend. Erstens führt der Gödelsche Beweis nicht nennenswert über die klassische Beweisführung von Platon und Leibniz hinaus.[3] Zweitens wäre es unklug, die dreiste Primitivität der Dawkinsschen Rhetorik nicht direkt anzugreifen; dieser wichtige Punkt durfte bei der Widerlegung nicht fehlen. Drittens verdiente das beste Argument, das Gödel hätte vorlegen können, es aber offenbar nicht tat — nämlich die in Cantors *Beiträgen*[4] neu gefaßte klassische Beweisführung —, als Ergänzung des klassischen Gottesbeweises von Platon und Leibniz angeführt zu werden.

Wenn es um einen solchen ontologischen Beweis geht, steht eine ganz andere Frage als die von Dawkins so borniert gestellte im Vordergrund. Es geht nicht um die einfache Behauptung, ob es Gott gibt oder nicht; die unmittelbare Frage ist ein weitaus bescheideneres Unterfangen: *Auf welche Weise können Menschen mit Sicherheit wissen, ob Gott existiert?* Oder genauer: *Welche Seite des menschlichen Geistes ist für diese besondere Art Wissen zuständig?* Es fragt sich aber auch, *worin die unter Akademikern grassierende wissenschaftliche Inkompetenz, die Dawkins hier an den Tag gelegt hat, hauptsächlich besteht.*

Für Platon, dem wir den ursprünglichen ontologischen Gottesbeweis verdanken, und auch für den Autor ist klar, daß nur derjenige solches Wissen, das mit der Existenz Gottes zusammenhängt, entdecken kann, der richtig verstanden hat, was „platonische Ideen" (griech. *eidos*)[5] sind. Der christliche Platoniker Gottfried Wilhelm Leibniz verwendete den Begriff *Monade,* wenn er solche Ideen meinte.[6] In gleicher Absicht benutzte Bernhard Riemann seinerzeit den Ausdruck *Geistesmassen.*[7] Diese Begriffe sowie mein Ausdruck „Gedankendinge" stehen sämtlich in enger Beziehung zu Georg Cantors transfiniten *Ordnungstypen.*[8] Auf den folgenden Seiten wollen wir in groben Zügen den Beweis dafür darstellen, daß sich im menschlichen Bewußtsein *die Vorstellung* eines jüdisch-christlichen Gottes nur in Form einer „platonischen Idee" oder eines „Gedankendings" bilden kann.

I.

DIE DEFINITION MENSCHLICHEN WISSENS

Die geistige Eigenschaft, welche die menschliche Gattung von allen niederen Gattungen unterscheidet und über sie erhebt, drückt sich empirisch in der sehr einfachen, aber entscheidenden Tatsache aus, daß sich die Menschheit durch aufeinanderfolgende Fortschritte aus einer noch halb tierhaften „Jäger- und Sammlerkultur" mit kläglichem Bevölkerungspotential erhoben und jetzt eine tausendfach höhere Bevölkerungsdichte erreicht hat. Dennoch blieb bei diesem Wandel der menschliche Genotyp unverändert. Einer derartigen Abfolge von Fortschritten entspricht im Tierreich lediglich die Evolution von niederen zu höheren Arten. Der Menschheit gelang diese Leistung durch eine qualitative kulturelle Höherentwicklung, die einzig und allein auf die Instanz der „schöpferischen Vernunft" zurückzuführen ist.

Noch einmal anders ausgedrückt: Der Begriff „menschliches Wissen" definiert sich als geordnete Fortschreitung von niederen zu höheren Kulturformen, welche auf jene geistige Fähigkeit zurückgeht, die wir schöpferische Vernunft nennen. Die Argumentation eines Richard Dawkins und vieler anderer angeblich gebildeter Banausen leidet von Anfang an unter dem entscheidenden Manko, daß kein formales Deduktions- oder Induktionssystem dazu taugt, diesen Fortschritt im menschlichen Wissen positiv darzustellen.[9] Diese Schwierigkeit läßt sich in den folgenden Zusammenhang stellen.[10]

Entscheidend für den Prozeß stetigen Wachstums der Bevölkerung einer Gesellschaft bzw. ihrer potentiellen Bevölkerungsdichte ist der wissenschaftliche und technische Fortschritt.[11] Im Rahmen formallogischer Systeme kann man das wissenschaftliche (technische) Niveau einer Gesellschaft zu einer bestimmten Zeit annähernd durch eine in sich schlüssige unbegrenzte Theoremmenge darstellen. Diese Theoremmenge deckt sich implizit mit einer ihr zugrundeliegenden Menge voneinander abgeleiteter Axiome und Postulate. Eine solche Anordnung nennt sich „Theoremgitter", und die damit verbundene, zugrundeliegende Menge voneinander abgeleiteter Axiome und Postulate wird manchmal als „Erbprinzip" bezeichnet. Nennen wir ein solches Theoremgitter A. Dieses A soll für eine bestimmte potentielle Bevölkerungsdichte der betreffenden Gesellschaft stehen. Nehmen wir nun an, eine grundlegende Entdeckung, die Teile dieser miteinander verwobenen Axiom- und Postulatmenge von *A* umstößt, führe zu einem Ansteigen der potentiellen Bevölkerungsdichte dieser Gesellschaft. Diese *Veränderung* definiert ein neues Theoremgitter *B*, zu dem eine neue Axiom- und Postulatmenge gehört.[12] Diese Transformation von *A* nach *B* verkörpert eine elementare Definition des „wissenschaftlichen und technischen Fortschritts".

Wie wir in zahlreichen anderen Veröffentlichungen gezeigt haben,[13] stimmt kein Theorem des Gitters *A* mit einem Theorem von *B* überein; eine „unüberbrückbare" Kluft formaler Unstetigkeit trennt jedes Gitter von allen anderen Gittern einer solchen Reihe. Diese „Kluft" entspricht wie eine Landkarte dem Gelände genau der *verändernden Aktion*, wodurch beispielsweise *B* aus *A* erzeugt wird.

Die Folge *A, B, C, D, E,* ... wird *als Folge* durch einen übergeordneten *Faktor der Veränderung* erzeugt. Dieser Wandlungsfaktor höherer Ordnung gliedert die Abfolge der Einzelschritte $\overline{AB}, \overline{BC}, \overline{CD}, \overline{DE}, usw.$ als Folge. Diese Veränderung höherer Ordnung läßt sich nicht durch eine formale algebraische oder ähnliche Wiedergabe einer geordneten Funktion darstellen — da alle einzelnen Glieder der Folge *A, B, C, D, E,* ... durch „unüberbrückbare" formale Unstetigkeiten voneinander getrennt sind. Doch dieser übergeordnete Veränderungsfaktor definiert selbst die wirksame Erzeugung stetiger Zunahmen der potentiellen Bevölkerungsdichte, von denen die weitere Existenz dieser Gesellschaft letztlich abhängt.

Wir müssen an dieser Stelle kurz abschweifen, um ein Beispiel für den Übergang von Gitter *A* zu Gitter *B* anzuführen. Dazu möchten wir den Leser auf das von Nikolaus von Kues etwa 1430 entdeckte isoperimetrische Prinzip verweisen, wie es vom Autor bereits in seiner Schrift „Über die Metapher" dargestellt wurde.[14] Die wichtigsten Aspekte in bezug auf den ontologischen Gottesbeweis sind die folgenden.

Um die Fläche eines Quadrats abzuschätzen, die genauso groß sein soll wie die Fläche eines gegebenen Einheitskreises (z.B. r=1), bediene man sich des folgenden Algorithmus. Man konstruiere zwei Quadrate mittels einer einzigen, fortlaufenden Konstruktion, so daß das eine Quadrat den Kreis von außen, das andere ihn von innen berührt. Man verdopple nun mehrfach die Seitenzahl dieser beiden Vielecke, um eine Folge paariger regelmäßiger Vielecke mit 2^n Seiten zu erzeugen, und zwar von *n=16* bis zu astronomischen *n=256*. Die gemittelten Flächen dieser beiden Vielecke nähern sich der Größe des gegebenen Kreises, und auch der gemittelte Umfang der beiden Vielecke nähert sich dem Kreisumfang an. Dieser Umfang geteilt durch die Diagonale des eingeschriebenen Vielecks ergibt einen ungefähren Wert für π. Die geschätzte Fläche geteilt durch das Quadrat des halben Durchmessers ist ebenfalls eine Annäherung an π.

Selbst wenn jedoch *n* astronomisch groß wird (wie bei *n=256*), verbleibt ein bestimmter, diskreter Unterschied in Fläche und Umfang zwischen dem Kreis und den einzelnen Vielecken. Der Umfang der Vielecke *wird nie deckungsgleich* mit dem des Kreises. Vieleck und Kreis gehören einer anderen Seinsgattung an.[15] Ein überzeugender Beweis unter Verwendung des Infinitesimalbegriffs aus dem 17. Jahrhundert[16] führt uns in diesem beispielhaften Fall zu der Erkenntnis, daß man die Kreisbewegung oder *kreisförmige Aktion* nicht aus der Axiom- und Postulatmenge der euklidischen formalen Geometrie ableiten kann.

Wir wollen jedoch *kreisförmige Aktion* mit Kues grundsätzlich anders definieren, nämlich entsprechend seinem „Maximum-Minimum-Prinzip". Dieses Prinzip ist in seiner allgemeineren Form als das isoperimetrische Prinzip bekannt, wie man mit der geringsten Aktion eine bestimmte Fläche oder mit einer geschlossenen Aktion gegebener Länge die größte Fläche einschließt. Dann beachte man, in welcher Weise das gleiche „Maximum-Minimum-Prinzip" im Laufe des 17. Jahrhunderts als das Leibniz-Bernoullische Prinzip der *universellen geringsten Wirkung (Aktion)* bekannt wurde.[17]

Stetige kreisförmige Aktion läßt sich nicht im eleatischen Rahmen eines formalen euklidischen Theoremgitters fassen. Wir müssen uns von den hinderlichen axiomatischen Seiten dieses Gitters trennen, vornehmlich von der Annahme, daß Punkt und Gerade eine formell axiomatische Existenz haben. Wir müssen zu einer formalen Beschreibung tatsächlich existenter Punkte und Geraden als schlüssiger Theoreme kommen, die von einer entsprechenden neuen Axiom- und Postulatmenge hervorgebracht werden. Dieses neue „Erbprinzip", von dem sich solche neuen Theoreme ableiten sollen, läßt nur die selbstverständliche Form „kreisförmiger" (isoperimetrischer, „geringster") Aktion zu.

Das im 17. Jahrhundert von Huygens, Leibniz, den Bernoullis und anderen[18] entwickelte Konzept der *Zykloide* (kreisförmige Aktion in Wechselwirkung mit einer zweiten kreisförmigen Aktion) sowie die daraus abgeleiteten Konzepte der *Analysis situs* und der Involute, Evolute und Enveloppe schufen die Grundlage einer anticartesischen, nichtalgebraischen Berechnung *universaler geringster Wirkung*. Und dies zeigt, daß unsere neue Mathematik des Gitters *B* uns nicht nur in die Lage versetzt, die scheußlichen Paradoxa des Gitters *A* zu beseitigen, sondern der Menschheit eine Wissensmacht über die Natur verschafft, die im Rahmen des unterlegenen, rein algebraischen Gitters *A* nicht gegeben war.

Das ist zusammengefaßt das Wesentliche, worum es in unserer kleinen Abschweifung geht. Uns ist an der Unstetigkeit zwischen *A* und *B* dreierlei aufgefallen:

1. *Voraussetzungen der Entdeckung*. Ein in sich widersprüchlicher Teil des Theoremgitters *A* wird über seine Grenze hinaus getrieben. Damit läßt sich im Gegensatz zu Augustin Cauchy[19], einem Gegner von Leibniz und Monge, zeigen, daß von dem untergeordneten Ursprungsgitter *A* definierte Prozesse nie mit einem höheren, diesen *begrenzenden* Formzustand in Einklang zu bringen sind. In gleicher Weise, wie die Methode hinter diesem Prinzip bereits in Platons Dialog *Parmenides* deutlich wird, können wir zeigen, daß ein formaler Fehler in *A* nicht nur axiomatischer Na-

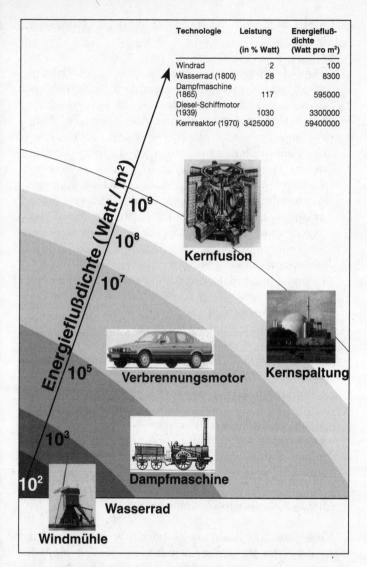

Technologie	Leistung (in % Watt)	Energiefluß-dichte (Watt pro m²)
Windrad	2	100
Wasserrad (1800)	28	8300
Dampfmaschine (1865)	117	595000
Diesel-Schiffmotor (1939)	1030	3300000
Kernreaktor (1970)	3425000	59400000

Energieflußdichte (Watt / m²)

10^9

10^8

10^7

Kernfusion

10^5

Verbrennungsmotor

Kernspaltung

10^3

Dampfmaschine

10^2

Wasserrad

Windmühle

Abb. 1: Nichtlineares Wachstum der Energieflußdichte von Kraftmaschinen. Windmühle, Wasserrad, Dampfmaschine, Verbrennungsmotor, Kernspaltung, Kernfusion: Die Energieflußdichte in Watt/m² liegt jeweils um ein bis zwei Größenordnungen höher.

tur ist, sondern die Form eines *ontologischen Paradoxons*
hat.

2. *Die Entdeckung*. Dieser negative (platonisch-dialekti-
sche) Beweis verlangt, daß die höhere, äußerlich begrenzende und von der niederen nicht erreichbare
Form der letzteren ontologisch überlegen ist und unabhängig von ihr existiert. Die niedere läßt sich jedoch aus der höheren ableiten; es ist somit eine dem
neuen Theoremgitter zugrundeliegende Reihe selb-
ständiger Axiome und Postulate erforderlich, in der
die ontologische Überlegenheit der höheren Form
axiomatisch ist und aus der die Existenz der niederen
abgeleitet werden kann. (Daß die dem untergeordneten Theoremgitter zugrundeliegende Axiom- und Postulatmenge aus der höheren abgeleitet werden kann,
bedeutet indes nicht, daß damit der durchgängige Widerspruch zwischen der axiomatischen Struktur des
höheren Theoremgitters und einem oder allen Theoremen des untergeordneten Gitters beseitigt wäre.)

3. *Der Beweis der Entdeckung.* Der Beweis einer Entdeckung
muß drei Anforderungen genügen: a) Er muß den Erfordernissen des Paradoxons für eine formale Lösung
entsprechen; b) die Entdeckung muß implizit die
Macht des Menschen über die Natur erhöhen; c) die
Entdeckung muß einer ordentlichen Folge an-
gehören bzw. einer Methode der Entdeckung entspringen, welche eine Folge vom *Ordnungstypus A, B,
C, D, E, ...* erzeugt, die mit einer steigenden potentiellen Bevölkerungsdichte einhergeht.

Alles, was sich zu Recht „menschliches Wissen" nennt, darf
sich nicht von jener Eigenschaft individuellen menschlichen Verhaltens unterscheiden, die für die Erhaltung der
menschlichen Gattung als unteilbaren Ganzen unerläßlich
ist. Es ist eine Tatsache der physischen Wirtschaft, daß die
Existenz der Menschheit von einem gewissen kritischen

Mindestzuwachs der potentiellen Bevölkerungsdichte abhängt;[20] anders ausgedrückt, von einem entsprechend „veränderten" menschlichen Verhalten. Diese *Veränderung* rührt ausschließlich von den erwähnten schöpferischen Denkprozessen her. Wissen kommt also einzig in Form von „Gedankendingen" oder *platonischen Ideen* zustande, und nie in Form aristotelischer, cartesischer, empiristischer oder kantianischer, deduktiver Konstrukte.

Dieser Punkt spielt bei dem ontologischen Gottesbeweis eine entscheidende Rolle und läßt sich am besten verdeutlichen, indem man auf Erfahrungen der neuzeitlich klassischen, *christlich*-humanistischen Bildung — von Grotius' und Thomas à Kempis' Brüdern des Gemeinsamen Lebens bis zu den Humboldtschen Reformen im 19. Jahrhundert[21] — Bezug nimmt. Hier spielt erneut der oben unter „Beweis der Entdeckung" angeführte Punkt 3c hinein.

Im Mittelpunkt einer solchen christlich-humanistischen Bildung steht die Hinführung zu den Primärquellen, damit der Schüler die schöpferisch-geistige Erfahrung vieler großer Entdeckungen in der klassischen Naturphilosophie, der Schönen Künste und der Staatskunst nacherleben kann. Soweit es unseren Zweck hier betrifft, lassen sich zwei Gesichtspunkte hervorheben.

Erstens, jede vom Schüler so nacherlebte Entdeckung ist ein Nachschöpfen, eine Nachbildung des Vorgangs echter Entdeckung, so daß praktisch die Erfahrung der ursprünglichen Entdeckung noch einmal erlebt wird. Die schöpferisch-geistigen *Fähigkeiten* des ursprünglichen Entdeckers leben so im Geist des Schülers weiter, und zwar als „platonische Idee", „Monade" oder „Gedankending".

Zweitens ist eine solche Bildungsmethode *historisch*. Jede Entdeckung ist zeitlich und örtlich nicht nur dem Original, sondern auch späteren Entdeckungen, für die es als Vorläufer dient, zugeordnet. In dieser höheren *Analysis situs* gehört somit jede ursprüngliche Einzelentdeckung einer oder mehreren Folgen an, die der Form nach unserer pädagogischen Folge *A, B, C, D, E, ...* entsprechen. Zu jeder Folge gehört implizit auch das entsprechend erforderliche Gedankending höherer Ordnung. In einem christlich-humanistischen Bildungsprogramm ist beispielsweise Friedrich Schillers Idee der „Universalgeschichte" eine solche „platonische Idee", ein „Gedankending" dieser zweiten höheren Ordnung.[22]

Man vergleiche einen solchen klassischen christlich-humanistischen Bildungsansatz mit der lähmenden philosophischen Banalität der heutigen, mehr als mittelmäßigen Gymnasial- und Universitätsausbildung. Die Absolventen werden in erster Linie für ihren späteren Beruf gedrillt; nicht Wissen wird vermittelt, sondern höchstens die Fähigkeit, computerlesbare Multiple-choice-Fragebögen beantworten zu können. Der klassische christlich-humanistische Bildungsansatz zielt direkt darauf ab, die schöpferisch-geistigen Fähigkeiten des Schülers zu fördern. Diese auf „platonischen Ideen" fußende Methode unterstützt direkt und absichtsvoll die schöpferische Vernunftbegabung des Schülers oder Studenten. Die moderne positivistische Erziehung ist dagegen nur eine konformistische Show *bloßen Lernens*, so wie im Extremfall der Behaviorist und Rattenquäler B.F. Skinner „Lernen" verstanden hätte. Die klassische humanistische Erziehung fördert *menschliches Wissen*.

Erst im Kontrast zwischen solchem „Wissen" und bloßem empiristischen „Lernen" wird die banale Einfältigkeit deutlich, worauf Herr Dawkins mit seiner populistischen Sophisterei hinauswill. Die venezianischen Begründer des modernen neuaristotelischen Gnostizismus im 16. Jahrhundert und dessen Zwilling, Bacons Empirismus, verlangten in direktem Angriff auf Nikolaus von Kues' *Belehrte Unwissenheit*, daß nur aus der Wahrnehmung der Symbole oder „Abdrücke" der Natur Wissen zu entnehmen sei.[23] Anders ausgedrückt, der gnostische Empirismus der Baconschen Rosenkreuzer[24] gründet sich auf ein militantes Verbot „platonischer Ideen". Akzeptiert man den *Empirismus* oder, was das gleiche ist, den *Positivismus*, hat man demnach bereits rein willkürlich und ohne Grund die formalen Prämissen dafür übernommen, die Existenz Gottes zu verneinen. Man schließt damit willkürlich das gesamte Gebäude schlüssiger

Gründe aus, auf die ein solcher Beweis aufbaut. Erst verbannt man sämtliches Beweismaterial, nämlich das menschliche schöpferische Wissen, aus seinem Blickfeld, und dann leugnet man, daß es irgendeinen sichtbaren, schlüssigen Beweis gibt. (Dieses Verfahren erinnert an einen niederträchtigen Ankläger, der in Komplizenschaft mit einem korrupten Richter der Jury alles Beweismaterial, das den Angeklagten entlastet, verschweigt.) Scharlatane wie Professor Dawkins treten also in die gnostisch-venezianischen Fußstapfen eines Paolo Sarpi, Francis Bacon, Robert Fludd, Jeremy Bentham, Bertrand Russell und Rudolf Carnap.

II.
DER KERN DES BEWEISES

Da jeder Wissensfortschritt mit der *einen* Dimension, der Steigerung der potentiellen Bevölkerungsdichte einer Gesellschaft, in Zusammenhang steht, ist von diesem Standpunkt eine formale Darstellung in Form einer *einzigen* Folge, nämlich unsere pädagogische Abfolge von Theoremgittern *A, B, C, D, E,* ... zulässig. Die Ursache für die Zunahme der potentiellen Bevölkerungsdichte liegt weder in einem noch mehreren durch Buchstaben benannten Gliedern dieser Folge, sondern in den durch die Unstetigkeiten zwischen den Gliedern gekennzeichneten *Veränderungen.*

Die „Substanz" des Wissens besteht also in *Veränderung.* Jede Veränderung hat den „Inhalt" einer „platonischen Idee" oder eines „Gedankendings". In der angeführten pädagogischen Folge sind zwei unterschiedliche Ordnungen einer solchen *Veränderung* angegeben. Der erste Fall definiert *Veränderung* (Unstetigkeit) als Wechsel von einem Gitter zum nächsten. Und es gibt einen zweiten übergeordneten Wechsel, welcher sich daraus ergibt, daß die Folge insgesamt aufeinanderfolgenden Steigerungen der potentiellen Bevölkerungsdichte entspricht. *Diese zweite Veränderung höherer Ordnung umschließt die erste;* die erste wird von der zweiten bestimmt, und nicht umgekehrt. Die bloße Tatsache eines erfolgreichen Fortschritts von A nach B bedeutet demnach nicht automatisch auch einen erfolgreichen Fortschritt von B nach C. $\overline{AB}$ erfolgt als untergeordneter Vorgang auf der Ebene der ersten Annäherung; er ist im kausalen Sinne einem höheren, fortdauernden Prinzip der Veränderung unterworfen, das die kontinuierliche Abfolge aller Veränderungen erster Ordnung in dieser Folge erzeugt.

Eine noch höhere dritte Ordnung der Veränderung (mit ähnlicher Wirkung) ergibt sich aus dem Begriff der Variabilität in der Veränderung der zweiten Ordnung. Nehmen wir die Folge A_1, B_1, C_1, D_1, E_1, ... Gibt es dazu möglicherweise eine andere, stärkere Veränderungsrate der zweiten Ordnung, die eine zweite Folge A_2, B_2, C_2, D_2, E_2, ... mit höherem Zuwachs als die erste Folge hervorbringt? Gibt es noch eine dritte Möglichkeit, usw.?

Die Frage ist zumindest teilweise bereits ihre eigene Antwort. 1. Veränderung der ersten Ordnung sei als *Hypothese* bezeichnet. 2. Veränderung der zweiten Ordnung sei ein Prinzip der *höheren Hypothese*. 3. Veränderung der dritten Ordnung sei ein Prinzip der *Hypothese der höheren Hypothese*.

Diese „Hypothese der höheren Hypothese" hat bei Platon und Cantor die Bedeutung des *Werdens*. Dieses transfinite *Werden* ist von einer höheren Instanz umgrenzt: vom *Unendlichen*, vom *Guten* bei Platon, von *Gott*. Die Hypothese der höheren Hypothese, der höchste Zustand des Geistes, der dem Begreifen von Platons und Cantors *Werden* entspricht, ist von der selbst wandellosen Ursache des Wandels in Richtung einer Steigerung der potentiellen Bevölkerungsdichte umgrenzt, und diese selbst wandellose Ursache des Wandels ist das *Gute*. Diese Beziehung des Geringeren (Werden) zu seinem Herrn (dem Guten) kann man mit der Begrenzung, dem Eingebundensein der niederen Daseinsart, des Vielecks mit immer mehr Ecken, durch die höhere Daseinsart der kreisförmigen Aktion vergleichen.[25]

Beschäftigen wir uns nun mit einem entscheidenden Detail der Folge A, B, C, D, E, ..., der Beziehung der revolutionären Einzelentdeckung, z.B. $\overline{CD}$, zu der Änderung der

Bestimmung von $\overline{DE}$ durch $\overline{BC} + \overline{CD}$. Zwei Eigenschaften müssen hierbei beachtet werden. Erstens, $\overline{CD}$ muß der notwendige Vorgänger von $\overline{DE}$ sein. Zweitens, $\overline{CD}$ muß den Zuwachs der potentiellen Bevölkerungsdichte der Folge über das Maß hinaus steigern, das sich für $\overline{CD}$ bereits aus der Folge $\overline{AB}, \overline{BC}$ ergibt; und zwar wird diese zweite Eigenschaft bewirkt, indem das Prinzip der transfiniten *Äquivalenz* die Zunahme des Wertzuwachses der gesamten Folge durch spätere Veränderungen in der gleichen Folge vorwegnimmt.

Um zu veranschaulichen, was wir über die außergewöhnliche Eigenschaft jedes einzelnen Gliedes dieser einheitlichen, transfiniten Folge von Veränderungen sagen, ziehe man den Vergleich zu einer Abfolge von Integrationen in der Infinitesimalrechnung: Jedes Glied der Folge ist nicht nur ein Integral des vorhergehenden Gliedes, das nun zum Differential wird; die Zahl der durchgeführten multiplen Integrationen steigt auch mit jedem weiteren Glied. Das ist lediglich eine vereinfachte Darstellung jener *Analysis situs*, die in den höchsten transfiniten Domänen an die Stelle herkömmlicher deterministischer Funktionsbegriffe tritt.

Nehmen wir ein Beispiel aus der Geschichte der Musik, das ich ausführlicher in „Mozarts Revolution in der Musik 1782-1786" dargestellt habe.[26] Drei aufeinanderfolgende Revolutionen erbrachten letztlich die Entdeckung, die Wolfgang Amadeus Mozart in seinen sechs „Haydn-Quartetten" vorführte.[27] Die erste war die von Joseph Haydn entdeckte *Motivführung*, die er 1781 in seinen sechs „Russischen Quartetten" op. 33 vorstellte.[28] Die zweite ist eine Entdeckung Bachs aus dem Jahre 1747, die in einer Reihe verwandter Kompositionen unter der Bezeichnung „Musikalisches Opfer" zum Ausdruck kommt.[29] Die dritte ist Mozarts Entdeckung von 1782, wodurch er alle drei in einer *isochronen* Zeitfolge miteinander verband. Die notwendige Abfolge lautet 1781, 1747, 1782; Haydns Entdeckung von 1781 ist der notwendige Vorgänger der Bachschen Entdeckung von 1747.

Dieses Beispiel aus der Musikgeschichte entspricht der allgemeineren Form einer christlichen, klassisch-humanistischen Bildung, die sich auf das *isochrone* Prinzip des „notwendigen Vorgängers" bei der geordneten Primärquellendarstellung entscheidender schöpferischer Entdeckungen im Fortschritt des menschlichen Wissens stützt.

In allen echten Folgen der Form *A, B, C, D, E,* ... strebt die Folge *isochron* auf eine verallgemeinerte Form des Platonischen und Cantorschen *Werdens* zu. Die Art und Weise, wie dieser Vervollkommnungsprozeß (insofern es sich tatsächlich um einen solchen handelt) zu seiner „Äquivalenz" fortschreitet, zeigt jedoch, daß er nie mit dem ihm zugrundeliegenden, einschließenden Wirkprinzip, dem *Guten*, zusammenfallen wird.

Betrachten wir einmal den Ausdruck der „Eingebung", womit der Vorgang einer umwälzenden Entdeckung sozusagen von außen beschrieben wird. Verdichten wir hierfür einmal alles, was bisher gesagt wurde oder hätte gesagt werden können, auf den klassischen humanistischen Bildungsprozeß. Die folgenden Feststellungen sollen dies bildhaft verdeutlichen.

1. Zweck und Inhalt humanistischer Bildung ist nicht die Anhäufung bloßer Informationen und Anleitungen, sondern vielmehr im Schüler unmittelbar den Funken seiner schöpferischen Begabung (*imago viva Dei*) anzufachen, indem alles darauf abgestellt wird, dem Geist des Schülers die entscheidenden Momente beim Vorgang bahnbrechender Entdeckungen der größten schöpferischen Genies der Weltgeschichte einzuprägen. An sich selbst zu erfahren, wie ein Genie denkt — in jungen Jahren nachzuerleben, wie man ein Genie wird —, diese Erfahrung beschränkt sich nicht auf ein sogenanntes Fachgebiet; sie erstreckt sich auf die gesamte Naturphilosophie, auf große klassische Ausdrucksformen sämtlicher Schönen Künste, auf die Beherrschung allgemeingültiger Sprachgrundsätze im Sinne der klassischen indoeuropäischen Philologie sowie auf die Staatskunst.

2. Der Entdecker folgt keiner „blinden Eingebung", auch wenn dies für einen Beobachter, der mit der wirklichen, klassisch-humanistischen Natur des schöpferischen Genies nicht vertraut ist, so aussehen mag. Der Entdecker reagiert auf ein stimulierendes Paradoxon in *der natürlichen Art eines Genies*, die er sich zuvor durch das Nacherleben genialer Geisteshandlungen der größten Entdecker der Vergangenheit erworben hat. Genialität ist dann für eine so erzogene Person kein außergewöhnliches Ereignis mehr. Solchen Menschen ist schöpferisches Denken, Kreativität längst zur zweiten Natur geworden. Für diejenigen, welche in beständigem Umgang mit den beispielhaften, schöpferischen Momenten so vieler großer Denker der Geschichte gelebt haben, ist dies die natürliche Art, auf Erfahrungen zu reagieren.

Der Funke eines potentiellen Genies ist uns allen gegeben, jeder kann fähig werden zu verstehen, was beispielsweise auf dieser Seite steht; alle Menschen sind *Imago viva Dei*. Einige, zu wenige, entwickeln ihr Talent; die meisten verschleudern es leider, wenn sie wie die Eichhörnchen nach Wohlstand und sinnlichen Genüssen streben, oder sie vergraben es ungenutzt. Für diejenigen, welche ihr Talent bereits entwickeln oder dies im Zuge einer christlichen, klassisch-humanistischen Ausbildung tun wollen, wird die Lebensart eines wirklichen Genies in allen Erfahrungsbereichen zur normalen täglichen Gewohnheit, und das ihr Leben lang.

Der klassisch gebildete Humanist — der moderne „Renaissancemensch" — kennt also wichtige Teile der schöpferischen Denkprozesse von Platon, Archimedes, Nikolaus von Kues, Leonardo da Vinci, Kepler, Gilbert, Desargues, Fermat, Pascal, Huygens, Leibniz u.a. Auf ähnliche Weise sind ihm die großen Momente der klassischen Schönen Künste und der politischen Geschichte unseres Planeten gegenwärtig. Für einen solchen Humanisten ist das schöpferische Prinzip der Veränderung das Wirkprinzip und Kennzeichen aller typisch menschlichen Tätigkeit.

Die angebliche „Eingebung" ist kein launenhafter Akt wahllosen „blinden Glaubens". Schöpferische, umwälzende Veränderungen — wie sie sich am klarsten in bahnbrechenden wissenschaftlichen Entdeckungen ausdrücken — unterscheiden das menschliche Individuum nicht bloß vom Tier; schöpferisches Denken, solche scheinbaren Gedankensprünge oder „Eingebungen", kennzeichnen die wahre Natur alles typisch menschlichen Verhaltens. Die klassische humanistische Bildung verdichtet Jahrtausende menschlichen Fortschritts zu direkt faßbarer Erfahrung des Schülers, indem möglichst viele große Momente der gehaltvollsten, bahnbrechendsten Entdeckungen anhand einer Auswahl von Werken der größten Denker der Menschheitsgeschichte nachvollzogen werden. Tausende von Jahren solchen Fortschritts in der Naturphilosophie, den Schönen Künsten und dem politischen Geschehen werden für den Schüler, der das Glück hat, eine solche Erziehung zu durchlaufen, auf wenige Jahre seiner Jugend komprimiert, in denen er die geistigen und moralischen Grundlagen seines Erwachsenendaseins legt. Dadurch erhebt sich sein reich entwickeltes schöpferisches Talent vom Zustand unentwickelter „Intuition" zu nachvollziehbarem schöpferischen Denken. Platon nennt diese Nachvollziehbarkeit die Methode der Hypothese; sieht man seine eigenen schöpferischen Anstrengungen im Rahmen der höheren Hypothese, die durch das eigene Nacherleben schöpferischer Momente der zurückliegenden Geschichte zustande kommt, werden die eigenen bewußten Bemühungen zum Gegenstand bewußter Reflexion. Solches Mutmaßen über die höhere Hypothese entspricht der „Hypothese der höheren Hypothese". Kennt man erst einmal das Prinzip der Hypothese der höheren Hypothese, dann weiß man auch, wann, wie und wohin der nächste Gedankensprung erfolgen muß.

Hat man sich diese erlernbare Art von Selbstbewußtsein, den Umgang mit der Hypothese der höheren Hypothese, *durch eine das ganze Leben anhaltende Ausrichtung auf diesen klassischen Bildungsansatz* angeeignet, dann ist der ontologische Gottesbeweis eine leicht verständliche Angelegenheit.

Anders ist keine Kompetenz in diesen und anderen tiefergehenden Fragen der wissenschaftlichen Methode möglich, und Dawkins' Rede in Edinburgh vom 15. April zeugt von der verbreiteten Unbildung unter vermeintlichen Akademikern.

Wenige entscheidende Wendungen in Dawkins' Rede sind Beweis genug für seine Unbildung. Seine dick aufgetragenen Verweise auf abgedroschene Phrasen der „Evolutionstheorie" stechen hierbei besonders heraus. Soweit haben wir uns mit dem Kernpunkt des ontologischen Gottesbeweises befaßt; als nächstes soll Dawkins uns als „Prügelknabe" dienen, um einige der wichtigen historischen Implikationen des Beweises aufzuzeigen.

III.
PLATON GEGEN ARISTOTELES

Der Unterbau des Dawkinsschen Arguments entstammt nicht dem Fortschritt der modernen Wissenschaft, sondern der Einwirkung einer gegen die Renaissance gerichteten, antichristlichen, gnostischen Bewegung, die im Verlauf des 16. und 17. Jahrhunderts zu großer Geltung kam: der Rosenkreuzer und ähnlicher gnostischer Sekten, die im 18. Jahrhundert im Gewande der Aufklärung Voltaires und seiner Freunde daherkamen.

Die gnostische Offensive gegen Westeuropa nach der Renaissance griff teilweise auf mittelalterliche Kulte wie den in mehrfacher Hinsicht abartigen Bogomilismus[30] und den Averroismus[31] zurück. Sie wurden hauptsächlich durch venezianische Wucherer verbreitet, etwa von der Gruppe um Paolo Sarpi[32] und deren Vorläufern Anfang bis Mitte des 16. Jahrhunderts.[33] Der sprichwörtliche „rote Faden", anhand dessen man diese gnostische Subversion aus dem Osten zurückverfolgen kann, besteht in der Förderung der Lehren und Methoden des Aristoteles.

Die Bösartigkeit des Aristoteles zu seinen Lebzeiten und auch die seiner Schriften steht außer Zweifel; seine *Politik* und die *Nikomachische Ethik* sind besonders widerlich.[34] Hier interessiert uns jedoch eine andere Facette seiner Schriften: Aristoteles als Logiker und Naturphilosoph. Der berühmte Philon („Judäus") von Alexandria zeigte als erster führender Theologe, daß die Methode des Aristoteles die Existenz eines mosaischen, christlichen *Schöpfergottes* vollkommen ausschließt.[35] In der Moderne hat jeder, der sich der aristotelischen Methode kompetent bediente, etwa René Descartes,[36] Immanuel Kant[37] oder der unvergleichlich bösartige Bertrand Russell[38], es von vornherein abgelehnt, das Vorhandensein eines ontologischen Gottesbeweises überhaupt in Erwägung zu ziehen.

Wie der Verfasser in seiner Schrift „Über die Metapher" dargestellt hat, folgt aus dem aristotelischen „Urknall"-Modell des Universums implizit die verbreitete Irrmeinung, „menschliche Intelligenz" sei lediglich „Information", welche statistisch erfaßt und folglich von einem entsprechend komplizierten digitalen Rechner nachgeahmt werden könnte.[39] Diesem Argument, wie es z.B. Prof. Norbert Wiener vertrat,[40] liegt der gleiche Denkansatz zugrunde wie der heute gängigen, nach Boltzmannscher Art statistischen Darstellung einer auf „natürlicher Auslese" und dem „Überleben des Stärkeren" beruhenden „Evolutionstheorie".[41]

Man vergleiche damit zwei ähnliche evolutionäre Folgen, die aber ganz bestimmte Unterschiede aufweisen. Die erste Folge enthält geologische und andere Belege für die sich verändernde Artenzusammensetzung der Biosphäre. Die zweite Folge ist die menschliche Geschichte (und archäologische Vorgeschichte) vom Standpunkt der physischen Wirtschaft. Beide Folgen belegen, daß es sich bei der erfolgreichen Reproduktion der globalen Biosphäre wie bei der erfolgreichen kulturellen Evolution des realwirtschaftlichen Aspekts gesellschaftlichen Lebens um einen *negentropischen Prozeß* handelt.[42]

Daran schließen folgende Überlegungen an:

1. Die erste Folge (biologische Evolution) ist bestimmt durch ein biologisches Wirkprinzip, die zweite durch die souveränen schöpferisch-geistigen Prozesse des Individuums.[43] Dennoch ähneln sich beide in ihrer allgemeinen Form.

2. Im Falle erfolgreicher evolutionärer Entwicklung diversifiziert sich der gesamte Prozeß, indem ein neuer Typus hinzugefügt wird, dessen charakteristische Tätigkeit die relative Negentropie entweder der Biosphäre oder der Gesellschaft als Gesamtprozeß erhöht.

3. Im tatsächlichen Ablauf beider Folgen gibt es viele Beispiele für Fehlschläge, doch diese sind die sprichwörtlichen Ausnahmen, welche die Regel bestätigen.

Man betrachte einige wesentliche Aspekte der kulturellen Evolution und setze anschließend die vergleichende Untersuchung der beiden deutlich unterschiedenen Folgen fort. Man stelle die realwirtschaftlichen Merkmale heraus, d.h. die *Veränderungen* der potentiellen Bevölkerungsdichte *pro Kopf* und *pro Quadratkilometer*. Man berücksichtige den Maßstab des *dauerhaften Überlebens*,[44] d.h. nicht den Wert $\overline{AB}$, sondern den der Folge *A, B, C, D, E, ...* als *Typus*, nämlich der *höheren Hypothese*.

Von diesem objektiven Standpunkt der realwirtschaftlichen Leistung und der physikalischen Ökonomie repräsentieren die von Anthropologen gesammelten Daten hauptsächlich Kulturtypen, die untergingen, weil sie bestenfalls moralisch nicht mehr überlebensfähig waren, also besonders „schlecht angepaßte" Kulturtypen darstellten. Die mesopotamischen Kulturen mit ihren Wucherpraktiken sind das einprägsamste Beispiel solcher langanhaltenden Dekadenz. Alle Kulturen, die unter dem Einfluß der kultischen Verehrung von Götzen wie Shakti-Shiva, Kybele-Dionysos, Ischtar, Isis-Osiris oder Satanskulten wie Gaia-Python-Apollo standen, trugen ein tödliches kulturelles Virus in sich, ein kulturelles Gebrechen, das auf biologischem Gebiet mit der Pest vergleichbar ist. Spätestens seit 1000 v. Chr. befanden sich die präkolumbianischen Kulturen Amerikas in einer rapiden Abwärtsentwicklung, die in ihrem Endstadium in solche Abgründe moralischer Entartung führte, wie sie etwa an der Kultur der Azteken Ende des 15. und Anfang des 16. Jahrhunderts sichtbar wurden. Es gibt praktisch kein Anschauungsmaterial dafür, wie eine ursprüngliche Eingeborenenkultur ausgesehen hat; die philologischen und archäologischen Erkenntnisse lassen darauf schließen, daß die sogenannten „primitiven Kulturen" meist nur die erbärmlichen, degenerierten Überreste früherer, untergegangener Kulturen sind.

Angesichts dieser Vielzahl von Belegen ist an dem ungeheuren Zuwachs der potentiellen Bevölkerungsdichte der Menschheit besonders seit der Goldenen Renaissance im Europa des 15. Jahrhunderts nicht zu zweifeln.

Die negentropische Eigenart erfolgreicher Kulturen läßt sich am besten veranschaulichen, wenn man sich den größten Bereich menschlicher Betätigung in einer erfolgreichen Kultur vor Augen führt, ihre *physische Wirtschaft*. Um zu zeigen, wie ahnungslos Dawkins mit der sogenannten „Evolutionstheorie" umgeht, nehmen wir einen unerläßlichen Umweg über die wichtigsten Grundlagen der modernen physikalischen Ökonomie.

Physikalische Ökonomie

Die von Gottfried Wilhelm Leibniz zwischen 1672 und 1716 begründete Wissenschaft der *physikalischen Ökonomie* oder *Technologie* entsprang der Beschäftigung mit zwei Hauptaspekten der damals von Leibniz und Huygens vorbereiteten industriellen Revolution. In seiner Schrift „Societät und Wirtschaft" von 1672 behandelt Leibniz beispielsweise Grundfragen des Reallohns.[45] An anderer Stelle in seinem umfangreichen Werk geht er auch auf Entwürfe von *Wärmekraftmaschinen*[46] sowie auf die Beziehung zwischen *Technologie* und *produktiver Arbeitskraft*[47] ein.

Die genannten Themen *Technologie, Wärmekraftmaschinen* und die Frage des richtigen *Reallohns* wollen wir jetzt einzeln in dieser Reihenfolge behandeln. Unsere Betrachtungen sollen jedoch nur gerade so ausführlich sein als notwendig, um den Begriff „Negentropie" in einem *kulturellen* Zusammenhang anwendbar zu machen.

Technologie kann man wie folgt beschreiben:

1. Jede wissenschaftliche Entdeckung kann in ihrer Wirkung dadurch veranschaulicht werden, daß man ein „entscheidendes Experiment" durchführt.

2. Die nächste Version solch eines entscheidenden Experiments wäre der Modellentwurf zum Bau einer entsprechenden Werkzeugmaschine.

3. Die verbreitete Nutzung einer solchen Werkzeugmaschine erhöht die durchschnittliche Arbeitsproduktivkraft der Gesellschaft.

4. Diese Steigerung der Arbeitsproduktivkraft geht mit der Zunahme der potentiellen Bevölkerungsdichte einher.

5. Entscheidend an diesen Beziehungen ist die Tatsache, daß der Ursprung dieser Kausalkette in einem *geistigen*, d.h. mental-schöpferischen Akt der Entdeckung und in einer *Hypothese* liegt. Hier geraten Wissenschaft und materialistische Ideologie in unversöhnlichen Gegensatz. Denn ein *materielles Ergebnis*, die Zunahme der potentiellen Bevölkerungsdichte, ist somit die Folge einer geistigen Ursache, und *dieses Ergebnis läßt sich nur dann erzielen, wenn man auf diese geistige Ursächlichkeit baut.* Dies widerspricht ganz direkt den willkürlichen Dogmen der Materialisten Descartes (*deus ex machina*) und Newton (*Hypotheses non fingo*).[48]

Auch die Bedeutung des privaten Unternehmertums ist be

reits in diesem Verständnis von Technologie enthalten. Je höher die Rate kapitalintensiver (und energieintensiver) Investitionen zwecks Anwendung eines hohen Maßes an wissenschaftlich-technischem Fortschritt ist, desto stärker wachsen auch die Reallöhne, die Unternehmensgewinne und die potentielle Bevölkerungsdichte. Deswegen muß die souveräne, individuelle, persönliche Besonderheit schöpferischer Denkprozesse im Vordergrund stehen; dieser Anforderung entspricht das private Unternehmertum sowohl im landwirtschaftlichen Familienbetrieb als auch im mittelständischen Unternehmen, vor allem im Werkzeugmaschinenbau. Das Recht auf privates Unternehmertum ist praktisch die Vorbedingung zur Förderung des wissenschaftlich-technischen Fortschritts in einer energie- und kapitalintensiven Produktionsweise.

Der private Sektor kann jedoch nur dann erfolgreich arbeiten, wenn auch der Staat relativ umfangreiche Investitionen vornimmt. Diese müssen sich auf zwei Bereiche der *grundlegenden wirtschaftlichen Infrastruktur* konzentrieren: der „harten" (Wasser, Abwasser, Energie, Verkehr, Kommunikationssysteme) und der „weichen" Infrastruktur (Bildungs-, Gesundheitswesen). Unter Leibniz' Kategorie *Wärmekraftmaschinen* wenden wir uns nun der „harten" Infrastruktur zu.

Leibniz' Abhandlung über Wärmekraftmaschinen (z.B. dampfgetriebene Maschinen) zeigt uns, daß die Leistungszunahme pro Kopf und Quadratmeter zwar mit der Steigerung der Arbeitsproduktivkraft einhergeht, daß dieser funktionelle Anstieg aber durch den Fortschritt der Technologie begrenzt ist. Wir beziehen uns hier auf eine geometrische Darstellung des technologischen Fortschritts (der Hypothese und der höheren Hypothese). Umgekehrt gilt dasselbe, hier gilt es sogar „noch mehr". Die Möglichkeit, technologischen Fortschritt zu verwirklichen, ist durch mehrere Faktoren begrenzt, die man in Einheiten „pro Kopf" und „pro Quadratmeter" (bzw. einem Vielfachen oder einem Bruchteil davon) mißt. Wir nennen dies „grundlegende wirtschaftliche Infrastruktur", die wir, wie gesagt, in eine „harte" und eine „weiche" Kategorie aufteilen.

Ein bestimmter technologischer Standard erfordert einen bestimmten Mindestaufwand an Investitionen pro Kopf und Quadratkilometer in die „harte" Infrastruktur wie Trinkwasserversorgung, Verkehrswege, Energieversorgung (Megawatt pro Kopf und Quadratkilometer), Abwasser- und Müllbeseitigung sowie Kommunikation. Außerdem ist ein gewisses Maß an Pflichtschulbildung (Maßstab ist das klassische Bildungswesen) und Gesundheitsversorgung erforderlich — ansonsten wären geistige Entwicklung, Lebenserwartung und Gesundheit für die ökonomische Verwirklichung des angestrebten Technologieniveaus nicht ausreichend.

Neben solchen infrastrukturellen Erfordernissen begrenzt sich die Höhe der von einer Gesellschaft (als Ganzer) erreichbaren Technologiestufe durch die *Kapitalintensität* der Beschäftigung in Infrastruktur, Landwirtschaft, Bergbau und Industrie zusammengenommen. Diese *Kapitalintensität* bemißt sich *in keiner Weise* in Dollar oder entsprechenden Geldeinheiten oder Vergleichszahlen; sie wird in Anteilen der insgesamt verfügbaren bzw. tatsächlich beschäftigten Arbeitskräfte in doppelter Hinsicht gemessen. Diese Kapitalintensität der Gesellschaft/Wirtschaft als Ganzer drückt sich im Verhältnis des Anteils der direkt in der Herstellung von Produktionsgütern Beschäftigten zum Anteil der direkt in der Herstellung von Haushaltsgütern und ähnlichem Beschäftigten aus.

Dieses Verhältnis der Kapitalintensität in Infrastruktur, Landwirtschaft, Bergbau bzw. Industrie ergibt zusammen eine Kapitalintensität für die betreffende Gesellschaft/Wirtschaft insgesamt. Landwirtschaft wird mit Bergbau und Industrie zu einem wichtigen Verhältnis kombiniert. Dieses Verhältnis im Verhältnis zur gesamten Wirtschaftstätigkeit (einschließlich Infrastruktur) ergibt ein zweites wichtiges Verhältnis.

Demographie

Die Verwirklichung eines bestimmten Niveaus vorhandener Technologien ist also der Beschränkung durch den Entwicklungsgrad der Infrastruktur und der Kapitalintensität unterworfen. Vor diesem Hintergrund wollen wir nun mit Hilfe von Diagrammen den entsprechenden Selbstreproduktionsprozeß einer ganzen Gesellschaft darstellen.

Die Analyse des Selbstreproduktionsprozesses einer Gesellschaft beginnt mit der Gesamtbevölkerung (Abb. 2).

In der physikalischen Ökonomie sind zwei demographische Aspekte des gesellschaftlich-reproduktiven Prozesses besonders wichtig: Lebenserwartung und Gesundheitszustand verschaffen uns einen allgemeinen Eindruck vom Lebensstandard der Bevölkerung; die Art und Weise, wie der Anteil der Berufstätigen an der Bevölkerung aufgeteilt ist, bildet den zweiten Hauptaspekt.

Für eine Industriegesellschaft Ende des 20. Jahrhunderts gilt in Umrissen folgendes:

Abb. 2 ist ein Kastendiagramm zur Darstellung des Lebensalters (statistische Lebenserwartung in der betreffenden Gesellschaft) in Verbindung mit der funktionalen demographischen Zusammensetzung dieser Bevölkerung. Die Angaben entsprechen etwa den Trends der amerikanischen Wirtschaft seit dem Ersten Weltkrieg bis heute.

Der höchste signifikante Bereich der Lebenserwartung liegt zwischen 85 und 90 Jahren. Die Erwerbstätigkeit endet meist im Alter zwischen 60 und 70 Jahren. Abgesehen von Menschen, die unterhalb des normalen sozialen Standards leben, liegt das reguläre Schul- bzw. Hochschulabgangsalter zwischen 17 und 25 Jahren, mit einer Häufung bei 17 bis 22 Jahren. Die Grundschulausbildung fällt in den Altersabschnitt von 5 oder 6 bis 10 oder 12 Jahren, die höhere Schulbildung endet im Alter von 17 oder 18 Jahren. Aus naheliegenden Gründen unterscheiden wir Kinder unter einem Jahr von den bis zu Sechsjährigen im Vorschulalter.

Seit dem Zweiten Weltkrieg suchen immer mehr „Hausfrauen" eine Beschäftigung, da viele Familien auf zwei Einkommen angewiesen sind. Die daraus erwachsenen Schäden für Kinder und Jugendliche sind eines der Hauptübel im heutigen amerikanischen Leben. (Der gängige „Babysitter" für Kinder aller Altersklassen ist inzwischen des Teufels

112

einäugiger Alleinunterhalter, die allgegenwärtige „Glotze" geworden.)

Einige sahen darin zwar einen „Fortschritt" für die Karrieremöglichkeiten von Frauen, Tatsache bleibt jedoch, daß die Ursache für die Notwendigkeit von zwei Einkommensbeziehern pro Familie in den sinkenden Reallöhnen pro Kopf zu suchen ist. Dieser nicht einheitliche, aber beständige Abwärtstrend hat etwa 1947-49 eingesetzt.

Seit dem Beginn der zivilisierten Gesellschaft erlebt die Menschheit eine Aufwärtsentwicklung, die mit der (christlichen) *Goldenen Renaissance* in Westeuropa Anfang des 15. Jahrhunderts beschleunigt wurde (Abb. 3).[49]

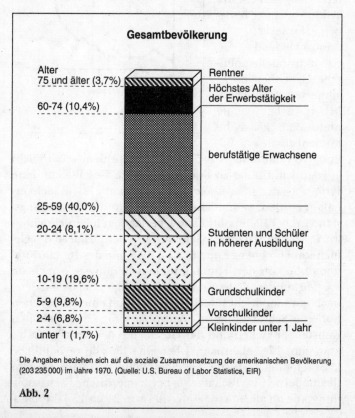

Die Angaben beziehen sich auf die soziale Zusammensetzung der amerikanischen Bevölkerung (203 235 000) im Jahre 1970. (Quelle: U.S. Bureau of Labor Statistics, EIR)

Abb. 2

Falls es je eine „primitive Jäger- und Sammlergesellschaft" gegeben haben sollte, lag ihre Lebenserwartung unter 20 Jahren, die Kindersterblichkeit entsprach nahezu der von Wildkaninchen, und für jede Einzelperson waren etwa zehn Quadratkilometer abgeschiedener Wildnis zum Überleben erforderlich.

Entscheidend ist, daß individuelle politische Gleichheit im zivilisierten gesellschaftlichen Leben heute ohne eine klassische humanistische Bil-

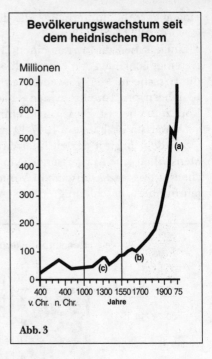

Bevölkerungswachstum seit dem heidnischen Rom

Abb. 3

dung von mindestens zwölf Schuljahren nicht verwirklicht werden kann. Eine zivilisierte politische Gesellschaft, eine *verfassungsmäßige, republikanische* Demokratie, kann nicht erhalten werden, wenn nicht ein solcher kultureller Bildungsstandard bei allen politischen Überlegungen berücksichtigt wird. Wir kennen diesen Standard von den Brüdern des Gemeinsamen Lebens Ende des 14. bis Ende des 16. Jahrhunderts und von den Humboldtschen Bildungsreformen im 19. Jahrhundert. Jedes Kind und jeder Jugendliche hat demnach ein moralisches Recht auf Abschluß einer klassischen höheren Schulbildung in Naturphilosophie, den Schönen Künsten, Sprachen und der Geschichte der Staatskunst bis etwa zum 17. Lebensjahr. Über eine für alle verbindliche klassisch-humanistische Allgemeinbildung hinaus braucht die moderne Gesellschaft eine berufsspezifische Fachausbildung, die im allgemeinen im Alter von 21 bis 25 Jahren ab-

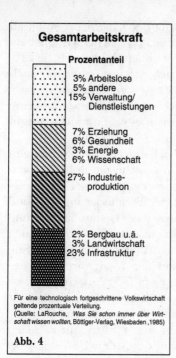

Gesamtarbeitskraft

Prozentanteil

3% Arbeitslose
5% andere
15% Verwaltung/
Dienstleistungen

7% Erziehung
6% Gesundheit
3% Energie
6% Wissenschaft

27% Industrie-
produktion

2% Bergbau u.ä.
3% Landwirtschaft
23% Infrastruktur

Für eine technologisch fortgeschrittene Volkswirtschaft
geltende prozentuale Verteilung.
(Quelle: LaRouche, *Was Sie schon immer über Wirtschaft wissen wollten*, Böttiger-Verlag, Wiesbaden ,1985)

Abb. 4

geschlossen ist. Die Ausbildung für besonders spezialisierte wissenschaftliche Berufe kann sogar bis zum 30. Lebensjahr dauern.

Auf der heutigen Zivilisationsstufe ist es daher erforderlich, regelmäßige Arbeitspflichten der Jugendlichen auf ein Lebensalter zwischen 16 und 25 Jahren hinauszuschieben. Dieser Lebensabschnitt und die Ausbildungskosten müssen durch die Arbeit der Erwachsenen getragen werden. Hierzu ist eine lange Erwerbstätigkeit bei guter Gesundheit bis zu einem Alter von 65 bis 70 Jahren erforderlich. Unter solchen Bedingungen haben Arbeitnehmer heute eine Lebenserwartung zwischen 70 und 90 Jahren. Entwicklung und Demographie hängen also auf vielfältige Weise voneinander ab.

Wenn die durchschnittliche Geburtenrate pro Kopf der erwachsenen Bevölkerung unter 1 absinkt, ist eine katastrophale demographische Überalterung der Gesamtbevölkerung die Folge. Wenn die Familie (der elterliche Haushalt) immer instabiler wird, kommt es häufiger zu Geisteskrankheiten bei Jugendlichen, und eine Vielzahl anderer weniger schwerer Persönlichkeitsdefekte tritt auf.

Solche Überlegungen bestimmen in einer demographisch gesunden Gesellschaft das Verhältnis der Beschäftigten zur Gesamtbevölkerung. Damit kommen wir zu Abb. 4.

Man vergleiche die Arbeits- und Beschäftigungsdaten führender Industriestaaten mit denen der ersten acht Volkszählungen in den USA (1790, 1800, 1820, 1830, 1840, 1850,

1860, 1870). Am Anfang betrug der bäuerliche Anteil an den Gesamtbeschäftigten über 90 Prozent; der wissenschaftlich-technische Fortschritt im Bereich des bäuerlichen Familienbetriebs brachte es mit sich, daß inzwischen nur noch etwa zwei Prozent aller Beschäftigten in der landwirtschaftlichen Produktion erforderlich sind. Werfen wir nur eine kurzen Blick auf einige der wichtigsten Entwicklungen in der Landwirtschaft.

Man untersuche die landwirtschaftlichen Erträge bezogen auf Kopf und Hektar. Man untersuche die Rolle der Verkehrserschließung, der Energieversorgung, der Technologie und Kapitalintensität bei der Verminderung der Zahl der Beschäftigten, die pro Tausend der Gesamtbevölkerung in der Landwirtschaft tätig sein müssen. Man bedenke auch die Verbesserungen in der Ernährung, die sich aus der Entwicklung der Agrartechnik, aus der Wasserwirtschaft, der Verkehrserschließung und der nach 1930 einsetzenden Verwendung von Fluorchlorkohlenwasserstoffen (FCKW) für Kühlzwecke in der Nahrungsmittelkette ergeben haben.

Man bedenke die Ausweitung der Infrastruktur zwischen 1790 und 1970. Allerdings fanden in den USA seit 1970 kaum mehr Verbesserungen, vielmehr ein beträchtlicher Verfall statt. Man beachte den Zuwachs der Beschäftigung in der Industrie und die Fluktuationen im Bergbau. Man untersuche die wachsende Zahl von Beschäftigten in naturwissenschaftlichen und Ingenieurberufen, und zwar in zweierlei Hinsicht: als Prozentsatz der Gesamtarbeitskraft und als Anteil der Beschäftigten in der Landwirtschaft.

Man beachte die krankhaften, „nachindustriellen" Auswüchse bei der Aufteilung der Gesamtarbeitskraft, die seit Harold Wilsons Amtsantritt als britischer Premierminister besonders deutlich hervortraten und ungeheure Kosten verursachen. Dazu gehören der krebsartige Beschäftigungszuwachs in einem zunehmend parasitären Verwaltungsapparat und bei nichtwissenschaftlichen Dienstleistungen, insbesondere finanziellen Dienstleistungen. Dazu gehören auch die wachsende Arbeitslosigkeit, Kurzarbeit oder Teilzeit- und Gelegenheitsarbeit. Dazu gehört die doppelt parasitäre

116

Verschwendung eines ausufernden Rauschgiftmarktes, der die amerikanische Wirtschaft heute bei weitem mehr schröpft als der Verteidigungshaushalt und alle damit verknüpften Ausgaben zusammengenommen.

Wie dieses Kastendiagramm verdeutlicht, ist das Verteilungsmuster aller Berufstätigen in den Kategorien produktiv und nichtproduktiv (im Sinne der physischen Gütererzeugung) *ein integraler Aspekt* der *charakteristischen Aktion* einer Wirtschaft/Gesellschaft in einem bestimmten Zeitabschnitt. Dies ist ein wichtiger Teil dessen, was man zutreffend als „Spektroskopie" einer Volkswirtschaft während dieses Zeitabschnitts bezeichnen kann, so wie man von charakteristischen Spektren der verschiedenen Elemente des Periodensystems spricht, oder von Spektren, die ein Nachtfalter wahrnimmt, wenn Pollenmoleküle mechanisch angeregt werden.[50]

Diese *charakteristische Aktion* der physischen Wirtschaft in irgendeinem Zeitabschnitt hat noch weitere Grundzüge. Die absolute Höhe des Verbrauchs der Haushalte pro Kopf und Quadratkilometer sowie die Höhe der Produktionsleistung ebenfalls pro Kopf und Quadratkilometer korrelieren mit den erwähnten Verteilungsspektren auf höchst aufschlußreiche Weise. Auch Energiekorrelationen haben wir bereits erwähnt, so etwa den Energieverbrauch in Kilowatt pro Kopf und Quadratkilometer sowohl der Haushalte als auch bei der industriellen Bodennutzung. Die Verteilung des Energiebedarfs schwankt je nach Art der Bodennutzung, nach Technologieniveau und eingesetzter Kapitalintensität. Am Einsatzort der Energie durch eine bestimmte Technologie spielen zudem Energiedichte und Eigenschaften der elektromagnetischen Strahlung eine Rolle.

Aus der Verknüpfung dieser und weiterer wesentlicher Faktoren der *charakteristischen Aktion* der physischen Wirtschaft erhält man eine Einschätzung davon, wie eine optimale Aufteilung der Gesamtarbeitskraft notwendigerweise aussehen müßte — im Unterschied zum tatsächlichen „Spektralbild" der Wirtschaft, oder wie einige Leute es sich vorstellen. Dieses Bild einer „globalen" Wirtschaftsfunktion

läßt sich durch eine Reihe von Randbedingungen umschreiben, die wir zum Zwecke der Annäherung als Liste von
Ungleichungen aufschreiben.[51] Zu diesen Randbedingungen gehören vor allem folgende:

1. Die Lebenserwartung und der ablesbare Gesundheitszustand der Bevölkerung müssen gesteigert werden,
   während die Ausbildungszeit sich einer für alle ver-
   bindlichen, klassisch-humanistischen Schulbildung
   angleichen muß, woran sich dann eine Fachausbildung anschließt, die sich asymptotisch einer durchschnittlichen Dauer bis zum 25. Lebensjahr annähert.

2. Die Qualität des Verbrauchs der Haushalte pro Kopf
   einer Bevölkerung mit solchen demographischen
   Merkmalen muß beständig angehoben werden.

3. Der Anteil der Berufstätigen, die direkt in der Landwirtschaft beschäftigt sind, muß prozentual bis zu einer unteren asymptotischen Grenze von wahrscheinlich 1-2 Prozent abnehmen, während die Versorgung
   der Bevölkerung mit landwirtschaftlichen Produkten
   quantitativ und qualitativ ansteigen muß.

4. Der Anteil der Berufstätigen, die in der Industrie (einschließlich Infrastrukturarbeiten) beschäftigt sind,
   muß auf etwa 70 Prozent anwachsen, wobei dieser
   Wert nur unterschritten werden darf, wenn Arbeitskräfte in wissenschaftliche oder technische Berufe
   umwechseln.

5. In den einzelnen Berufssparten muß das Verhältnis
   der in der Herstellung von Produktionsgütern Beschäftigten gegenüber jenen in der Herstellung von
   Haushaltsgütern Beschäftigten steigen, ohne daß dabei jedoch die Pro-Kopf-Versorgung mit Haushaltsgütern sinkt.
   Und so weiter.

Um das in Form dieser Bedingungen umrissene Entwicklungsprogramm zu verwirklichen, muß der Wirtschaftsprozeß noch zwei weitere Bedingungen erfüllen. Erstens muß der wissenschaftlich-technische Fortschritt in entsprechendem Tempo weitergehen. Zweitens muß der Ausbau der grundlegenden wirtschaftlichen Infrastruktur quantitativ und qualitativ weiter fortschreiten.

Hierzu müssen Verschwendung und Parasitentum auf ein Mindestmaß zurückgestutzt werden, und das betrifft besonders das Übel finanzieller und anderer Wucherpraktiken. Wenn die erwähnten Randbedingungen nicht erfüllt werden, wird die physische Wirtschaft einen entropischen Kollaps erleben. Allgemein gilt die folgende Regel:

Man stelle sich „Rohstoffe" und die Verbesserungen, die der Mensch in seiner gesamten Umwelt vornimmt, in jeder Phase als produktive Ressourcen vor, die erhalten werden müssen, wenn das produktive Potential — die potentielle Bevölkerungsdichte — nicht absinken soll. Hierbei soll an dieser Stelle nur ein Aspekt hervorgehoben werden: Auch die besten und billigsten Rohstoffe werden allmählich aufgebraucht; dadurch sinkt die Produktivität in dem betreffenden Bereich (und damit in der Gesamtökonomie) ab, wenn nicht die Folgen dieser Erschöpfung durch Fortschritte in der Technik ausgeglichen werden. „Technologisches Nullwachstum" ist in einer realen Gesellschaft/Wirtschaft ein Ding der Unmöglichkeit; ohne wissenschaftlich-technischen Fortschritt im Hinblick auf wachsende Kapital- und Energieintensität muß die Gesellschaft innerlich zusammenbrechen.

Hiermit kehren wir zu Abb. 4 zurück. Unter Berücksichtigung der erwähnten Überlegungen — Randbedingungen — wollen wir einen augenblicklichen Zustand des wirtschaftlichen Prozesses einer Gesellschaft als „Theoremgitter A" einer Folge der pädagogischen Form A, B, C, D, E, ... behandeln. Dieser „Moment A" bezieht sich natürlich auf ein Zeitintervall. Es handelt sich um ein „Aktionsintervall", wobei „Aktion" „spektroskopisch" durch jene Überlegungen definiert wird, die wir bei unseren Ausführungen über

Abb. 4 angestellt haben: Hier haben wir die *charakteristische Aktion* des Intervalls *A*. Diese „lokale" charakteristische Aktion ist naturgemäß auf Veränderung angelegt, doch auf Veränderungen, die durchgehend der inneren Funktion eines Systems linearer Ungleichungen zu entsprechen scheinen. Wir sind daran interessiert, den Punkt darzustellen, wo eine solche besondere Abfolge von Veränderungen, die sich auf lineare Ungleichungen gründet, zusammenbricht.

Diese *charakteristische Aktion* der *Wirtschaft/Gesellschaft* als negentropischer Prozeß hat folgende uns im Zusammenhang mit Dawkins' Verwendung des Begriffs „Evolutionstheorie" interessierende Aspekte.

Beginnen wir mit der demographischen Bestimmung der Berufstätigen einer Gesamtgesellschaft; diese drückt bereits, wie wir erwähnt haben, in jedem Augenblick ein bestimmtes technologisches Niveau aus. Wir messen den Verbrauch pro Kopf und Quadratkilometer, indem wir feststellen, welchen Anteil des gesamten physischen Produktionsausstoßes pro Arbeitnehmer ein Arbeitnehmer verbraucht. Dann berechnen wir das ungefähre Maß an technologischem Fortschritt und wirtschaftlichem Wachstum, das (nach Berücksichtigung der Erschöpfung zuvor erschlossener Rohstoffe) notwendig ist, um zumindest die gleichen Pro-Kopf-Werte beizubehalten. Dieser Zuwachs des technologischen Fortschritts samt Ausbau definiert — wir bitten Prof. Hermann Minkowski um Nachsicht — eine „Weltlinie", eine Wachstumsbahn, welche lediglich den Zustand einer „Nullentropie" für diese Gesellschaft sicherstellt.

Den Anteil der gesamten Produktionsleistung, der lediglich zur Erhaltung der „Nullentropie" einer Wirtschaft/Gesellschaft verbraucht wird, betrachten wir analog zur thermodynamischen „Systemenergie". Der „freie" Anteil des gesamten Produktionsausstoßes, der nach Abzug der Aufwendungen für den „Nullentropie"-Zustand übrigbleibt, erweckt nun unsere Aufmerksamkeit. Uns interessiert dabei vor allem jener Teil der „freien Gütermenge", die dazu verwendet wird, das produktive System der Wirtschaft technologisch zu erweitern; dieser letztere, kleine Anteil der „frei-

120

en" Gütermenge soll der „freien Energie" entsprechen. Daraus ergibt sich ein Begriff, welcher dem variablen Verhältnis zwischen „freier Energie" und der absolut zunehmenden „Systemenergie" entspricht.

Dieses Gegenstück einer Funktion „freier Energie" geht mit einer steigenden potentiellen Bevölkerungsdichte einher.

Physikalische Ökonomie in der Wirklichkeit

Die zuvor umrissene Darstellung des Wirtschaftswachstums entspricht jedoch bei weitem nicht immer dem tatsächlichen Wirtschaftsgeschehen der modernen europäischen Zivilisation; allerdings bestätigen die Ausnahmen die Regel sehr überzeugend.

Statistisch gesehen entstand die europäische Zivilisation nicht aus einer einheitlichen, kontinuierlich fortschreitenden kulturellen Strömung („charakteristischen Aktion"); sie war vielmehr zu jedem Zeitpunkt während der letzten 2500 Jahre das Produkt zweier sich unversöhnlich gegenüberstehender Grundauffassungen. Das schlimme System Mesopotamiens und Kanaans stand im Gegensatz zu den als Republiken organisierten ionischen Stadtstaaten. Athen unter Solons neuem Verfassungsrecht stand im Konflikt mit dem oligarchischen Sklavenhalterstaat Sparta unter der Gesetzgebung des Lykurg.[52] Platon bildete den Gegensatz zu dem von Aristoteles und Isokrates verkörperten Grundübel.[53] Und das Christentum der Apostel Petrus, Johannes und Paulus kämpfte gegen den heidnischen Gnostizismus der delphischen und römischen Kultstätten.[54]

Professor Dawkins würde vielleicht von „zwei verschiedenen Viren" sprechen. Denn ausgehend von seiner Rede vom 15. April 1992 müßte ihm folgerichtig die gesamte Geschichte der Menschheit, einschließlich der Geschichte der Biologie an der Universität Oxford, nicht als ein Produkt menschlichen Handelns erscheinen, sondern als eine Art Virusbefall des Zeitgeistes durch irgendeine Macht, wobei die Krankheit in Form „vertraglicher Verpflichtungen" oder

121

„linearer Systeme" weitergegeben wird. Um Dawkins' Fehldeutung historischer und wissenschaftlicher Vorgänge zu begreifen, erinnere man sich an eine bestimmte Sorte sogenannter Science-fiction-Filme aus Hollywood, die in den fünfziger Jahren in Mode waren. Irgendwelche Wesen aus dem Weltall fielen (selbstverständlich unerlaubt) auf der Erde ein und bemächtigten sich des Denkens bedauernswerter Menschen, die dadurch zu „Zombies", sogenannten „Hülsenmenschen", wurden. Leider geschehen heute im realen Leben ganz ähnliche Dinge, zwar weniger phantastisch, doch letztlich ebenso unheimlich und böse.

„Tut mir leid, mein Freund, nimm es nicht persönlich; ich tue nur meine Pflicht!" Wer sagt so etwas? Ein Mörder? Ein Beamter? Ein Büroangestellter? Ein Parteifunktionär? Ein Wärter in der Gaskammer eines Konzentrationslagers? Jemand, der für Robert McNamara die im Vietnamkrieg getöteten Gegner zählte? Wer auch immer — im Prinzip geht es immer um das gleiche. Die persönliche moralische Verantwortung, sich eigenverantwortlich von der wahrheitssuchenden Vernunft leiten zu lassen, wird beiseite geschoben, wenn man einfach eine Abmachung blind erfüllt. Welche Macht, die auf die Einhaltung der geschlossenen Abmachung pocht, lenkt denn diesen „Zombie"? Vielleicht ein „Blob" aus dem Weltall? Nein, keiner aus dem Weltall, sondern vielleicht einer jener irdischen „Blobs", die vom Apollo-Kult und später gewissen venezianischen Kreisen fortgesetzt wurden. Der Venezianer Paolo Sarpi gehört dazu, ebenso der Brite Sir David Wotton.[55]

Versetzen Sie sich in der Vorstellung einmal in das Sterbezimmer eines sagenhaft reichen und mächtigen alten Mannes. Seine Anwälte und sein Notar stehen eilfertig um sein Bett herum. Der sterbende Alte erledigt die gesetzlichen Verfügungen; die Besucher entfernen sich und überlassen den alten, schwer atmenden Krösus seinem Schicksal. Ihm geht etwas durch den Kopf, und ein kleines sadistisches Lächeln huscht über des Alten faustische Züge. Er hat sich nämlich eine irdische Abart von Unsterblichkeit erworben, indem er seinen eigenen „Blob" schuf, eine neue „wohltätige Stiftung", die nach seinem Tod weiterleben soll. Die ersten Administratoren der Stiftung sind bereits ausgesucht und eingesetzt worden. Sie alle werden zwar sterben, genauso wie die Anwälte der Kanzleien und die Vermögensverwalter in den Privatbanken; doch die Stiftung lebt in ihrer unheimlichen, irdischen Scheinunsterblichkeit als „Blob" weiter — wie ein heidnischer Gott des Olymps, der immerhin bis zur unausweichlichen „Götterdämmerung" überdauert.

Wer sind diese vergänglichen Generationen von Anwälten und Bankiers, welche die Satzungsbestimmungen des „Blobs" im Laufe seiner langen, aber am Ende doch nicht ewig währenden Unsterblichkeit ausführen? Sind sie „Hülsenmenschen"? Ja, es sind mehr oder weniger solche „Hülsenmenschen", die „nur ihre Pflicht tun". Der sterbende Alte grinst boshaft beim Gedanken daran.

Die „Hülsenmenschen", die sich um solche „Blobs" kümmern, sind aber nicht nur die Treuhänder, Anwälte und Finanziers, die der „Blob"-Familie direkt zu Diensten sind. Die Macht des „Blobs" reicht sehr viel weiter. Durch die vielfältigen Verflechtungen seines Wucherkapitals rekrutiert er weitere „Hülsenmenschen" unter Firmendirektoren, Immobilienhaien und Rückversicherungskartellen. Mit Hilfe der Tentakeln seiner Stiftung steuert der „Blob" auch seine „Hülsenmenschen" in Universitäten und wissenschaftlichen Laboratorien, unter Künstlern, Ärzten und in den Unterhaltungsmedien. Auf diese Weise finden sich auf der Liste der „Hülsenmenschen", die für den „Blob" arbeiten, auch namhafte Richter und führende Vertreter von Regierungsorganen, Parteien sowie der Nachrichten- und Unterhaltungsmedien.

Ein solcher „Blob" allein bedeutet noch keine olympische Herrschaft über eine Gesellschaft. Im Laufe der Jahrhunderte hat allerdings die Gattung der „Blobs", die sich in Venedig *Fondi* nannten, eine ganze Reihe solcher „Blob"-Familien hervorgebracht. Diese bilden zusammen eine merkwürdige Sammlung solcher nichtmenschlichen Gebilde — die Götter des Olymps unserer Tage. Diese „Blobs", deren

Existenz allein auf einem parasitären, den Wucher festschreibenden Vertrag beruht, bilden die Oligarchie; und die „Hülsenmenschen", die den oligarchischen „Blobs" zu Diensten stehen, sind die geistig versklavten Lakaien dieser unmenschlichen Oligarchie.

Seit dem antiken Makedonien ist Aristoteles, der für König Philipp arbeitete, der gnostische Archetyp des Geistessklaven jener unmenschlichen „Blobs", jener scheinbar unsterblichen, erdverhafteten Götter des heidnischen Olymps, aus denen sich die herrschenden Oligarchien dieser Welt zusammensetzen. Ausdrücklich zeigt sich diese Boshaftigkeit der noch heute wirksamen aristotelischen Lehre in seiner *Politik* und seiner *Nikomachischen Ethik*.[56] Für uns bedeutsam ist hier die Übereinstimmung zwischen der *Methode* der aristotelischen, antiwissenschaftlichen Logik und Naturphilosophie sowie der Denkungsart, die in Professor Dawkins' Rede zum Ausdruck kommt. Diese aristotelische Denkmethode wollen wir hier herausheben, weil sie von alters her bis zum heutigen Tag typisch ist für die Geisteshaltung einer gewissen „Priesterkaste" unter den Dienern der „Blobs".

Das nichtmenschliche Dasein der „Blobs" ist der Schlüssel zum Verständnis jenes Dualismus, der die europäische Zivilisation in den letzten 2500 Jahren geprägt hat. Natürlich lebt der „Blob" nicht wirklich — er „lebt" nur als Hirngespinst in den Köpfen geistig verwirrter Kinder, die vielleicht gerade „Herr der Fliegen" spielen.[57] Was ist, wenn sich viele geistesgestörte Leute als Lakaien der „Blobs" aufspielen, so wie bei Jugendlichen aus „Dungeons and Dragons" manchmal tödlicher Ernst wird? Was ist, wenn Leute viel Geld verdienen und hinter den Kulissen große Macht ausüben, indem sie sich so verhalten, als wäre der „Blob", für den sie arbeiten, eine wirkliche Person, deren einziges Interesse darin besteht, ihre Macht und ihren Reichtum in einem Staat, der von vielen gleichgesinnten „Blobs" beherrscht wird, weiter zu vergrößern? Was ist, wenn solche nie erwachsen gewordenen Kinder, wie das ganze Gesindel von Treuhändern, Anwälten, Finanzverwaltern, Firmendirektoren, Vorsitzenden von Bruderschaften, Universitätsoberen u.a., allen Ernstes ihre gesamten Mittel dazu aufwenden, das „Spiel der Blobs" auf ewig fortzusetzen?

Was wäre andererseits, wenn sich eine neue Regierung anschickte, den bevorzugten Steuer- und Rechtsstatus, der für die fiktive Existenz einer oligarchischen „Blob"-Kaste unerläßlich ist, anzutasten? Wie würden sich die eilfertigen Lakaien der „Blobs" dann verhalten?

Manche Leute behaupten, die persönliche Meinung eines jeden Menschen sei die Reaktion der von zahllosen Erfahrungen gezeichneten „menschlichen Natur" auf sinnliche Reize, oder ähnliches dummes Zeug, das auf das gleiche hinausläuft. Was für ein törichtes, oberflächliches Geschwätz! Aber wie oft treffen wir auf Leute, die aufgeblasen verkünden: „Ich tue nur meine Pflicht", und gar nicht mehr merken, daß sie sich auf widerliche Art und Weise zu Geistessklaven eines „Blobs" oder einer ähnlichen, nichtmenschlichen, fiktiven Institution aus seelenlosen Kriechern erniedrigt haben.

Was ist überdies von jener merkwürdigen Neigung zu halten, die bei solchen Gelegenheiten häufig zu beobachten ist, wenn Leute sich anscheinend nur um eines Sorgen machen: „Was werden die Nachbarn denken?" Worin liegt das gemeinsame krankhafte Element im Denken dieser Leute, die sich so ungeheuerlich verhalten? Warum spricht man überhaupt von der „Natur des Menschen"? Warum spricht man nicht auch von der „Natur des Unmenschen"? Welche *Methode* kennzeichnet solche bürokratischen, unmenschlichen Denkprozesse? Diese Fragen führen uns zur aristotelischen Methode und dem Denken hinter Dawkins' Äußerungen zurück.

Wird der menschliche Wille in den Dienst einer nichtmenschlichen, fiktiven Macht gestellt, wie z.B. einer Oligarchie der „Blobs", deren Hauptinteresse, der Wucher, dem *Naturrecht*[58] diametral zuwiderläuft, dann ist das allein schon eine Form des Bösen. Dieses Böse ist ein Wesenszug jeder oligarchischen Herrschaftsform und kennzeichnet die Methode und Lehre jenes Mannes, der wohl zu den berühmtesten gnostischen Lakaien oligarchischer „Blobs" gehört, die jemals lebten: Aristoteles.

Verdeutlichen wir uns die wichtigsten Elemente dieser Überlegungen noch einmal auf folgende Weise.

Vergegenwärtigen wir uns die schon erwähnte Einstellung des unfreien „Hülsenmenschen": „Nimm es nicht persönlich, ich tue nur meine Pflicht." In dieser Äußerung kommt zum Ausdruck, daß er, zumindest zeitweilig, jene Instanz ausgeschaltet hat, die man ganz richtig „das individuelle Gewissen" nennt. Anders gesagt signalisiert er damit, daß er seine Fähigkeit, rational zu denken und zu handeln — die Fähigkeit des Menschen zur Wahrheitssuche und zur wissenschaftlichen Entdeckung — zumindest zeitweise unterdrückt hat.

Befehle auszuführen, ist allein nicht verwerflich; erst wenn man die Vernunft und damit die moralische Verantwortlichkeit für die Konsequenzen des eigenen Handelns abschaltet, wird Befehlsausführung unmoralisch. Man könnte zum Beispiel sagen: „Ich weiß, die Person, die in dieser Angelegenheit mein Handeln bestimmt, ist ein vernünftiger, verantwortungsbewußter Mensch, dem man in dieser Hinsicht als ‚Autorität' *moralisch* vertrauen kann." Ein angesehener Arzt wäre z.B. solch eine Autorität, und der so spricht, könnte einer seiner Patienten oder eine Pflegekraft dieses Patienten sein. Die Autorität des Arztes ohne ersichtlichen Grund zu mißachten, wäre sicherlich irrational und damit unmoralisch. Aber Leute, die auf ihrem „Recht" bestehen, so zu handeln, wie sie sich gerade fühlen, und dementsprechend meinen, Wunderheiler seien oftmals besser als Ärzte, verhalten sich irrational, sicherlich unmoralisch und manchmal sogar kriminell. Das Böse liegt hierbei im Denken der Betreffenden.

Ein gewisses Vertrauen in die moralische Verantwortlichkeit einer mutmaßlichen Autorität ist somit keineswegs unmoralisch, vorausgesetzt dieses Urteil ist hinlänglich nachvollziehbar und begründet. Nicht nur in dringenden Fällen, wo Zögern zur Katastrophe führte, sondern auch bei vielen anderen Gelegenheiten wäre es unvertretbar und verwerflich, die anordnende Autorität nicht anzuerkennen und entsprechend zu handeln. Die moralische Frage dreht sich darum, ob man auf der Basis von Vernunft und persönlicher moralischer Verantwortlichkeit gegenüber der Person, die die Anordnung gegeben hat, handelt, oder ob man als „amoralischer" Mitläufer in den Diensten einer „Blob"-Macht steht, die über große Reichtümer oder sogar physische Gewalt verfügt.

Ohne hier weiter bis ins letzte rechtliche Detail zu gehen, wollen wir uns nun mit Beispielen beschäftigen, worin letztere, unmoralisch-anmaßende Beziehung zur Macht deutlich zum Ausdruck kommt — wie etwa in Beethovens Oper *Fidelio* an jenem Wendepunkt, als „Vater Rocco", der Kerkermeister, die Situation mit offenbar großer Erleichterung erfassend, ausruft: „Oh was ist das, gerechter Gott!".[59]

Hierzu müssen wir vom christlichen (und platonischen) Begriff des ontologisch existenten Schöpfergottes die Auffassung von Adam Smith abgrenzen, der einer Gottesverehrung „nur aus dem Glauben heraus" das Wort redet, und ohne, wie er sagt, „uns darum zu kümmern, ob sie (die persönlichen Antriebe) etwa den wohltätigen Zwecken entsprechen, die der große Lenker der Natur mit ihnen beabsichtigte."[60] Der Gott hinter Adam Smiths und Lady Margaret Thatchers Freihandelsdogma ist mit Sicherheit nicht der mosaische und christliche Schöpfergott. Damit wollen wir mit Nachdruck herausstellen, daß die „wohltätigen Zwecke" einer Politik, die sich durch wahrhaftige Vernunft leiten läßt, sehr wohl erkennbar sind. Wer diesen praktischen Zusammenhang mißachtet, wie Adam Smith es rät, ist schlichtweg ein Schurke. Die Verstehbarkeit der Schöpfung, wie sie uns im Bereich von Platons „Werden" und durch Cantors Konzept des „Transfiniten" durchaus zugänglich ist, bildet die intelligible Grundlage für moralisches Handeln und auch die intelligible Grundlage für unseren Glauben an die ontologische Existenz des Schöpfers.

Wie in Adam Smiths eindeutig heidnischem Glauben gibt es weitere Spielarten monotheistischer Götter, wie etwa *Baal* oder *Zeus*. Ein solche Gottheit ist ein „Blob", eine pseudomenschliche, von Menschen erfundene, fiktive Gestalt, der Macht und Einfluß eines babylonischen Potentaten zugeschrieben werden — die Macht der herrschenden „Fondi" im irdischen Paradies der Wucherer.[61] Mit anderen Worten: *Satan*. Für Adam Smith war die Inkarnation dieser Fondi-Gottheit zu seiner Zeit die von Paolo Sarpi und anderen in der „Venezianischen Partei"[62] inspirierte britische (und holländische) Ostindiengesellschaft, in deren Diensten er stand. Die Rolle des Leibhaftigen spielte für Smith vermutlich sein unmittelbarer Arbeitgeber: der zweite Earl of Shelburne,[63] William Petty vom Bankhaus Baring, der auch das englische Parlament unter William Pitt d.J. kontrollierte und Zahlmeister König Georgs III. war. Und wenn es nicht Shelburne selbst war, dann bot sich dazu auf jeden Fall dessen „rechte Hand" an, der erklärte Wucherer und Päderast Jeremy Bentham.[64]

Das anthropomorphe Götzenbild der heidnischen Deisten ist eine Karikatur der Gesamtheit aller schlimmen Machthaber des antiken Kanaan und Mesopotamien, die alle ihre garstigen Wesenszüge in eins verschmilzt. Die Versuche, ihre Macht zu legitimieren, sind genauso willkürlich wie ihre absonderlichen Verordnungen und wörtlich zu nehmenden Befehle. Sie sind die „Fondi", deren Anordnungen die Lakaien (und Heloten) ohne Sinn und Verstand zu befolgen hatten. Das irdische Paradies, das sich diese Irren aufgebaut haben, entspricht ihren eigenen Grundaxiomen über Ordnung und Ontologie. Als umfassendste Darstellung einer solchen satanischen Naturphilosophie gilt Aristoteles' *Organon*.[65]

Wir wollen hier den Ausdruck „institutioneller Reflex" einführen, um eine gängige Verhaltensweise zu umschreiben, die sich in einem typischen Hang zu blindem Gehorsam gegenüber wörtlichen Befehlen ausdrückt. Ganz anders ist dagegen das Verhalten eines Individuums, das sich von der wahrheitssuchenden Vernunft leiten läßt (vgl. unsere Definition der Vernunft in „Über die Metapher"[66] und weiter oben in dieser Abhandlung). Konzentrieren wir uns auf den hier beschriebenen „institutionellen Reflex" im unterwürfigen Verhalten der Lakaien gegenüber dem „Blob".

Im oligarchischen Utopia, dem infantilen, mythischen Reich der olympischen Götter, fügen sich Menschen und Dinge gleichermaßen in eine durch direkten Befehl eines der heidnischen Götter festgelegte Ordnung, oder die Direktive hierzu wird von einem Boten (Lakaien) des Olymps überbracht. Die Absicht des delphischen Orakels der *Pythia*, welche die lokalen „Auguren", die an der Richterbank vor Pythons Grab versammelten Apollo-Priester, ihrem Gebrabbel unterlegten, wurde zur vermeintlichen Grundlage der heidnischen Weltordnung, der Strafgesetze wie der geologischen, biologischen und astronomischen Gesetze.[67] Implizit ist dies die ontologische Grundlage, die das sogenannte *Organon* des Aristoteles als oligarchisches „Erbprinzip" insgesamt durchzieht.[68] Zeus befahl, so will es der Mythos, und durch seinen wortwörtlichen Befehl wurden alle Dinge im aristotelischen Universum samt ihrer Attribute in einem einzigen „Urknall" geschaffen. Streng genommen wäre, wie Nietzsche aus Aristoteles' Gefasel folgerte, ein solcher Gott — der Heidengott des Aristoteles nämlich — praktisch seit langem so gut wie tot.[69] Die simple aristotelische Dialektik wendet sich damit gegen Aristoteles selbst, wie unser kleiner Dialog zeigt:

Frage: Ist dieser Gott vollkommen?
Antwort: Das ist per definitionem seine Natur.
Frage: Sonst wäre er nicht Gott. Nicht wahr?
Antwort: Jawohl.
Frage: Wenn er vollkommen ist, dann müssen auch seine Gebote vollkommen sein. Nicht wahr?
Antwort: Ja, das stimmt.
Frage: Dann ist seine Schöpfung auch vollkommen. Ist das nicht ebenso wahr?
Antwort: Ja, das folgt daraus, wie du es gesagt hast.
Frage: Dann sind die Gesetze, die seine Schöpfung dem Universum gegeben hat, auch vollkommen?
Antwort: Ja, auch die.
Frage: Wenn sie geändert werden könnten, wären sie

dann ursprünglich nicht vollkommen gewesen?

Antwort: Das ist ebenso wahr.

Frage: Dann könnte Gott also keines dieser Gesetze verändern, ohne sie dadurch in ihrem Ursprung unvollkommen zu machen?

Antwort: Das stimmt.

Frage: Sobald dein Gott also sein Universum einmal geschaffen hat, darf er es später nach dem Schöpfungsakt nicht mehr ändern wollen?

Antwort: (Schweigen)

Frage: Hast du gehört, was ich sagte?

Antwort: (schwaches Nicken)

Frage: Erkennst du irgendeinen Fehler in meiner bisherigen Argumentation?

Antwort: (schüttelt zögernd den Kopf)

Frage: Dann ist also alles im Augenblick der Schöpfung vorherbestimmt — und dein Gott könnte nichts daran ändern, ohne damit die ursprüngliche Schöpfung für unvollkommen zu erklären. Er wäre also selbst der Urheber einer unvollkommenen Schöpfung und damit kein wahrer Gott. Nicht wahr?

Antwort: (zieht einen Dolch und springt auf, als wollte er zustechen...)

Wie sich die Python in der heidnischen Sage in den eigenen Schwanz beißt, so verschlingt sich die aristotelische Dialektik selbst und hebt sich damit auf. Sein Gott hat nie existiert — genausowenig wie sein fiktives, lineares, mechanistisches Universum oder das neoaristotelische fiktive Universum der Materialisten Francis Bacon, Descartes, Kant, Darwin und Dawkins.

In dem fiktiven Universum des Aristoteles veranlaßt der Name eines Attributs, das mit dem bloßen Namen eines Objekts verknüpft ist, letzteres dazu, auf genau bezeichnete Weise eine lineare Wirkung auf den Namen eines anderen Objektes auszuüben. Bei Aristoteles gibt es keine wahre Ursache, sondern nur das Räderwerk des Syllogismus. Sein

Universum besteht aus einem Gewirr „blobularer" physiokratischer Klauseln, in dem jedes Partikel seine ihm vertraglich vorgeschriebene Pflicht erfüllt.

Im Gegensatz zum oligarchischen, radikal aristotelischen Nominalismus im Gewand der modernen monetaristischen Lehre gibt es in der politischen Ökonomie einen christlichen Impuls, der der eigentliche Motor des Wirtschaftsprozesses ist — und zwar allen satanischen Mächte der oligarchischen Gegner zum Trotz. Das ist auch der Grund für den Dualismus in der Geschichte der europäischen Zivilisation. Und weil die politische Macht gegenwärtig in den Händen der oligarchischen Verfechter des Empirismus liegt, kann sich auch Herr Prof. Dawkins der Wertschätzung seiner Ansichten, die er am 15. April 1992 zum Besten gab, erfreuen.

Evolutionstheorie

Evolutionen sind im wesentlichen negentropische Prozesse, wenn wir der korrigierten Definition von „Negentropie" folgen, wie der Verfasser sie an anderer Stelle erläutert hat. Wir wollen hier vier passende Abschnitte aus meinem Aufsatz „Mozarts Revolution in der Musik 1782-1786"[70] einfügen:

„In der vorliegenden, zur Veranschaulichung gedachten Theoremgitterfolge sind zwei verschiedene Arten von Gedankendingen enthalten. Auf der unteren Ebene treffen wir erstens auf ein Gedankending derjenigen Art, die A verändert, um B zu erzeugen. Zweitens gibt es ein höherwertiges Gedankending, das einer höheren Gattung angehört; sie hängt mit dem Begriff einer bestimmten Ordnungsmöglichkeit der vorliegenden Folge zusammen, wobei die Gedankendinge niederer Ordnung den Unstetigkeiten $\overline{AB}$, $\overline{BC}$, $\overline{CD}$, $\overline{DE}$, ... entsprechen.

So würde man eine erfolgreich voranschreitende Forschungstätigkeit an einer Reihe aufeinanderfolgender wissenschaftlicher Revolutionen erkennen, wobei jede durch ihre Auswirkungen die potentielle Bevölkerungsdichte der jeweiligen Gesellschaft weiter erhöhte. Also müßten die aufeinanderfolgenden Revolutionen $\overline{AB}$ und $\overline{BC}$ auch die nachfolgende Revolution $\overline{CD}$ hervorbringen, die wiederum die *potentielle* Bevölkerungsdichte schneller anwachsen ließe, als dies im Durchschnitt bei $\overline{AB}$ und $\overline{BC}$ der Fall war. Diese aufeinanderfolgenden Revolutionen werden möglich auf Grund einer Methode, die aus sich heraus neue wissenschaftliche Entdeckungen erzeugt. Man könnte ein solches revolutionäres Ordnungsprinzip auch als Methode *evolutionärer Negentropie* zur Steigerung der potentiellen Bevölkerungsdichte bezeichnen.

Das Konzept der ‚evolutionären Negentropie' geht auf Nikolaus von Kues zurück.[35] In der fortschreitenden Evolution der Biosphäre entwickelten sich im Vergleich zu den vorhergehenden immer höhere Arten. Dadurch gingen die älteren, niederen Arten aber (im allgemeinen) nicht zugrunde. Vielmehr ergab sich erst durch die Verbreitung und Wechselbeziehung zwischen den meisten bis dahin existierenden Arten die Basis für das Aufkommen der höheren Arten. Ein ähnliches Beispiel bietet Mendelejews Periodensystem der Elemente und ihrer Isotope. Die Erzeugung von Helium und Lithium aus der Fusion von Wasserstoffisotopen führte nicht zum Verschwinden der unteren Elemente und Isotope in seinem System; vielmehr kennzeichnet diese Entwicklung den immer höheren Organisationszustand des in sich wechselseitig verknüpften ‚Systems' als Ganzes.

Wenn wir derartige revolutionär-evolutionäre Prozesse betrachten, verknüpfen wir damit die Vorstellung wachsender ‚freier Energie' des gesamten ‚Systems', das eine so geordnete Evolution durchläuft. Die Verknüpfung immer höherer Organisationszustände mit einem damit einhergehenden Anstieg der ‚freien Energie' — diese Definition geben wir dem von uns verwendeten Begriff ‚Negentropie'."[71]

Und ein weiterer Abschnitt zu dem gleichen Thema:

„Die provisorische Reihe von Gedankendingen μ_{ab}, μ_{bc}, μ_{cd}, ... ist demnach einem erzeugenden, sich selbsttätig verändernden Gedankending höherer Ordnung untergeordnet. Diese höhere Gedankendinggattung, dessen Wirkungsebene die oben erwähnte ‚evolutionäre Negentropie' ist, bezeichnet man als *wissenschaftliche Methode*."[72]

Im Gegensatz zu dieser Definition von „evolutionärer Negentropie" macht Dawkins sich in seiner Rede den zeitgenössischen, positivistischen Ansatz der Lehre von Malthus, Darwin und Huxley zueigen, die auf das „Überleben des Stärkeren" und die „natürliche Auslese" pochen. Darwin übernahm diese Lehre ausdrücklich von Thomas Malthus, der allerdings auch nicht deren eigentlicher Urheber war; sie tauchte schon früher in England auf und stammt von dem Venezianer Giammaria Ortes.[73] Man hatte die Übereinstimmung dieser Lehre mit dem bestialischen Menschenbild eines Hobbes und Locke ganz richtig erkannt.

Wenn wir die gesamte Biosphäre als primäres Phänomen der Biophysik betrachten, anstatt die Arten einzeln, zu zweit oder dritt zu untersuchen, ergibt sich sogleich ein sehr viel wirklichkeitstreueres Bild, das den Darwinismus ad absurdum führt. Statt unberechenbarer „ökologischer Katastrophen", von denen in letzter Zeit so viel die Rede ist, zeigt die Biosphäre als Ganze eine beeindruckende Anpassungsfähigkeit, einen besonderen *Typus* von *Metastabilität*. Diese Eigenschaft hängt mit der besonderen Wechselwirkung sämtlicher Arten zusammen, die sich an der evolutionären Entwicklung der gesamten Biosphäre beteiligen. Das spezifische Entstehen immer neuer, höherer Arten in dieser Biosphäre ist ein Erzeugungs-*Typus*, ein Prinzip negentropischer *transfiniter* Ordnung, das jenem Gedankending entspricht, welches als zugrundeliegendes Prinzip den erfolgreichen Nachfolger in einer evolutionären negentropischen Reihe der pädagogischen Form *A, B, C, D, E, ...* hervorbringt.

Diese „evolutionäre Negentropie" beschreibt jene Prozesse fortschreitender Ordnung, die wir „schöpferisch" finden, und zwar im Sinne von „schöpferischer Vernunft".

Damit hat die fortschreitende Evolution „in der wilden Natur" eine verblüffende Ähnlichkeit mit der erfolgreichen, schöpferischen, problemlösenden Vernunft des Menschen. Die erfolgreiche Evolution neuer Arten und Varianten bewirkt, daß sich die Negentropie der charakteristischen Aktion der Biosphäre insgesamt erhöht; umgekehrt begrenzt das Maß der Negentropie der Biosphäre als Ganzer das „Spektrum" von Arten, die erhalten werden können. Die menschliche Kultur ist funktionell ein Teil der Biosphäre; insoweit die menschliche Entwicklung für die Gattung Mensch negentropisch ist, bedeutet sie auch für die gesamte Biosphäre eine negentropische Steigerung.

Diese Argumentation soll hier keine biologischen Streitfragen klären, sondern die borniierte theologische Voreingenommenheit bloßlegen, die Dawkins seiner nur dem Namen nach evolutionären „Evolutionstheorie" willkürlich aufsetzt. Dawkins' Theologie ist nicht von der biologischen Wissenschaft bestimmt; er reduziert vielmehr die Evolutionstheorie auf das, was der Theologie olympischer „Blobs", die in den Kreisen seiner atheistischen Kollegen vorherrscht, ins Konzept paßt. Mit diesem Hinweis an den Leser wollen wir unsere Betrachtungen fortsetzen.

Was die von Dawkins bevorzugten „Evolutionstheoretiker" tun, läßt sich etwa folgendermaßen beschreiben.

Unsere pädagogische Folge A, B, C, D, E, ... soll die Entwicklung der Arten darstellen — die „Evolution". Anstatt nun die Abfolge der Unstetigkeiten so wie der Autor aufzufassen (entsprechend einem höheren, transfiniten Prinzip geordneter „axiomatischer" — oder „genetischer" — Veränderungen), fordert der empiristische Ideologe[74] manchmal geradezu hysterisch, daß man den Übergang von A nach B, von B nach C usw. jedesmal einer mechanistischen bzw. statistischen Aktion zuschreibt. Unser Ideologe verschlimmert dann seine mechanistische Grundannahme noch weiter, indem er fordert, daß wir den entscheidenden Tatbestand dieser Folge völlig ignorieren, nämlich daß die Reihenfolge selbst eine *selbstähnlich negentropische* Ordnung hat; diese Ordnung ist zudem die charakteristische Aktion der transfiniten *Äquivalenz* in jedem einzelnen Stadium der Entwicklung.

Alle diese ideologischen Irrtümer der Empiristen gründen sich auf das gleiche, spezifisch *gnostische* (d.h. *oligarchische*) Prinzip, wofür das cartesische Markenzeichen *deus ex machina* und der dazugehörige Newtonsche Ausspruch: *„Hy-*

potheses non fingo" (Ich stelle keine Hypothesen auf), kennzeichnend sind. In der evolutionären Biosphäre wie auch im kulturellen Fortschritt steckt nämlich etwas, was der Gnostiker nicht anzurühren wagt. Im Fall der Biosphäre ist es das Faktum, daß die Evolution nicht nach einer „Zufallsmechanik" abläuft, sondern sozusagen *a priori* eine eigene Ordnung zeigt, welche mit einem Prinzip der Natur übereinstimmt, das der schöpferischen Evolution belebter aus scheinbar unbelebten Prozessen innewohnt. Im Fall des kulturellen Fortschritts leugnen die Empiristen die Existenz eines „göttlichen Funkens" im souveränen, spezifisch menschlichen Potential schöpferischer Vernunft. Weil die menschliche Existenz durch diesen „Götterfunken" im Sinne Schillers und Beethovens[75] in eine wirksame Beziehung zum Schöpfer des Universums gerät, muß dieser „Götterfunken" von allen Lakaien des heidnischen Olymps hysterisch abgeleugnet werden. Deshalb sind auch die Denkweise von Aristoteles (oder schlimmer noch, die von Ockham)[76] sowie ein unversöhnlicher Haß auf die Person und Methode Platons zu Markenzeichen des intellektuellen Lakaien in der europäischen Zivilisation geworden.

Wer verstehen will, warum sich die so oft in Mißkredit gebrachte „Evolutionstheorie" von Malthus, Darwin und Huxley so lange hat halten können, findet in diesen Markenzeichen der akademischen Lakaien den Schlüssel dazu. Wenn Prof. Dawkins ein „evolutionstheoretisches" Dogma bemüht, um den Schöpfer zu diffamieren, so muß hier gesagt werden, daß diese Theorie von Anfang an eine „religiöse" Weigerung der Gnostiker darstellte, sich mit den entscheidenden Fragen überhaupt zu befassen. Mit Hilfe der „Evolutionstheorie" Gott zu verleumden, ist ganz einfach ein tautologischer Schwindel.

Es könnte natürlich auch sein, daß jemand von seinem willkürlichen, diabolischen Haß auf den Schöpfergott ausgeht, um schließlich bei den formalistischen Methoden von Aristoteles oder Ockham zu landen. Das nehmen wir hier nicht an; wir setzen uns nur mit dem allgemeinen Fall auseinander, daß die ursprünglichen Grundannahmen der aristotelischen (oder Ockhamschen) Denkungsart schon in der servilen Abhängigkeit der oligarchischen Lakaien von ihren olympischen „Blobs" enthalten sind.

IV.
SOZIALE BEZIEHUNGEN ALS
AUSDRUCK DES DENKENS

Wir haben einen wesentlichen Zwischenschritt unseres Beweises erreicht. Wir sagten zu Beginn, daß die entscheidende Frage für uns nicht sei, ob der Schöpfergott wirklich existiere, sondern ob es für die sterbliche Seele eines Individuums möglich sei zu erkennen, daß er existiert. Wir sind auf verschiedene Dinge eingegangen: Anhand von Nikolaus von Kues' Entdeckung des Prinzips der geringsten Wirkung (Aktion) haben wir erläutert, wie ein individueller schöpferischer Akt zustande kommt. Wir haben die Übereinstimmung dieses schöpferischen Aktes mit Platons Argumentation im *Parmenides* und mit seinem *negativen* Beweis eines absolut unendlichen *Guten* (Gott), abgeleitet aus der manifesten Existenz eines universellen, transfiniten *Werdens*, aufgezeigt.[77]

Das war zusammen mit daran anknüpfenden Überlegungen der erste Teil unserer Widerlegung der Dawkinsschen Thesen.

Dann befaßten wir uns mit Dawkins' spezieller Behauptung, daß die sogenannte „Evolutionstheorie" dem vorherrschenden Gottesbegriff absolut den Boden entziehe. Wir untersuchten daraufhin vor dem Hintergrund der sozialen (d.h. „kulturellen") Evolution die von Ortes, Malthus, Darwin und Huxley vertretene mechanistische „Evolutionslehre". Wir legen Wert auf die Feststellung, daß die soziale Evolution durch das schöpferische Prinzip der Vernunft, welches jedes Individuum als *imago viva Dei* definiert, geregelt wird. Dieser Evolution liegt notwendig ein Prinzip der *höheren Hypothese* zugrunde, das in Form *selbstähnlicher, negentropischer Veränderungen* zum Ausdruck kommt, wie wir es anhand der pädagogischen Folge *A, B, C, D, E,* ... dargelegt haben. Außerdem stellten wir fest, daß die Wechselwirkung zwischen der gesamten Biosphäre und ihrer letzten höchstentwickelten Gattung auf ein Ordnungsprinzip der gleichen Form schließen läßt.

Um das gleiche auch für die kulturelle Evolution zu verdeutlichen, beschrieben wir das Umfeld von Dawkins' Leben und Entwicklung: die beiden sich von ihren „axiomatischen" Grundannahmen her unversöhnlich gegenüberstehenden gesellschaftlichen Strömungen, deren gegenseitige Einwirkung die Geschichte der letzten 2500 Jahre bestimmte. Bisher haben wir die wichtigsten Merkmale nur einer dieser beiden widerstreitenden gesellschaftlichen Kräfte definiert, die der oligarchischen „Blobs". Jetzt wollen wir dieser Strömung ihren platonischen bzw. christlichen Gegner gegenüberstellen und dabei die deutlichsten Wesenszüge dieser Auseinandersetzung darlegen. Wir wollen aufzeigen, wie der Defekt in Dawkins' Denken in einem Universum vorkommen kann, das von einem vollkommenen Gott als „beste aller möglichen Welten" geschaffen wurde.[78]

Es gibt eine deutliche Wechselbeziehung zwischen dem Konzept des einzelnen Menschen als *imago viva Dei* und dem der „evolutionären Negentropie" als *charakteristischer Aktion* in einer funktionierenden physischen Wirtschaft. Wir haben schon gezeigt, daß alle gültigen Erkenntnisse auf beiden Gebieten sich auf den platonischen Begriff der *Veränderung* gründen, den wir mit Hilfe unserer aus pädagogischen Gründen eingeführten negentropischen Folge *A, B, C, D, E,* ... entsprechend erweitert haben. Beim Platoniker wie beim christlichen Humanisten tritt dieser *nichtlineare* Charakter (negentropischer) Veränderung an jenen Platz, der im oligarchischen Denken der „Hülsenmenschen", der Geistessklaven der „Blobs", durch das *lineare* Prinzip des aristotelischen Syllogismus besetzt ist. In dieser Unterscheidung liegt der Schlüssel zum Verständnis der grundlegenden, bis heute andauernden Differenzen und Kontroversen zwischen den beiden widerstreitenden Fraktionen der letzten 2500 Jahre europäischer Zivilisation. Hierin liegt auch der grundsätzliche Unterschied zwischen Prof. Dawkins' Rede vom 15. April 1992 und dem Denken, das in Platons, Leibniz' und meinen eigenen hier angestellten Betrachtungen zum ontologischen Gottesbeweis zum Ausdruck kommt.

Damit lassen sich auch die moralischen Schäden in den Köpfen von Studenten oder Experten begreifen, die dem fortdauernden Einfluß sadistischer Halunken von neuaristotelischen Formalisten wie Leopold Kronecker[79] und Bertrand Russell[80] ausgesetzt sind. Ähnliche Schädigungen findet man nur zu häufig bei ansonsten begabten Köpfen, die schuldbewußt und zwanghaft versuchen, mit den verkrüppelnden, antigeometrischen Haarspaltereien der „allgemein anerkannten Schulmathematik" fertig zu werden.[81]

Weder Nikolaus von Kues' Lösung für das Paradoxon der archimedischen Kreisquadratur wäre bis heute, 550 Jahre später, gefunden worden noch irgendwelche nichtalgebraischen Funktionen, wenn die Entdecker nicht den antigeometrischen, aristotelischen Formalismus Ockhams, Descartes', Newtons, Kants und der Positivisten des 19. Jahrhunderts entschieden abgelehnt hätten.

Stellen wir die beiden sich gegenseitig ausschließenden axiomatischen Systeme einander gegenüber: Zuerst die moderne platonische Mathematik, in der durch eine kontinuierliche Abfolge von Entdeckungen, insbesondere jenen wichtigen wissenschaftlichen Entdeckungen zwischen 1440 und 1697, die vielfach verknüpfte kreisförmige Aktion der geringsten Wirkung (in Form nichtalgebraischer Funktionen) selbstverständlich wurde. Und zweitens das aristotelische Gegensystem, in dem statische Objekte grundsätzlich so aufgefaßt werden, als erfreuten sie sich einer eigenständigen Existenz. In diesem zweiten System haben somit der „perfekte Punkt" und die „perfekte Gerade" entsprechend dem aristotelischen Axiom ebenfalls eine eigenständige, axiomatische Existenz.

Der moderne Platoniker schließt sich der alten Weisheit des Heraklit an, wonach „alles fließt" und nichts existiert als der Wandel; von hier aus gelangen wir zum Begriff der *Aktion zur Veränderung in der physikalischen Raum-Zeit* als elementare Erkenntniseinheit des Partikulären. Im zweiten System liegt dagegen das Wesentliche darin, daß *die reine Sinneswahrnehmung des diskreten Objekts die Voraussetzung für seinen Existenzbegriff ist.*

Dawkins' Bemerkungen gründen sich im übrigen vollständig auf diesen plumpen aristotelischen Glauben an die Macht der Wahrnehmung als solcher. Tiefer gesehen ergibt sich Dawkins' Meinung letztlich aus seinem sozialen Status, sozusagen als „Hülsenmensch" und Lakai der oligarchischen Hierarchie im System der „Venezianischen Partei".

Damit stellt sich die doppelte Frage: Erstens, wie bestimmen soziale Beziehungen das axiomatische (methodologische) Denken? Zweitens, wie ist es möglich, daß ein unvollkommenes System, insbesondere das in der Extrapolation satanische System des aristotelischen Oligarchismus,[82] anscheinend als Teil der vollkommenen Schöpfungsordnung existieren kann?

Wir wollen unsere Widerlegung zum vorher feststehenden Abschluß bringen, indem wir die Antwort auf die erste Frage benutzen, um das Paradoxon der zweiten zu lösen.

Wir kennen das Universum, indem wir es verändern. Indem wir Veränderungen im menschlichen Produktionsverhalten mit den entsprechenden Veränderungen der potentiellen Bevölkerungsdichte vergleichen, befähigen wir uns, zwei Dinge zu erkennen, über die wir auf andere Weise kein Wissen erlangen könnten. Die so gewonnenen Erfahrungen lassen sich in der Form unserer pädagogischen Folge *A, B, C, D, E,* ... wiedergeben. So können wir, wie oben bereits angedeutet, zwei verschiedene Arten der Veränderung darstellen. Erstens die relativ linearen Veränderungen: von *A* nach *B*, von *B* nach *C* usw. Zweitens das Ordnungsprinzip der *Analysis situs*, unter welches die Abfolge der Veränderungen *AB, BC, CD, DE,* ... fallen. In anderen Worten: *Hypothese* und *höhere Hypothese.* Wie bereits erwähnt, ergibt sich aus jedem einer horizontalen Folge $\overline{AB}_1$, $\overline{BC}_1$, $\overline{CD}_1$, $\overline{DE}_1$, ... zugeschriebenen Wert der *selbstähnlichen negentropischen Evolution* auch eine vertikale Kolumne $\overline{AB}_2$, $\overline{AB}_3$, $\overline{AB}_4$, ... zusätzlicher horizontaler Folgen mit jeweils höherer Wertigkeit als die horizontale

Folge $\overline{AB_j}$; daraus ergibt sich die einer Enveloppe gleichende *Hypothese der höheren Hypothese*. Ziel unseres Strebens nach wissenschaftlicher Erkenntnis ist die Erweiterung dieser Hypothese der höheren Hypothese, so daß die Unstimmigkeit zwischen unserem Wollen und dem manifesten Willen Gottes immer mehr abnehme.

Das ist weder *vollkommenes* oder *absolutes* Wissen, noch nähert es sich asymptotisch absolutem Wissen an. Es ist einfach das *Transfinite* von Georg Cantor oder, was dasselbe ist, das *Werden* bei Platon, das sich vom *Absoluten*, dem *Guten*, grundsätzlich in der gleichen Weise unterscheidet, wie sich der Umkreis des cusanischen regelmäßigen Vielecks 2^n von der umgrenzenden Einheit höherer Ordnung, dem Kreis, unterscheidet.[83]

Die (transfinite) Hypothese der höheren Hypothese ist gemeint, wenn wir von „menschlichem Wissen” reden. Es ist nicht nur falsch, sondern fast eine schizophrene Geistesstörung, wenn man meint, Gott oder Nietzsche hätten in übersichtliche Lehrbuchformeln gepackte „richtige Antworten” parat.[84] Keine andere Definition als diese hier ist annehmbar. Wissen entsteht in einer Form, die wir „platonische Ideen”, „Monaden”, „Geistesmassen” oder „Gedankendinge” genannt haben. Es steht auf einer höheren geistigen Ebene als direkt mitteilbares bewußtes Tun und umschließt alle übrigen bewußten Denkaktivitäten, die sich auf niederen Ebenen vollziehen. Substanz dieses Wissens sind nicht Objekte oder Wahrnehmungen, sondern *Veränderung*; diese Veränderung tritt in vier Formen auf: *Hypothese, höhere Hypothese, Hypothese der höheren Hypothese* und jene noch höhere Stufe, die man nur negativ umschreiben kann, das *absolut Gute*.

Dieses Wissen ist individuelles Wissen, doch kann es nur sozial erworben und zum Ausdruck gebracht werden. Es ist *individuell*, weil jedes einzelne wirkliche Gedankending einzig im souveränen geistig-schöpferischen Prozeß eines einzelnen Menschen entsteht — und niemals auf andere Weise.[85] Nichtsdestoweniger wirkt das Individuum durch jede echte Entdeckung unmittelbar auf das gesamte bisherige

Gebäude des menschlichen Wissens und damit auf die potentielle Bevölkerungsdichte der heutigen und der zukünftigen Menschheit ein. Der Maßstab, nach dem alle Entdeckungen erfolgen, ist der allgemeine, historisch-gesellschaftliche Bezugsrahmen, an dem sich die *Wirksamkeit* aller Entdeckungen mißt.

Für solche schöpferisch-geistigen Aktivitäten gilt, was Nikolaus von Kues versicherte: Das Individuum nimmt als Mikrokosmos direkt und *wirksam* am Makrokosmos teil — die Gesellschaft und das Universum sind ein Prozeß des *Werdens* in einem zeitlosen Ganzen.[86] Durch dieses Verhältnis zum Wissen für die Gesellschaft insgesamt kann das Individuum auch auf die Gesamtheit wirksamer Beziehungen des Menschen zum Universum einwirken. Über die Hypothese und durch verändertes menschliches Handeln, das durch die neue Hypothese angeregt wurde, *wirkt* das Individuum direkt auf das Universum ein. Auf diese Verknüpfung bezieht sich jede Entwicklung oder jeder Beweis menschlichen Wissens.

Für einen christlichen Platoniker ist die Substanz all diesen Wissens „Veränderung": Hypothese, höhere Hypothese und Hypothese der höheren Hypothese. Insofern ist Wissen als Prozeß nicht nur im relativ begrenzten Sinn nichtalgebraischer Funktionen nichtlinear; es reicht aufgrund der Unstetigkeiten der pädagogischen Folge *A, B, C, D, E,* ... in den noch höheren Bereich der „Alefs"[87] hinein. Demgegenüber tritt bei den Aristotelikern und den Anhängern Ockhams das Prinzip des Syllogismus — das lineare Prinzip Kroneckers u.a. — an die Stelle der platonischen Veränderung.

Die gesellschaftlichen Beziehungen platonischer Prägung sind im wesentlichen auf Erziehung angelegt, wie das (christliche) humanistische Bildungsideal Schillers und der Brüder Humboldt oder auch Schillers ästhetische Grundsätze verdeutlichen.[88] Es geht also, wie wir schon oben ausgeführt haben, um die Erzeugung von Gedankendingen, um z.B. durch das Studium von Originalquellen die schöpferisch-geistigen Prozesse, die ein Entdecker erlebte, für den Schüler nachvollziehbar und neu erlebbar zu machen. Deshalb ist die Qualität von *Veränderung*, wie wir sie hier definiert haben, für die republikanische, antioligarchische humanistische Tradition von Solon, Platon und der christlichen Platoniker insgesamt[89] die wesentliche, nichtlineare gesellschaftliche Beziehung.

Demgegenüber leitet sich unter oligarchischer Vorherrschaft die individuelle und kollektive Beziehung zwischen den Menschen und der Natur aus den sophistischen, nominalistischen Auslegungen wörtlicher Befehle ab, die im Namen der olympischen „Blobs" ergehen, wofür die kommunistische Oligarchie in Lykurgs Sparta das beste Beispiel ist.[90] Wörtliche, deduktive, *lineare* Folgerichtigkeit, wie sie sich in den aristotelischen und Kantschen Syllogismen und Kategoriensystemen zeigt, kennzeichnet hier die Beziehung unter den Menschen sowie die Beziehung zwischen Menschheit und Natur.

Wer deshalb die unüberbrückbare Kluft nicht sieht, die Sokrates und Platon von Aristoteles trennt, versteht nichts von den tieferen Fragen heutiger wissenschaftlicher Arbeit. Von den vielen Angriffen, die Platon gegen die eleatischen Vorläufer des Aristoteles und gegen die Sophisten führte, führt uns deshalb sein Dialog *Parmenides* am direktesten zum Kern seines Denkens und seiner Methode. Wer die Bedeutung dieses Dialogs nicht versteht, begreift nichts von Platons Arbeit und Denkweise. Oder anders ausgedrückt: Jemand, der sich von den tiefen, außergewöhnlichen Streitfragen, die Platon von Parmenides und dessen sophistischen Anhängern trennen, noch keinen Begriff gemacht hat, hat auch nicht verstanden, worum es bei den Auseinandersetzungen im Laufe der europäischen Geistesgeschichte der letzten 2500 Jahre eigentlich ging.

Der *Parmenides*-Dialog ist mit seinem zentralen ontologischen Paradoxon zugleich auch der Schlüssel zum Verständnis des platonischen ontologischen Gottesbeweises sowie der Bedeutung des Widerstreits zwischen dem humanistischen und oligarchischen Gesellschaftssystem, aus dem sich jene Grundunterschiede erklären, welche die europäische Zivilisation der letzten 2500 Jahre in zwei sich noch heute unausgesetzt befehdende kulturelle Lager spalteten.

Wenn es um kulturelle Differenzen geht, so war sich der oligarchische Sir Isaac Newton — anders als die britischen Oligarchen Kelvin, Clausius, Graßmann, Helmholtz, Maxwell und Rayleigh später[91] — durchaus darüber bewußt, daß sein falsches, entropisches Weltbild, das die Denkmethode seiner *Principia* kennzeichnet, aus einem verheerenden Fehler bei der Wahl des mathematischen Vorgehens entsprang.[92] Diese fehlerhafte Mathematik entsprach der gleichen syllogistischen formalen Algebra, die auch heute noch der „allgemein anerkannten Lehrbuchmathematik" zugrunde liegt. Jeder Versuch, das Universum im Sinne einer philosophisch-oligarchischen, *gnostischen*, linearen Mathematik und syllogistischen Prinzipien beschreiben zu wollen, muß zu einer falschen Darstellung des Universums führen — und zwar durchgängig von der äußersten Maßgrenze der Astrophysik bis hinab zum mikrophysikalischen Raum jenseits von 10^{-18} cm. Mit einer linearen Mathematik müssen die Phänomene verzerrt erscheinen, weil mit ihr der Datenbasis das falsche Bild eines scheinbar wirksamen Prinzips universeller Entropie aufgedrückt wird. (Dies geschieht z.B., wenn man nichtlineare Prozesse unsinnigerweise in die Metrik einer linearen Zeitachse preßt.)

Wie in diesem Beispiel eine falsche Mathematik mit ihrer verheerenden ideologischen Verblendung das Bild von der Natur verzerrt, so bestimmen die axiomatischen Wurzeln einer Denkmethode auch das Verhalten in sämtlichen kulturellen Bereichen, die das Leben des Einzelnen und der Gesellschaft insgesamt betreffen. Auf diese Weise haben zwei unversöhnliche Methoden, die platonische Vorstellung universaler Veränderung und das aristotelische Prinzip eines universalen Syllogimus, durch ihre Wechselbeziehung den Kulturkrieg der vergangenen 2500 Jahre wesentlich geprägt.

Parmenides und das Alef-Transfinite

Die syllogistische Methode, wie sie z.B. in den *Principia mathematica* von Bertrand Russell und Alfred North Whitehead anschaulich als radikalockhamistische, aristotelische Mathematik dargelegt ist, ist extrem einfach, man könnte fast sagen „tierisch einfach".[93] Das Verständnis der platonischen Grundannahmen ist bekanntermaßen weit weniger einfach, wie sich am Beispiel von Prof. David Hilberts berühmtem „Zehnten Problem" unschwer ablesen läßt. Um sicher zu gehen, daß unsere ontologische Beweisführung keinen entscheidenden pädagogischen Aspekt ausläßt, wollen wir im folgenden die wesentliche Entdeckung kurz zusammenfassen, die der Autor 1952 gemacht hat.

In der abschließenden Arbeit seiner Aufsatzreihe über das Transfinite, den *Beiträgen*[94] von 1897, hat Georg Cantor seine letzte große Entdeckung, die transfiniten „Alefs", systematisch dargestellt. Unter Cantors spitzfindigen Bewunderern waren damals und später nicht wenige, die diese Entdeckung zwar wortreich lobten, aber im gleichen Atemzug merkwürdigerweise die unrichtige Behauptung aufstellten, Cantor habe hier zwar eine höhere Zahlenklasse entdeckt, die in der realen Welt jedoch keinen sinnvollen Platz hätte. Dieser Fehlschluß entspricht der unter den Gelehrten gängigen Fehlinterpretation von Platons *Parmenides*. Die vom Autor 1952 gefundene Lösung, die sich in der pädagogischen Folge niederschlug, welche in diesem Text und auch in früheren Schriften[95] immer wieder vorkommt, erlaubt eine viel „gründlichere" Behandlung des *Parmenides*-Paradoxons und der Cantorschen „Alefs", als bisher denkbar war.

Der weitere wichtige Aspekt der pädagogischen Folge *A, B, C, D, E, ...* in Hinsicht auf Platons *Parmenides* und Cantors „Alefs" ist, daß der Autor diese Folge als Abfolge wachsender *potentieller Bevölkerungsdichten* definiert. Mit dieser Ergänzung lassen sich bislang unzugängliche Probleme bei der wirtschaftswissenschaftlichen Definition des Leibnizschen Begriffs *Technologie* lösen. Dadurch eröffnet sich ein neuer Weg, auf dem Cantors „Alefs" eine außerordentliche reale Bedeutung erlangen.

Das offenbare Problem dieser „Alefs" besteht darin, daß sie in ihrer Konstruktion scheinbar keinen solchen funktionalen Ordnungsbegriff zulassen, wie wir ihn aus der mathematischen Physik kennen. Sie unterscheiden sich demnach von der Algebra und von nichtalgebraischen Folgen. In der pädagogischen Folge *A, B, C, D, E, ...* entsprechen die Kommas formalen Unstetigkeiten. Diese Unstetigkeiten sind ihrer Konstruktion nach „Alefs"; sie entsprechen auch der schon erwähnten *Aktion der Veränderung* und damit den „Gedankendingen". Als Gedankendinge einer solchen Folge haben sie eine bestimmte zweifache funktionale Ordnung. Sie haben die Ordnung des „notwendigen Vorgängers" in der *Analysis situs,* und sie stellen eine Folge dar, der *in der Wirklichkeit* eine steigende Negentropie (potentielle Bevölkerungsdichte) entspricht.

Betrachten wir Platons *Parmenides* aus diesem Blickwinkel und ersetzen die Abfolge der einzelnen Abschnitte des Dialogs durch eine Folge, die unserer hier benutzten pädagogischen Folge entspricht. Dieser Austausch ändert keinen einzigen wesentlichen Gesichtspunkt der im Original aufgeworfenen methodologischen und ontologischen Fragen. Doch indem technologische Ordnung hinzukommt, ergibt sich aus dem Austausch ein interessantes Fallbeispiel. Eine doppelt (oder sogar dreifach) transfinite veränderliche Ordnung wird dem Dialog hinzugefügt, was der Form von Platons *Parmenides* vollkommen gerecht wird. Bei genauerem Nachdenken zeigt sich, daß die Ersetzung in der Tat die allgemeine Form von Platons dialektischer Argumentation zum Vorschein bringt.

Betonen wir also nochmals: Wenn die Veränderung von *A* nach *B* die Aktionen der Hypothese darstellt, dann stellt die Folge als Ganzes eine Aktion der höheren Hypothese dar. Daraus ergibt sich wiederum die Hypothese der höheren Hypothese. Nimmt man dann die *selbstähnliche negentropische Aktion* als metrisches Kennzeichen der höheren Hypothese (Zunahme der potentiellen Bevölkerungsdichte) zu Hilfe, wird die Bedeutung des *Parmenides* höchst anschaulich erläutert. Die Hypothese der höheren Hypothese ist die „Enveloppe", die Einhüllende aller höheren Hypothesen und entspricht dem *Werden*; das *Werden* definiert negativ das *Gute,* welches das *Werden* begrenzt und umschließt.

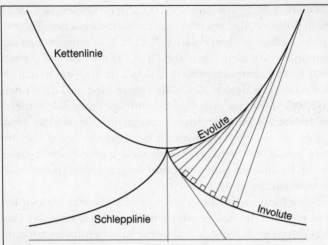

Abb. 5: Involute und Evolute. Die Kettenlinie ist die Kurve, die von einer zwischen zwei Punkten aufgehängten Kette gebildet wird. Der Endpunkt eines starren Fadens, der tangential von ihr „abgewickelt" wird, beschreibt eine Kurve, die Schlepplinie genannt wird. Die Schlepplinie ist die Involute der Kettenlinie, die Kettenlinie ist die Evolute der Schlepplinie. Dabei sind die Tangenten der Evolute die Senkrechten zur Involute und umgekehrt.

Betrachten wir nun die Eigenschaften der *Analysis situs*, die diese (negative) Dialektik aufweist. Beginnen wir mit den Beispielen, die Nikolaus von Kues in *De circuli quadratura* (Von der Quadratur des Kreises)[96] und in *De non aliud* (Vom Nichtanderen)[97] anführt. Die bleibende diskrete Abweichung bzw. die *typische* Nichtkongruenz zwischen einem regelmäßigen Vieleck mit 2^n Seiten und seinem Umkreis zeigt, daß die lineare (algebraische) Art der Konstruktion (Aktion) nur negativ die Existenz einer höheren Art, nämlich der *kreisförmigen Aktion*, definiert. Man beachte die diskrete Restabweichung zwischen der vollkommen definierten Oberfläche einer Kugel und der unbestimmten, angenäherten Oberfläche der entsprechenden Pseudokugel[98]. Die vielfach verknüpfte (aus der Kreisbewegung abgeleitete) geringste Wirkung der höheren Art definiert jedoch aus-

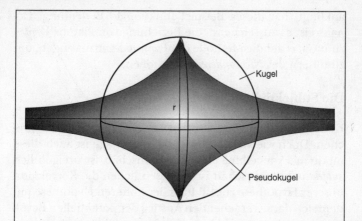

Abb. 6: Kugel und Pseudokugel. Durch Rotation eines Kreises mit dem Radius r entsteht die Kugel, eine Fläche mit konstant positiver Krümmung. Durch Rotation einer Schepplinie mit dem Basisradius r entsteht die konstant negativ gekrümmte Pseudokugel. Wenn sie nach beiden Seiten immer weiter ausgedehnt werden könnte, näherte sich ihre Fläche der Kugelfläche mit dem Radius r. Aber beide Flächen gehören wiederum zu verschiedenen Gattungen, ihre Oberflächen werden daher nie völlig gleich.

reichend auch die untergeordneten algebraischen Formen. Diese Beziehungen zwischen niederen und höheren Konstruktionsprinzipien verdeutlichen die entscheidenden Merkmale der *Analysis situs* („notwendiger Vorgänger" und „notwendiger Nachfolger").

Ausgehend von solch einer Folge (d.h. der pädagogischen Form *A, B, C, D, E, ...*) ist der notwendige Nachfolger die höhere Hypothese, durch welche die Abfolge der Veränderungen als *selbstähnliche negentropische* Folge eines *Typus* geordnet wird.

Im wirklichen Leben entspricht das der kulturellen Evolution.

Dieser *Typus* ist das „Eins", welches das „Viele" vollkommen einschließt. Für die Methode des *Parmenides*-Dialogs, welche auch in Nikolaus von Kues' *Vom Nichtanderen* anklingt, hat dieses Beispiel funktionale Bedeutung. Genauso ist es ausreichend, die Beziehung von Platons *Werden* zum *Guten* auf die Methode des *Parmenides* anzuwenden, um zum Kern des *Nichtanderen* vorzustoßen.

Die Subjektivität der Wissenschaft

Es ist modern, von „wissenschaftlicher Objektivität" zu sprechen. Doch wie viele Meinungen heutzutage ist auch diese modische Vorstellung falsch. Wissenschaft ist ureigentlich *subjektiv*.[99] Wissenschaft ist im wesentlichen die Korrelation unserer Hypothese zur Bildung der höheren Hypothese mit dem sich daraus ergebenden Anstieg der potentiellen Bevölkerungsdichte. Durch diese Hypothesenbildung wirken wir, sofern sie den fortdauernden gesellschaftlichen Wandel prägt, entscheidend auf die Gesetzmäßigkeit unseres Universums ein. Die Zunahme der potentiellen Bevölkerungsdichte ist in der Tat ein „Maß" dafür, wie sich die Diskrepanz zwischen unserem Universum und der Art, wie das Universum „denkt" und wirkt, vermindert. Es ist so, als wäre unsere Hypothese der höheren Hypothese ein Versuch, die vom Universum aufgestellte Hypothese der höheren Hypothese zu erraten. Der „Lohn" dafür, daß wir in die richtige Richtung gedacht haben, ist eine Zunahme der potentiellen Bevölkerungsdichte unserer Gesellschaft.

Diese Subjektivität wissenschaftlichen Denkens ist entscheidend dafür, die Interaktion der humanistischen bzw. oligarchischen kulturellen Dynamik zu verstehen,[100] d.h. die unterschiedlichen Auswirkungen einer Kultur, die entweder auf dem oligarchisch-gnostischen Prinzip des Syllogismus oder auf dem Grundsatz „platonischer Ideen" fußt.

Sir Isaac Newton hatte einst den Schlüssel hierfür in der Hand. Das gnostische Prinzip des Syllogismus ist, auf die Mathematik übertragen, eine heidnische Ideologie, die einer von ihr gewählten Abfolge von Meßwerten ein entropisches Prinzip überstülpt; eine solche mathematische Ideologie läßt naturgemäß auch Entropie in die Verhaltensweisen einer leichtgläubigen Gesellschaft einfließen. Im Gegensatz dazu beweisen die Entwicklungen der von Nikolaus von Kues und anderen hervorgebrachten Goldenen Renaissance, daß „platonische Ideen" (Veränderung) nicht nur den Meßdaten, sondern auch dem gesellschaftlichen Handeln Negentropie verleihen.

Wenn Isaac Newton jedoch erkannte, wie falsch seine („entropische") Vorstellung von der Natur als ablaufendem Uhrwerk war, wie er es in seinen *Principia* darstellte, und wenn er doch erkannte, daß dieses falsche Bild ein Ergebnis der von ihm gewählten fehlerhaften Mathematik war, warum hat er dann nicht eine andere Mathematik verwendet? Warum wählte er nicht eine andere, damals bereits verfügbare Mathematik, der dieser spezifische Fehler nicht anhaftete, nämlich Johannes Keplers Mathematik? Newton und seine Rosenkreuzer-Freunde von der Londoner Royal Society hatten ohnehin schon wesentliche Punkte der *Principia* mehr oder weniger von Kepler abgeschrieben, so z.B. die von Kepler entdeckte richtige algebraische Formel der universellen Gravitation.[101] Die Antwort auf diese und ähnliche Fragen verbirgt sich hinter der fatalen Tatsache, daß Newton wie auch andere Ashmolesche Halunken unter den Anhängern Francis Bacons und Robert Fludds heidnische Mystiker waren, die wie Christopher Marlowes „Doktor Faustus" gnostisch-kabbalistische Schwarze Magie praktizierten.[102]

Was verbirgt sich hinter diesem abscheulichen Schleier Ashmolescher Orgien? Was sonst als das, was die oberen Zehntausend in England (und anderswo) im 17. und 18. Jahrhundert als die „venezianische Partei"[103] von Paolo Sarpis *casa nuovi* kannten, jene „Blobs", die von den Wucherern Venedigs nach Norden verpflanzt worden waren.[104] Newton war ein Lakei dieser venezianischen „Blobs". Die Geschichte der venezianischen Partei in England, insbesondere nach 1520, ist höchst bedeutsam und eine eigene Darstellung wert; doch wir wollen uns hier auf das Wichtigste konzentrieren.

Mitte des 14. Jahrhunderts stellte England seine Zahlungen auf die pyramidenartig angewachsenen Schulden an das Haus Bardi ein. Dieser Vorgang löste in ganz Europa ei-

ne Lawine ähnlicher Verweigerungen von Schuldenrück-
zahlungen aus. Während des Jahrhunderts vor diesem Ereignis und nach dem Tod des Staufferkaisers Friedrich II. im
Jahre 1250 hatten diese wucherischen venezianischen *Fondi*
nahezu alle Staatshaushalte, die Kirche und die politischen
Institutionen Europas durch Finanzmaßnahmen ruiniert,
die den heutigen IWF-Konditionalitäten ziemlich ähnlich
sehen. Wirtschaftlicher Verfall, Kriege, Hungersnöte und
Seuchen waren die Folge, wodurch etwa die Hälfte der europäischen Bevölkerung ausgelöscht wurde – der größte
Völkermord in der Menschheitsgeschichte bis zur Ausplün-
derung des sogenannten „Entwicklungssektors" im 20. Jahrhundert. In den Geschichtsbüchern sind diese mittleren
Jahrzehnte des 14. Jahrhunderts als „finsteres Zeitalter" bekannt.[105] Die Bankrottwelle, von der die Lombard-„Blob-
ster" damals erfaßt wurden, erzeugte indessen ein gewisses
Machtvakuum, in das die christlichen Humanisten vor-
stießen. Das Ergebnis war die glorreiche Goldene Renaissance des 15. Jahrhunderts. Hauptfigur der Renaissance war
der überragende Priester, Theologe, Wissenschaftler und
Staatsmann Kardinal Nikolaus von Kues. Zwischen 1430 und
1450 nahm er mehrmals entscheidenden Einfluß auf die Erneuerung der zerrütteten christlichen Kirche, und in seiner
Schrift *De docta ignorantia*[106] sowie bedeutsamen späteren
Schriften[107] begründete er die moderne wissenschaftliche
Methode. Die venezianischen Kreise reagierten prompt und
bemühten sich mit Nachdruck, die Erfolge des Konzils von
Florenz (1439) und den Einfluß der platonischen christlichen Humanisten zurückzudrängen. So paktierten Venedig
und die osmanischen Herrscher mit dem führenden aristotelischen Gnostiker vom Berg Athos, „Scholarius" (dem späteren Patriarchen Gennadios), um Konstantinopel und
Griechenland mit Hilfe der Teilung des griechischen Reiches 1453 unter ihre Herrschaft zu bringen.[108] Gleichzeitig
setzte Venedig im Verlauf des 16. und 17. Jahrhunderts alle
Hebel in Bewegung, um das Wissen um die Werke des Cusaners aus der Kirche zu verbannen und Aristoteles zum of-
fiziellen heidnischen Philosophen der etablierten katho-

lischen, byzantinischen und protestantischen Theologie zu erheben.

Mitte des 16. Jahrhunderts stand Venedig fast vor dem Sieg. Bis zum Westfälischen Frieden 1648 hatten die wucherischen „IWF-Konditionalitäten" Europa fast 100 Jahre lang erneut in ein „kleines finsteres Zeitalter" gestürzt.[109] Zu diesem Zeitpunkt war der Name des Nikolaus von Kues durch venezianische Verunglimpfungen bereits nahezu in Vergessenheit geraten.[110]

Seit Beginn des 17. Jahrhunderts setzte die oligarchische Fraktion in dieser Situation seltsame pseudowissenschaftliche gnostische Kulte in die Welt. Typisch hierfür sind die Tiraden Francis Bacons gegen den größten Wissenschaftler Großbritanniens jener Zeit[111] und die Attacken des Rosenkreuzers Robert Fludd auf Johannes Kepler.[112] Mit Hilfe des eigenartigen cartesischen Dogmas vom *deus ex machina* und den Rosenkreuzer-Phantasien Isaac Newtons von der Londoner Royal Society schlug die aristotelische Venezianische Partei einen direkten Bogen zwischen dem cartesischen Formalismus, dem britischen Liberalismus und Empirismus sowie den wiederbelebten theologischen Dogmen der gnostischen Katharer-Sekte im mittelalterlichen Frankreich, die von den Bogomilen abstammte.[113] Als axiomatische Grundlage setzte sich diese „Bogomilen-Tradition" im philosophischen Denken vieler einflußreicher Größen fort, so bei David Hume, Adam Smith, Voltaire, Rousseau, Jeremy Bentham sowie der „französischen (proaristotelischen) Aufklärung" ganz allgemein, bei Immanuel Kant, Friedrich Karl von Savigny und den heutigen Positivisten.

Die Bogomilen-Tradition ist unter Mißbrauch des Namens Wissenschaft vorwiegend als „Materialismus" bekannt, obwohl darunter auch andere Formen, zum Teil wilde, mystische Spekulationen, fallen.

Die „Bogomilen" oder „Katharer" waren wie ihre manichäischen Vorläufer ein von Konstantinopel geschaffener byzantinischer Kult. Sie waren Teil des Arsenals militärischer und kultureller Kriegführung gegen die sogenannten Barbaren und gegen das westliche Christentum.[114] Die Bogomilen-Sekte, vor etwa 1000 Jahren im damals byzantinischen Thrakien (Bulgarien) begründet, breitete sich mit ihrer Wucherzinspraxis quer durch Bosnien bis in die Handelszentren Norditaliens und Südfrankreichs aus. Der Begriff des „Auserwählten" stützte sich auf eine dionysische Yin-Yang-Idee, wonach die geistige von der materiellen Welt hermetisch abgetrennt sei.[115] Eine solche Abgrenzung paßt bestens zu Aristoteles' *Organon* und dem aristotelischen „Urknall"-Konzept der Schöpfung, das Philon von Alexandria so sehr bekämpfte.[116] Obgleich die Bogomilen mehrmals beinahe vollständig vernichtet wurden, z.B. durch den „Albigenser-Kreuzzug", blieben ihre quer durch Norditalien fortlebenden Wuchernetzwerke bis ins 16. Jahrhundert bestehen und bildeten die Grundlage dafür, daß die Lehre vom „Auserwähltsein" und die Dichotomie „Geist/Materie" bei Descartes und anderen Nachahmung fanden. Der Rosenkreuzer-Kult in der Londoner Royal Society und Newtons Wahlspruch, „Ich stelle keine Hypothesen auf", sind deutliche Zeichen dieser fortlebenden, tief in den Wucherkreisen verwurzelten Bogomilen-Tradition.

Daß auch die Aristoteliker Paduas die Bogomilen-Lehre in gleicher Weise förderten, sollte an dieser Stelle einleuchtend sein.

Das *Geistige* bedeutet in der Wissenschaft *imago viva Dei*, jene Eigenschaft der schöpferischen Vernunft, die den Menschen zum unvollkommenen Ebenbild des Schöpfers macht. Gleichzeitig steht das *Geistige* auch für drei bewußte Zustände des materiell entwickelten schöpferisch-wissenschaftlichen Geistes: *Hypothese, höhere Hypothese* und *Hypothese der höheren Hypothese*. Das Wesen einer solchen wissenschaftlichen Betätigung liegt in der ursächlichen Rolle des Geistigen bei der Veränderung der scheinbar *materiellen* Ordnung.

Vom Standpunkt der oligarchischen „Blobs" und ihrer heidnischen Priesterkaste lag der Vorzug der abartigen Sexualpraktiken der Bogomilen gerade darin, daß sie auf extreme Weise die Wechselwirkung zwischen dem schöpferischen Vermögen des geistigen Bereiches und dem durch ihre Wucherpraktiken dominierten materiellen Bereich unterbanden.[117] Die venezianischen Aristoteliker des 16. und 17. Jahrhunderts hatten dieselben Beweggründe, die Bogomilen-Lehre in Form des cartesischen *deus ex machina* und des englischen Rosenkreuzertums zu fördern, wie die heutigen Oligarchen, die unter dem Banner der satanischen (gnostischen) Lehre vom Menschen als bloßem *Hüter der Schöpfung* oder der wiederauflebenden Verehrung der delphischen Satansmutter *Gaia* einen „ökologischen", wissenschaftsfeindlichen Fanatismus schüren.[118]

Zusammenfassend läßt sich sagen: Die Oligarchen des 17. Jahrhunderts versuchten die damaligen Institutionen der Renaissancewissenschaft mit folgender Feststellung auszuschalten: „Die Welt der wahrnehmbaren Dinge, die materielle Welt, ist das Reich Satans, ein Reich, in dem eigene Unterweltgesetze herrschen, die aristotelische Logik. Man muß mit dieser Unterwelt der wahrnehmbaren Dinge nach ihren eigenen Regeln umgehen und darf niemals versuchen, etwas aus dem höheren, geistigen Bereich in sie hineinzutragen." So entstand Descartes' *deus ex machina* und der Schlachtruf der Londoner Royal Society: „Hypotheses non fingo".

Der gleiche Nachgeschmack dieses mittelalterlichen Bogomilen-Kults durchzieht das gesamte Werk Immanuel Kants und prägt die dogmatische, neokantianische Romantik, versinnbildlicht in Savignys Schlachtruf: *„Absolute Trennung von Geistes- und Naturwissenschaft!"* So schworen diese modernen Bogomilen, daß niemand den Versuch unternehmen dürfe, die Verbindung zwischen Wissenschaft und Kunst herauszufinden oder die Prinzipien schöpferischen Denkens zu untersuchen, um daraus die Grundlagen gültiger Erkenntnisse in den Naturwissenschaften abzuleiten. Das war der Kern der Kantschen Lehre[119]. Und das ist die Grundlage der heute „allgemein anerkannten mathematischen Lehrmeinung".

Um den Kernpunkt unserer Widerlegung noch einmal herauszustellen, fassen wir das Gesagte so zusammen: Wir können Wissen über die Natur erlangen, aber nicht, indem wir lediglich die gleichen Fakten der Wahrnehmung wiederholen, sondern nur, indem wir eine Korrelation zwischen unseren verschiedenen Erkenntniszuständen und dem Anwachsen der Macht des Menschen über die Natur herstellen, welche sich in Einheiten pro Kopf und pro Quadratkilometer berechnen läßt. Diese wirksame materielle Veränderung infolge einer geistigen Veränderung, die wir als platonische Hypothese, höhere Hypothese und Hypothese der höheren Hypothese erfahren, bildet die eigentliche Grundlage dessen, was die Bezeichnung menschliches Wissen verdient.

In diesem Zusammenhang wollen wir mit Nachdruck auf die „alef-ähnliche" Kurzlebigkeit des schöpferischen Aktes hinweisen, der sich dennoch als die mächtigste Instanz im Universum des „Werdens" erweist.

Indem wir so die schöpferische Kraft des Geistigen, die Hypothese, aufzeigen, legen wir die Eigenschaft des *imago viva Dei* als Wirkursache frei. Darin zeigt sich der Mensch in seiner Teilhabe an Gott! Durch unser Wissen von dieser Beziehung erlangen wir Gewißheit über die wirksame Existenz Gottes als höherer Klasse universaler Persönlichkeit, die unser Universum wie auch uns selbst als Individuen begrenzt und einschließt.

Dadurch wird der bogomolische Trugschluß in Professor Dawkins' Denken sofort offenbar. Er geht nach eigenem Dafürhalten in dieser Frage von einem *materialistischen* Standpunkt (in der „Evolutionstheorie") aus. Und er bezieht diesen Standpunkt mit der ausdrücklichen Absicht, bei der Betrachtung der Wahrnehmungen alle Anzeichen des Geistigen auszuklammern. Dieses Vorgehen, die sogenannte materialistische Methode, setzte sich durch, obwohl die größten „materiellen" wissenschaftlichen Erfolge der letzten 200 Jahre von Menschen herrührten, die diese materialistische Methode ausdrücklich ablehnten.

Es sollte uns daher nicht erstaunen, wenn offenbar philosophisch unbewanderte oder in manchen Fällen auch verlogene Professoren heute darauf insistieren, daß Wissenschaft im wesentlichen „objektiv" sei; die oligarchische Seite hat im eigenen Interesse durchaus gute Gründe, die mystischen Tiefen ihrer eigenen Subjektivität zu verhüllen, eine Subjektivität, womit sie die landläufige Irrlehre von der angeblich so „objektiven materialistischen Wissenschaft" rhetorisch begründet.

„Die beste aller Welten"

Wenn wir Geschichte unter dem Blickwinkel betrachten, daß jeder Mensch ein lebendiges Abbild Gottes (*imago viva Dei*) sein soll, gelangen wir zu einem völlig anderen Geschichtsbild, als wir es in unseren törichten Lehrbüchern finden. Ausgehend vom einzelnen Individuum wollen wir diesen Aspekt kurz folgendermaßen darstellen. Jeder von uns weiß zu dem Zeitpunkt, da er erwachsen wird, daß wir sterbliche Wesen sind: Wir werden geboren und müssen nach ein paar Jahrzehnten sterben. Was bleibt von unserem Leben, wenn wir einmal gestorben sind? Man könnte auch, im Hinblick auf unser vergangenes Leben, die Frage aufwerfen: „Was wäre der Menschheit verloren gegangen, wenn dieser Mensch nicht gelebt hätte?" Selbst große Bauwerke verfallen mit der Zeit; welchen Beitrag könnte ein Sterblicher leisten, der für die Menschheit viele tausend Jahre lang bleibenden Wert behielte?

Ein Beispiel: In den kommenden Jahrhunderten wird die Menschheit — das ist so gut wie gewiß — damit beginnen, das Weltall zu besiedeln und nicht nur zu erkunden. Der zukünftigen Menschheit, die zum größten Teil viele, viele Lichtjahre von unserem heutigen Sonnensystem entfernt leben wird, mag die Erde nur noch wie ein weit entfernter Fleck, wie eine Legende aus menschlicher Urzeit erscheinen. Stellen Sie sich Schulkinder vor, die dann in solchen entfernten Gegenden leben; es wird sie in Erstaunen versetzen zu hören, daß die Menschen einst kläglich und offenbar ausweglos an die Erde gefesselt schienen. „Wie haben sie es endlich geschafft, sich von der Erde zu erheben?", wird eine Kinderstimme neugierig fragen. Sind damit nicht jene wenigen deutschen Wissenschaftler angesprochen, die in den zwanziger Jahren ein Projekt in Angriff nahmen, das etwa fünf Jahrzehnte später dem ersten Menschen ermöglichte, den Mond zu betreten? Als wie notwendig haben sich diese wenigen Menschen für die Fortentwicklung der ganzen Menschheit erwiesen — und das noch für viele Milliarden Jahre in der Zukunft?

Noch ein Beispiel: Schauen wir zurück zu Platon. Wenn wir von den vergangenen rund 2350 Jahren Geschichte alles streichen müßten, was die Menschheit durch Platon und seine Akademie an Nutzen davontragen hat, hätte es dann in den letzten 500 Jahren seit Christoph Kolumbus überhaupt eine europäische Zivilisation gegeben? Wenn man weiß, was das moderne Europa dem Wirken Platons verdankt, kann mit Recht bezweifelt werden, ob sich ohne Platon eine europäische Zivilisation unter den Christen entwickelt hätte.

Wir haben bereits zuvor erwähnt, daß die fortdauernde Existenz der Menschheit zumindest soviel wissenschaftlichen und technologischen Fortschritt braucht, um etwas mehr als einen Zustand der „Nullentropie" zu halten, d.h. um die sonst drohende Erschöpfung der vom Menschen genutzten Ressourcen zu verhindern. Die beiden eben angeführten Beispiele legen zwar nahe, daß sich die Bedeutung eines vor langer Zeit gelebten Lebens anhand eines konkreten Werkes ausdrücken läßt; doch damit haben wir das Wesen der notwendigen individuellen Existenz noch nicht erfaßt. Die Menschheit wird als Gattung nur dann weiterexistieren und sich weiterentwickeln können, wenn möglichst alle Individuen der Bevölkerung an dem ständigen Prozeß der Schaffung, Umsetzung und wirksamen Weitervermittlung der Früchte grundlegender wissenschaftlicher und auch kultureller Fortschritte teilhaben. Den „Götterfunken" und das Potential der schöpferischen Vernunft im Individuum, *imago viva Dei*, zu entwickeln, ist somit das Wesen der Geschichte, woran man die bleibende Notwendigkeit, die ein Sterblicher erlangt, messen kann.

Diese Überlegungen sollten den Leser gedanklich zu einem höheren, relativistischen Raum-Zeit-Begriff führen. Wir haben nämlich eine Art von *Analysis situs* ausfindig gemacht, die sich erwiesenermaßen auch auf den Bereich der „Gedankendinge" des schöpferischen Denkens anwenden läßt. Wir stellen fest, daß in dieser Raum-Zeit, dieser Ordnung der *Analysis situs*, die Beziehungen zwischen wirksamen Ideen („Gedankendingen") eine typische parallele *Isochronie* im Bereich nichtalgebraischer physikalischer Funktionen aufweisen. Wir können zwar nicht erkennen, wie Gottes Uhrwerk genau gebaut ist, doch sehen wir seine Wirkung in einem Bereich unserer „Gedankendinge" reflektiert, den Platon das „Werden" und Georg Cantor das „höhere Transfinite" genannt hat. Diese Reflexion ist, wie wir eben feststellten, eine völlig andere Art Uhr als die, mit der wir gewöhnliche, einfache Wahrnehmungen messen.

Überlegen Sie einmal! Wenn wir in die Geschichte zurückgreifen, um eine Entdeckung, die vor 100 Jahren oder früher gemacht wurde, anzuwenden oder zu abzuändern, dann ändern wir damit die Vergangenheit in dem Punkt, der bei allen vergangenen Dingen der wesentlichste ist: ihrem Wert für unsere Zukunft. Sobald wir unseren Begriff von den relativ belanglosen Dingen der Wahrnehmung abwenden und uns auf das historisch Wesentliche konzentrieren, die „Weltlinie" notwendiger Vorgänger und notwendiger Nachfolger im isochronen Bereich der „Gedankendinge", dann befinden wir uns in einem höheren, wahreren Universum, das sich von der Unterwelt der bloßen Wahrnehmung qualitativ unterscheidet, einem herrlichen Reich, in dem ich Platon oder Nikolaus von Kues weitaus vertrauter bin als einem meiner Geschwister.

Gottfried Wilhelm Leibniz hat vom Standpunkt solcher Beziehungen zwischen wirksamen „Gedankendingen", die er als „Monaden" bezeichnete, dieses Reich „die beste aller möglichen Welten" genannt, die „beste Welt", in der man leben wollte.

Was bleibt da von den kümmerlichen, blasphemischen Äußerungen des armen Professors Dawkins — drangen sie in „die beste aller möglichen Welten" vor? Gegenwärtig wird an Afrika, das unter den IWF-Konditionalitäten zugrunde geht, der schlimmste Völkermord in der Geschichte verübt

— ist das ein Ereignis, das in „die beste aller möglichen Welten" paßt? Wir könnten so fortfahren.

Einer meiner Freunde hat kürzlich drei äußerst wichtige Schriften des größten Dramatikers der Geschichte, Friedrich Schiller, ins Englische übersetzt,[120] worin Schiller das eng zusammenhängende Thema Tragödie und Geschichte, das an vielen Stellen seines Werkes vorkommt, glänzend behandelt. Wir wollen hier nur herausstellen, daß die Gefühle ein integraler Bestandteil unserer Verstandeskräfte sind, insbesondere der schöpferischen Vernunft. Ich weiß, daß der Anblick großen Leids — in Wirklichkeit oder in der klassischen Tragödie — in mir eine motivierende Kraft weckt, die mich antreibt, jenes Problem zu lösen, das meine Gefühle in derartig schmerzhafter Weise verletzt hat. So mag in „dieser besten aller möglichen Welten" Professor Dawkins' beschämende Ausgeburt öffentlicher Blasphemie durch Negation in anderen etwas Gutes bewirken, was wir andernfalls entbehren müßten.

Wenden wir uns nun zum Abschluß dem „Gefesselten Prometheus" von Aischylos zu.[121] Prometheus warnt, an Zeus' Götterboten gewandt, die unsterblichen olympischen „Blobs", daß es einen wahren Gott gebe, der im Namen der Menschheit den Statthaltern des Olymps Gerechtigkeit widerfahren lassen werde. Ich bin sicher, daß Aischylos' Prometheus ein wahrer Prophet ist: Wir werden das Ende der olympischen Tyrannei bald erleben — und zwar mit der Hilfe von Gottes eigenem Werkzeug, dem *imago viva Dei*, das in allen Menschen wirksam tätig ist. Dann wird, so vermute ich, auch Professor Dawkins bald den ontologischen Beweis für die Existenz Gottes begreifen.

Anmerkungen

1. Die zitierte Passage stammt aus einer Meldung der Nachrichtenagentur *EIR* vom 16. April 1992. Dawkins' Bezugnahme auf „Ordnung" und „Schönheit" scheint ein Seitenhieb auf Kurt Gödels (Professor an der Universität Princeton) „informellen Gottesbeweis" von 1961 zu sein; dieser Eindruck wird darüber hinaus durch die Tatsache gestützt, daß Dawkins seine radikalpositivistischen Argumente praktisch unverändert aus der Replik Rudolf Carnaps, eines Mitbegründers der „Linguistik", auf Kurt Gödel aus dem Jahr 1941 übernommen hat.

2. Siehe Hao Wang, *Reflections on Kurt Gödel*, Cambridge, 1987, S. 214-217. John Howard Sobel, „Gödel's Ontological Proof", *Festschrift für Richard Cartwright*, Hrsg. Thomson, 1987, S. 241-261. C. Anthony Anderson, „Some Emendations of Gödel's Ontological Proof", in *Faith and Philosophy*, Ann Arbor, Vol. 7, Nr. 3, Juli 1990. Jerzy Perzenofsky, „Ontological Arguments II: Cartesian and Leibnizian", *Handbook of Metaphysics and Ontology*, Hrsg. Barry Smith, München 1991.

3. D.h. Platon, *Parmenides, Timaios, Critias*, in Werke, u.a. Felix Meiner Verlag, Hamburg, 1989, dt. Übers. O. Apelt. Leibniz, *Monadologie, Theodizee*, Felix Meiner Verlag, Hamburg, 1956.

4. Georg Cantor, „Beiträge zur Begründung der transfiniten Mengenlehre", in *Gesammelte Abhandlungen*, Hrsg. Ernst Zermelo, Hildesheim, 1962, S. 282-356. Hier befaßt sich Cantor am unmittelbarsten mit der Eigenschaft der platonischen „Idee" (*Eidos*); siehe auch Lyndon LaRouche, „Über die Metapher", *Ibykus*, Nr. 3, 1992.

5. „Platonische Ideen" sollten nicht mit der gewöhnlichen positivistischen Auslegung dieses Begriffs verwechselt werden. Seit mehreren Jahren folgt der Verfasser jedoch dem Vorschlag, Platons *Eidos* im Englischen mit „species" oder in Anlehnung an Cantors *Ordnungstypen* mit „type" auszudrücken. Wie er jedoch in „Über die Metapher", a.a.O., ausführt, ist es besser, bei dem Ausdruck „platonische Ideen" zu bleiben.

6. Siehe Anmerkung 3.

7. Bernhard Riemann, „Zur Psychologie und Metaphysik", über Herbarts Göttinger Vorlesungen; Riemanns Bezug zu *Geistesmassen* in *Mathematische Werke*, 2. Ausgabe, 1892, nachgelassene Schriften, Hrsg. H. Weber in Zusammenarbeit mit R. Dedekind.

8. Lyndon LaRouche, „Über die Metapher", a.a.O., und Lyndon LaRouche, „Mozarts Revolution in der Musik 1782-1786".

9. Das hat indirekt bereits Platon bewiesen, etwa in seinem bereits erwähnten *Parmenides*. Die Beweise aus heutiger Zeit, z.B. der von Georg Cantor oder der berühmte „Gödelsche Beweis" sind Abwandlungen des ursprünglichen Beweises von Platon. Vergleiche auch Herbert Meschkowski und Winfried Nilson, Hrsg., *Georg Cantors Briefe*, Springer Verlag, Heidelberg 1991, passim. Der Göttinger Professor David Hilbert hat die eigentliche Bedeutung von Cantors *Beiträgen*, a.a.O., nie richtig verstanden. Dies

zeigt sich wahrscheinlich nirgendwo deutlicher als in Hilberts grundlegendem Fehler, als er sein berühmtes, eigentlich lösbares „Zehntes Problem" aufstellte.

10. Siehe Lyndon LaRouche, *Verteidigung des gesunden Menschenverstandes*, Dr. Böttiger Verlag, Wiesbaden, 1990, Kap. 2-4.

11. Ebenda, Kap. 3.

12. Ebenda, passim; siehe auch „Über die Metapher", a.a.O., passim.

13. Ebenda.

14. Ebenda.

15. Ebenda.

16. Siehe Dirk Struik, Hrsg., *A Source Book in Mathematics, 1200-1800,*, Princeton, N.J., Princeton University Press, 1986, S. 232ff.

17. Ebenda, S. 391-399.

18. Ebenda; siehe auch Christiaan Huygens, *Die Pendeluhr, oder geometrische Demonstration über die Pendelbewegung, bei Uhren angewendet*, dt. Übers. hrsg. von A. Heckscher und A. Oettingen, Leipzig, 1913; und *Abhandlungen über das Licht* (1690), Hrsg. Eugen Lommel, Engelmann, Leipzig, 1890.

19. Entgegen den späteren Verteidigungsversuchen für die aufklärerischen Kreise beruhte die damalige französische Führungsposition in Wissenschaft und Technik auf dem platonischen Erbe der *Academie de Séance* des Ministers Jean-Baptiste Colbert und später der von dem Leibnizianer Gaspard Monge geführten *Ecole Polytechnique* der Jahre 1794-1814. Die gegnerische Fraktion repräsentierte die aristotelische, „aufklärerische" Methode. Nach dem Sieg der Gruppe um Castlereagh auf dem Wiener Kongreß 1814-15 verdrängten die Kräfte der Heiligen Allianz im Königshaus der restaurativen Bourbonen Monge und sein Lehrprogramm aus der *Ecole Polytechnique* und unterstellten die französische Wissenschaft dem weit weniger kompetenten Marquis de La Place und dessen Schützling Augustin Cauchy.

20. Das ist eine Grundaussage der *Leibnizschen* Wissenschaft der physikalischen Ökonomie. Die weitere Existenz jeder Gesellschaft mit einer unveränderten Bevölkerung muß irgendwann die natürlichen Bedingungen erschöpfen, von denen der bestehende Produktivitätsstand pro Kopf und Quadratkilometer abhängt. Diese Erschöpfung muß durch einen mindestens gleich großen Zuwachs der Pro-Kopf-Produktivität ausgeglichen werden. Das heißt, ein minimaler Zuwachs eingesetzter Technologie ist erforderlich.

21. Die Brüder des Gemeinsamen Lebens wurden 1376 gegründet, und in anderer Form waren sie bis 1811 tätig. In den Schulen der Brüder des Gemeinsamen Lebens studierten u.a. Nikolaus von Kues und Erasmus von Rotterdam. Eine kurze Darstellung über die Arbeit der Brüder des gemeinsamen Lebens und deren Gründer Gerrit Groote findet man im Nachwort zur Reklam-Ausgabe des berühmten „Buchs von der Nachfolge Christi" von Thomas von Kempen (Universal-Bibliotek Nr. 7663). Zu den Humboldtschen Bildungsreformen siehe Helga Zepp-LaRouche, „Die

Modernität des Humboldtschen Bildungsideals", *Ibykus*, Priv. Akademie für Humanistische Studien, 1. Jahrg., Heft 2, 1981.

22. *A Manual on the Rudiments of Tuning and Registration*, (Handbuch über die Grundlagen von Stimmung und Register), Bd. I, Schiller Institute, Washington, D.C., 1992, Kap. II. Dt. Übers. in Vorbereitung.

23. Siehe Francis A. Yates, *The Occult Philosophy in the Elizabethan Age*, Routledge and Kegan Paul, London 1979.

24. Lyndon LaRouche, „Über die Metapher", a.a.O. Siehe auch Lyndon La-Rouche, *A Concrete Approach to U.S. Science Policy*, Kap. IV, „The Cathar Roots of Cartesianism", Schiller Institute, Washington, D.C., 1992.

25. Kardinal Nikolaus von Kues, „De docta ignorantia" (Über die belehrte Unwissenheit) in *Nikolaus von Kues, Werke*, dt. Übers. P. Wilpert, Felix Meiner Verlag, Hamburg, 1967; und „De circuli quadratura" (Von der Quadratur des Kreises), dt. Übers. Josepha Hofmann, Felix Meiner Verlag, Hamburg, siehe Anhang.

26. Lyndon LaRouche, „Mozarts Revolution in der Musik 1782-86".

27. Wolfgang Amadeus Mozart, *Sämtliche Streichquartette*, Breitkopf & Härtel, 1970. KV 387, 421, 428, 458, 464, 465. Aufnahmen: Amadeus-Quartett, Mozart, Sämtliche Streichquartette, Deutsche Grammophon; Budapest String Quartet, Mozarts Haydn-Quartette, Sony Classical.

28. Joseph Haydn, Streichquartette op. 20 und 33, Gesamtausgabe, Hrsg. Wilhelm Altmann, Dover Publications, New York 1985. Aufnahmen: Tatral Quartet, Hungaroton HCD.

29. J.S. Bach, *Musikalisches Opfer*, Hrsg. Carl Czerny, Edition Peters, Nr. 219. Aufnahmen: Leipziger Bachkollegium, Capriccio, CDC10032; Cologne Musica Antigua, Deutsche Grammophon, Archiv.

30. Siehe Lyndon LaRouche, *A Concrete Approach to U.S. Science Policy*, a.a.O., Kap. IV.

31. Siehe *A History of Muslim Philosophy*, Hrsg. M.N. Sharif, Harrassowitz, Wiesbaden, 1963-66.

32. Siehe David Wotton, *Paolo Sarpi: Between Renaissance and Enlightenment*, Cambridge University Press, Cambridge, 1985.

33. Siehe Francis A. Yates, *The Occult Philosophy*, a.a.O., siehe auch *The Rosicrucian Enlightenment*, Routledge and Kegan Paul, London, 1972.

34. Aristoteles, „Politik", „Nikomachische Ethik", in *Werke*, dt. Übers., Hrsg. E. Grumach, 1966.

35. Philon von Alexandria, „Über die Weltschöpfung," in *Die Werke*, dt. Übers., Walter de Gruyter & Co., Berlin, 1964. „Nach allen anderen Geschöpfen also ist, wie gesagt, der Mensch geschaffen worden, und zwar, wie es heißt, nach dem Bilde Gottes und nach seiner Ähnlichkeit." (1. Mos. 1, 26)

36. Über Descartes' *deus ex machina*, siehe Lyndon LaRouche, *A Concrete Approach to U.S. Science Policy*, a.a.O., Kap. IV.

37. Siehe Immanuel Kant, *Kritik der reinen Vernunft, Kritik der praktischen Vernunft* und besonders *Kritik der Urteilskraft*, Werke, Hrsg. Ernst Cassirer, Berlin, 1912.

38. Siehe Carol White, *The New Dark Ages Conspiracy*, New Benjamin Franklin House, New York, 1980, passim.

39. Vergleiche Norbert Wiener, *Cybernetics*, Wiley, New York, 1947-48.

40. Siehe auch Norbert Wiener, *The Human Use of Human Beings*.

41. Mit seinem sogenannten „H-Theorem" gelang es Ludwig Boltzmann, die bekannten thermodynamischen Eigenschaften von Gasen mit Hilfe eines mechanischen Modells zu „erklären". Er ging dabei von der Vorstellung aus, daß ein Gas aus kleinen kugelförmigen Teilchen bestehe, die, in schnelle Bewegung versetzt, ständig miteinander kollidieren. Danach sollte die Thermodynamik die statistischen Eigenschaften eines solchen Systems widerspiegeln. Boltzmanns Arbeiten begründeten die moderne statistische Mechanik.

42. Lyndon LaRouche, *Christentum und Wirtschaft*, Dr. Böttiger Verlags-GmbH, Wiesbaden, 1992, passim.

43. Siehe Lyndon LaRouche, „Projekt A", Kap. 2, in *Fusion*, 12. Jahrg., Heft 1 und 2, 1991, Dr. Böttiger Verlags-GmbH, Wiesbaden.

44. Siehe Lyndon LaRouche, *Verteidigung des gesunden Menschenverstandes*, a.a.O., Kap. 2-4.

45. G.W. Leibniz, „Societät und Wirtschaft", in *Sämtliche Schriften und Briefe*, Hrsg. Preußische Akademie der Wissenschaften, Berlin, 1931.

46. Siehe Philip Valenti, „Leibniz, Papin, and the Steam Engine: A Case Study of British Sabotage", in *Fusion*, Magazine of the Fusion Energy Foundation, Vol. 3, Nr. 3, Dezember 1979.

47. Leibniz verstand unter *Technologie* ein Phänomen, das sich wie folgt veranschaulichen läßt: Zwei Maschinen verrichten den gleichen Arbeitsvorgang bei der Herstellung eines besonderen Produkts, sie erhalten gleich viel Energie und werden abwechselnd vom gleichen Arbeiter bedient. Doch eine der Maschinen produziert eine größere Menge des gleichen Produkts in gleicher oder besserer Qualität. Dieser konstruktive Unterschied im inneren Aufbau der Maschine drückt das Phänomen *Technologie* aus.

48. Siehe Anmerkung 36. Sir Isaac Newton erklärt in *The Mathematical Principles of Natural Philosophy*, The New York Philosophical Society, New York, 1964: „Hypotheses non fingo" (Ich stelle keine Hypothesen auf), und begründet seine Einstellung mit dem Argument von *Induktion* vs. Hypothese.

49. Aus *EIR Special Report*, „The Genocidal Roots of Bush's ‚New World Order"", Washington, D.C., Mai 1992, S. 142.

50. Siehe Philip Callahan, „Insekten und die Schlacht der Strahlen", in *Fusion*, 7. Jahrg., Heft 1, Februar 1986. Siehe auch F.A. Popp, „Biologie des Lichts, Grundlagen der ultraschwachen Zellstrahlung", 1984.

51. Lyndon LaRouche, *Was Sie schon immer über Wirtschaft wissen wollten*, Dr. Böttiger Verlags-GmbH, Wiesbaden, 1985.

52. Siehe Friedrich Schiller, „Die Gesetzgebung des Lykurgus und Solon", in *Sämtliche Werke*, Bd. IV, Historische Schriften, Winkler, München, S. 758ff.

53. Isokrates, der die Platon feindlich gesonnene Rednerschule von Athen leitete, und sein Schützling Aristoteles waren Spione des Königs Philipp von Makedonien, dem Erzfeind Athens. Platons Athener Akademie stellte sich kurz nach Platons Tod hinter Philipps Sohn und politischen Gegner Alexander den Großen, um diesen vor seinem Todfeind Aristoteles zu schützen.

54. Siehe weiteres im folgenden Text. Der delphische Apollo-Kult war der größte Wucherer an der Mittelmeerküste und als Anhänger Roms unter den Latinern auch der wichtigste Rückhalt bei dem schrittweisen Aufstieg Roms zur Imperialmacht.

55. Siehe Anmerkung 32.

56. Es spricht zwar nichts Grundlegendes gegen die Annahme, daß Aristoteles diese beiden Werke geschrieben hat, doch gibt es Anlaß zu der Vermutung, daß vieles von ihrem Inhalt aus den Arbeiten anderer entlehnt ist, vor allem von den Peripatetikern. Das moralische Urteil über das Denken des Aristoteles bleibt davon unbenommen.

57. William Golding, *Lord of the Flies* (Herr der Fliegen), Coward-McCann, New York, 1962. Auch zwei Verfilmungen des Romans sind erschienen: 1963 unter der Regie von Peter Brook und 1990 unter der Regie von Harry Hook.

58. Hier ist die christliche und nicht John Lockes Definition von Naturrecht gemeint. Siehe Lyndon LaRouche, *Christentum und Wirtschaft*, a.a.O., Kap. 8.

59. Ludwig van Beethoven, *Fidelio*, 3. Szene, 2. Akt, als die Trompete als Zeichen der Befreiung erschallt.

60. Adam Smith, *Die Theorie der moralischen Empfindungen*, 1759, zitiert nach LaRouche, *Christentum und Wirtschaft*, a.a.O., S. 100.

61. Vermutlich entspricht dieses „Paradies auf Erden" den Vorstellungen des US-Außenamtsideologen Francis Fukuyama. Siehe Fukuyama, *The End of History and the Last Man*, Free Press, New York, 1992.

62. Siehe Anmerkung 32 und auch H. Graham Lowry, *How The Nation Was Won: America's Untold Story, 1630-1754*, Executive Intelligence Review, Washington, D.C., 1987, S. 74ff. und 158-201.

63. Adam Smith, der berühmte Ökonom der „freien Marktwirtschaft", war fast während seiner gesamten Laufbahn ein bezahlter Gefolgsmann der britischen East India Company. William Petty, der Earl of Shelburne (1737-1805), der auch in dem eigentlich bestimmenden „Geheimausschuß" der East India Company saß, hatte, wie er selbst in seiner Familienbiographie mitteilt, Smith auf einer berühmt gewordenen Kutschenfahrt nach London 1763 den Auftrag gegeben, den Plan einer umfassenden Studie über Aufstieg und Fall des Römischen Reichs zu erstellen. Das Ergebnis von Shelburnes und Smiths Unterhaltung war Edward Gibbons *The Decline and Fall of the Roman Empire*.

Auch Smiths berühmtestes Werk, *Vom Wohlstand der Nationen*, war eine Auftragsarbeit für die East India Company. Es waren Smiths Vorstellungen darüber, wie das britische Imperium nach dem Verlust der Kronkolonie in Nordamerika neu strukturiert werden könnte. Henry Carey, der Ökonom des amerikanischen Systems, übte in seinem Buch *The Slave Trade: Domestic and Foreign*, 1853, heftige Kritik an Smiths Werk, worin dieser den Ausbau des Opiumhandels mit Indien als Einnahmequelle harter Währung begrüßte. Siehe auch Lyndon H. LaRouche und David P. Goldman, *The Ugly Truth About Milton Friedman*, New Benjamin Franklin House, New York, 1980, S. 97-124, sowie Carol White, *New Dark Ages*, a.a.O., S. 312-321. Weitere Einzelheiten über Smiths Beziehung zum Earl of Shelburne finden sich bei Edmond George Petty-Fitzmaurice, *The Life of William Petty, Earl of Shelburne, Afterwards First Marquis of Lansdowne*, McMillan & Co., London, 1912.

64. Jeremy Bentham diente der britischen East India Company von 1776 bis zu seinem Tod 1830 als Hausphilosoph und Geheimdienstspezialist. Er war einer der Hauptwortführer der in der Aufklärung propagierten „Lust-Unlust-Rechnung", wonach der Mensch lediglich ein höheres Tier sei, das von seinem Trieb nach Lustbefriedigung und Schmerzvermeidung bestimmt sei. Als erklärter Feind der Amerikanischen Revolution leitete Bentham auf dem Anwesen des Earl of Shelburne einen „Arbeitskreis radikaler Autoren", in dem viele der Reden und Pamphlete für die Jakobiner in Frankreich entstanden. Später trat er in enge Zusammenarbeit mit dem amerikanischen Hochverräter Aaron Burr und beteiligte sich an dessen Plan, in Amerika eine neue britische Kolonie zu errichten, woraus später das Louisiana Territory wurde. Als Burr aus Nordamerika fliehen mußte, siedelte er sich in Benthams Anwesen in England an. Zu Benthams vielsagendsten ökonomischen Schriften gehört sein Aufsatz „In Defense of Usury" (Zur Verteidigung des Wuchers).

65. Aristoteles, *Organon*, in Werke, a.a.O.

66. LaRouche, *Über die Metapher.*

67. Siehe LaRouche, „Mozarts Revolution in der Musik 1782-1786", Anmerkung 41.

68. Bezüglich des „Erbprinzips", siehe LaRouche, *Über die Metapher.*

69. Siehe Anmerkung 35.

70. LaRouche, „Mozarts Revolution in der Musik 1782-86", siehe S. 158 ff.

71. Ebenda, S. 171 f.

72. Ebenda, S. 182 f.

73. Giammaria Ortes (1713-1790), einflußreicher venezianischer Ökonom, dessen Werke von verschiedenen Vertretern britischer Wirtschaftsschulen kopiert wurden, nachdem die Kontrolle Venedigs über England konsolidiert war. Sein Buch „Kalkulus der Freuden und Schmerzen des Lebens" (1757) bildete die Vorlage für Benthams hedonistische Gleichung (siehe auch Anmerkung 64). Die Wirtschaftsmodelle, die auf seine Philosophie („Der Mensch als Tier") zurückgehen, finden sich in etwas abgewandelter Form bei allen Freihandelsideologen von Adam Smith über Milton Friedman bis Jeffrey Sachs. Seine *Reflessioni sulla populazione delle nazioni per rap-*

porto all'economia nazionale (Gedanken über die Bevölkerung der Nationen bezüglich der Nationalökonomie), Venedig, 1790, wurden von Pfarrer Thomas Malthus in „On Population" (Über die Bevölkerung) aufgegriffen und verbreitet. Ortes ist der einzige italienische Ökonom, den Karl Marx in *Kapital*, Bd. I, zitiert. Siehe auch P. Custodi, Hrsg., *Scrittori classici italiani di economia politica*, Mailand, 1802-1816.

74. Wir benutzen den Begriff „empiristisch" hier im generellen und nicht im engeren, sonst gebräuchlichen Sinn. Insbesondere fassen wir darunter auch die britische liberale Philosophie und den französisch-wienerischen Positivismus.

75. Friedrich Schillers „Ode an die Freude" („Freude schöner Götterfunken, Tochter aus Elysium") wurde von Ludwig van Beethoven in der 9. Sinfonie vertont.

76. Wilhelm von Ockham (um 1285 bis etwa 1350), radikaler Gnostiker, der den Neuaristotelismus auf seiner niedrigsten Stufe repräsentiert. Vorläufer von Empiristen wie John Locke und David Hume sowie später von Ernst Mach und Sigmund Freud.

77. Man kann sagen, daß Georg Cantor seinen Begriff des *Transfiniten* Platons *Werden* gleichstellt und die Vorstellung eines *absolut Unendlichen* jenseits vom Transfiniten und Werden im Bereich von Platons *Gutem* ansiedelt.

78. Durch diese Formulierung von Gottfried Wilhelm Leibniz ließ sich der Autor des Candide, der Gnostiker Voltaire, zu einem Wutanfall hinreißen.

79. Leopold Kronecker (1823-1891), Professor der Mathematik an der Universität Berlin, studierte zwar bei dem berühmten Lejeune Dirichlet, war aber ein fanatischer Zahlenformalist, der mit den rücksichtslosesten Mitteln gegen die Mathematiker Carl Weierstraß und Georg Cantor vorging. Siehe auch Uwe Parpart, „The Concept of the Transfinite", in *The Campaigner*, Vol. IX, Nr. 1-2, Jan.-Feb. 1976, S. 54ff.

80. Bertrand Russell (1872-1970), Enkel des britischen Premiers und Widersachers von US-Präsident Abraham Lincoln Lord John Russell. Bertrand Russell gilt unter Eingeweihten nicht nur als überzeugter Rassist und Völkermörder an Menschen dunklerer Hautfarbe, sondern als bösartigste politische Gestalt des 20. Jahrhunderts überhaupt. Als Mathematiker war er ein Radikalempirist und Autor einer dilettantischen Schrift (*Lectures on Geometry*), in der er Carl Gauß, Wilhelm Weber und Bernhard Riemann attackierte.

81. Der schlimmste Auswuchs hiervon ist wahrscheinlich die radikalpositivistische „Mengenlehre", die in den siebziger Jahren in alle Lehrpläne Einzug hielt.

82. Satan entspricht Luzifer, Apollo, Python, Dionysos, Osiris, Baal, Shiva u.a. Und Satans Mutter ist Shakti, Ischtar, Isis, Gaia, Kybele u.a.

Zu den am besten organisierten satanischen Gruppierungen, die derzeit in den Vereinigten Staaten aktiv sind, gehört der Lucis Trust. Dieser angeblich angesehene, bei der UNO akkreditierte Satanskult — er verehrt Luzifer — hat seine Operationsbasis in New York bei den Vereinten Nationen, wo er den „Temple of Understanding" betreibt, und in der Bistumskathedrale von St. John the Divine. Gegründet wurde der Kult 1922 in London als „Lucifer Trust", doch der New Yorker Ableger wandelte den Namen in Lucis Trust ab, um weniger aufzufallen. Siehe auch Carol White, *Satanism: Crime Wave of the 90's*, Hrsg. Executive Intelligence Review, Washington, D.C., 1990.

83. Siehe LaRouche, *Über die Metapher*, S. 16ff.

84. Das humorlose Beharren auf rein nominalistischen Wörterbuchdefinitionen geht oft mit schizophrenen Tendenzen im Sprachverhalten einher. Wird es zur berufsmäßigen Angewohnheit, kann man es nur als destruktive, krankhafte Geistesstörung werten.

85. Siehe LaRouche, *Christentum und Wirtschaft*, a.a.O., S. 34-46.

86. Kardinal Nikolaus von Kues, „De docta ignorantia", a.a.O., passim.

87. Georg Cantor, *Beiträge*, a.a.O., passim.

88. Friedrich Schiller, „Über die Ästhetische Erziehung des Menschen" und „Was ist und zu welchem Ende studiert man Universalgeschichte?", in *Sämtliche Werke*, Bd. IV, Winkler-Verlag, München, und Wilhelm von Humboldt, „Über Schiller und den Gang seiner Geistesentwicklung", in *Werke*, J.G. Cotta'sche Buchhandlung, Stuttgart, 1961. Siehe auch Anmerkung 21.

89. Leider ist der Begriff „Neuplatoniker" durch eine Fülle gnostischer Kulte byzantinischen Ursprungs, die praktisch auf der Seite von Aristoteles stehen, belastet. Diese Kulte haben mit Platon oder dem christlichen Platonismus nichts zu tun.

90. Friedrich Schiller, „Die Gesetzgebung des Lykurgus und Solon", a.a.O.

91. Der von Kelvin und Clausius in den fünfziger Jahren des letzten Jahrhunderts aufgestellte sogenannte „Zweite Hauptsatz der Thermodynamik" oder „Entropiegesetz" ist im wesentlichen die aufgewärmte Newtonsche Idee vom Universum, dessen Uhr irgendwann abläuft. Daß es Entropie gibt, steht außer Frage; hier geht es um das „universale Entropiegesetz", das zum gnostischen Dogma erhoben wurde.

92. Siehe Anmerkung 48.

93. Siehe Alfred North Whitehead und Bertrand Russell, *Principia mathematica*, 2. Aufl. von 1968-1973, Cambridge University Press, New York, 1927.

94. Georg Cantor, *Beiträge*, a.a.O.

95. Siehe LaRouche, *Christentum und Wirtschaft, Über die Metapher* und *Mozarts Revolution*, a.a.O.

96. Kardinal Nikolaus von Kues, „De circuli quadratura", a.a.O.

97. Kardinal Nikolaus von Kues, „De non aliud", (Vom Nichtanderen), dt. Übers. Paul Wilpert, im Auftrag der Heidelberger Akademie der Wissenschaften, Felix Meiner Verlag, 1952.

98. Die Pseudokugel entsteht durch Rotation der Traktrix (Schleppkurve) um die Abszisse eines dreidimensionalen Koordinatensystems. Somit unterscheidet sich die Oberfläche einer Pseudokugel von der der entsprechenden Kugel durch eine unendlich kleine, aber nicht eliminierbare Abweichung.

99. Siehe LaRouche, *Christentum und Wirtschaft*, a.a.O., S. 175-180.

100. „Humanistisch" wird hier in der ursprünglichen Renaissancebedeutung im Sinne von „klassischem Humanismus" verwendet, nicht im Sinne des heutigen atheistischen „weltlichen Humanismus".

101. Siehe LaRouche, *Christentum und Wirtschaft*, a.a.O., Anmerkung 8, S. 279f.

102. Christopher Marlowe, „Doctor Faustus", in *The Works of Christopher Marlowe*, Hrsg. C.F. Tucker Brooke, Oxford University Press, London, 1910.

103. Siehe H. Graham Lowry, *How the Nation Was Won*, a.a.O.

104. Siehe Anmerkung 32. Paolo Sarpi war auch ein führender Theoretiker der „neuen Häuser" (*i nuovi* oder *i giovani*) des venezianischen Adels, die 1582 an die Macht kamen.

105. Siehe Barbara Tuchman, *A Distant Mirror: The Calamitous Fourteenth Century*, Knopf, New York, 1978. Siehe auch Carol White, *New Dark Ages*, a.a.O., passim.

106. *De docta ignorantia* (Über die belehrte Unwissenheit) wurde am 12. Februar 1440 fertiggestellt. Eine scharfe Attacke auf diese Schrift durch den Aristoteliker John Wenck entstand zwischen 26. März 1442 und Sommer 1443 unter dem Titel *De ignota litteratura* (Über das unbekannte Lernen). Cusas Antwort darauf (*Eine Verteidigung der belehrten Unwissenheit*) erschien am 9. Oktober 1449.
Eine Darstellung der Rolle des Cusaners bei der Erneuerung der christlichen Kirche in dieser Zeit findet sich bei Helga Zepp-LaRouche, „Nikolaus von Kues und das Konzil von Florenz", in *Neue Solidarität*, Jahrg. 16, Nr. 20, 18. Mai 1989, S. 9, und bei Nora Hamerman, „The Council of Florence: The Religious Event that Shaped the Era of Discovery", in *Fidelio*, Vol. 1, Nr. 2, Frühjahr 1992, S. 23-36.

107. Die wichtigsten nach *De docta ignorantia* erschienenen Schriften des Kardinals Nikolaus von Kues über wissenschaftliche Fragen sind: *De coniecturis, De beryllo, De ludo globi, De circuli quadratura, De mathematicis complementis, De geometricis transmutationibus, Quadratura circuli, Aurea propositio in mathematicis.*

108. Die Osmanen belohnten den Verrat an Griechenland 1453 damit, daß sie Scholarius zum Patriarchen aller Nichtmoslems von Byzanz unter der Osmanendynastie ernannten. Venedig seinerseits teilte sich die Beute von 1453 mit seinen osmanischen Partnern.

109. Siehe H.R. Trevor-Roper, „The General Crisis of the 17. Century", in Trevor Aston, Hrsg., *Crisis in Europa: 1560-1660*, , Doubleday, Garden City, 1967.

110. Der Venezianer Francesco Giorgi (Szorzi) gründete während der Zeit, als 1518 Heinrich der VIII. seine Ehe mit Katharina von Aragon auflöste, einen gnostischen Kult in England. In *Harmonice mundi* schrieb Giorgi um 1540 auf *De docta ignorantia* zielend: „Jene, die sich vom direkten Erkennen des Universums abwenden, wenden sich der belehrten Unwissenheit zu" (zitiert nach Yates, *Occult Philosophy*, a.a.O.). Giorgis gnostischer Kult, dem auch Robert Fludd und John Dee angehört haben sollen, war von An-

167

fang an Nikolaus von Kues' ärgster Feind. Aus ihm gingen die Rosenkreuzer hervor und hatte durch Francis Bacon auch Einfluß auf Isaac Newton und die Royal Society.

111. Das ist William Gilbert (1544-1603). Gilbert beschäftigte sich vor allem mit dem Elektromagnetismus und Gravitationsfeldern. Siehe William Gilbert, *De magnete*, Gotz, Sedini, 1633.

112. LaRouche, *Christentum und Wirtschaft*, a.a.O., Anmerkung 18, S. 289.

113. LaRouche, „The Cathar Root of Cartesianism", in *U.S. Science policy*, a.a.O., Kapitel IV. Siehe auch LaRouche, *Christentum und Wirtschaft*, a.a.O., Anmerkung 37, S. 293.

114. Siehe Edward Gibbon, *The History of the Decline and Fall of the Roman Empire*, Methuen, London. Siehe auch Boris Primow, *Les Bougres: Histoire du Pape bogomile et du ses Adepts*, Editions Payot, Paris, 1975.

115. Der indogermanische Name für die phrygische Satansgestalt bedeutet „Tag-Nacht", was auf ein Yin-Yang-Konzept schließen läßt.

116. Philon von Alexandria, „Über die Weltschöpfung", a.a.O.

117. Sobald ein Katharer (Bogomile) in den Rang eines Auserwählten aufgestiegen war, durfte er mit seinem Samen keine Frau mehr schwängern. Sonstigen Ausschweifungen durfte er sich jedoch hingeben.

118. Eines der Erkennungszeichen der antichristlichen, gnostischen „Bibel" ist die Stelle in der Schöpfungsgeschichte 1,28, wo „Herr über" durch „Hüter" ersetzt ist. Delphi war ursprünglich die Kultstätte des Gaia-Python-Kults und erst später des Apollo-Kults.

119. Immanuel Kant, *Kritik der Urteilskraft*, a.a.O., passim.

120. Friedrich Schiller, „Über den Gebrauch des Chors in der Tragödie", in *Werke in drei Bänden*, Carl Hanser Verlag, München, 1981, S. 471-477, „Über den Grund des Vergnügens an tragischen Gegenständen", in *Sämtliche Werke in sechs Bänden*, Phaidon-Verlag, Stuttgart, 1984, Bd. V, S. 127-140, sowie „Über die tragische Kunst", ebenda, S. 141-162.

121. Aischylos, „Der gefesselte Prometheus", gr. und dt. von G.F. Schömann, C.A. Koch, Greifswald, 1844.

Mozarts Revolution
in der Musik 1782-86

I.

Der Begriff „klassisch" bezeichnet strenggenommen alle künstlerischen Kompositionsformen, die mit Platons ästhetischen Prinzipien in Einklang stehen.[1] Die Entwicklung der modernen klassischen Polyphonie seit ihren Anfängen in der Florentiner Renaissance im 15. Jahrhundert bis zu Brahms' „Vier ernsten Gesängen" aus dem Jahre 1896 beschreibt eine Phase musikalischen Fortschritts, der einem bestimmten *Cantorschen Typus*[2] entspricht.

In der nun folgenden Besprechung eines Musiklehrbuchs[3] werde ich meine Untersuchungen auf eine noch kürzere Zeitspanne beschränken; es ist die Zeit, die bis heute den Höhepunkt der gesamten musikalischen Entwicklung darstellt: In jenem Zeitraum von hundert Jahren fand eine bedeutsame Entwicklung in der klassischen Polyphonie statt. Ihren Anfang nahm sie mit Haydns revolutionären sechs „Russischen" Streichquartetten op. 33 aus dem Jahre 1781. Mein besonderes Augenmerk richtet sich dabei auf einen entscheidenden Aspekt dieser „dreifachen", von Haydn und Mozart in den Jahren 1781-86 ausgelösten musikalischen Revolution, womit der Fortschritt der folgenden hundert Jahre eingeleitet wurde.

Die musikalische Revolution von 1781-86 vereinigte drei verschiedene Revolutionen zu einer einzigen. Jede dieser drei Revolutionen muß dabei als eine eigenständige „Revolution", vergleichbar mit einer grundlegenden Entdeckung im Bereich der Naturwissenschaften, betrachtet werden.[4] Der Einfluß der drei Revolutionen auf Wolfgang Amadeus Mozart läßt sich wie folgt beschreiben: Die erste dieser Reihe ist Haydns Entdeckung des Kompositionsprinzips der

Motivführung. Er demonstriert dies in seinem op. 33, den Streichquartetten aus dem Jahre 1781.[5] Die zweite musikalische Revolution ist das 1747 komponierte *Musikalische Opfer* von Johann Sebastian Bach.[6] Die dritte besteht in Mozarts Leistung, diese beiden Entdeckungen von Haydn und Bach zu vereinigen. Mozart verarbeitet seine Entdeckung in einer Reihe von Kompositionen, die im Zeitraum 1782-86 entstanden. Dazu gehören an erster Stelle seine sechs „Haydn-Quartette" (KV 387, 421, 428, 458, 464 und 465), seine C-moll-Messe (KV 427), seine Fantasie und Sonate für Klavier (KV 475/457) sowie seine berühmten Klavierkonzerte in d-moll (KV 466) und c-moll (KV 491).

Diese Haydn-Mozartsche Revolution aus den Jahren 1781 und 1782 zeichnet sich durch eine grundlegend neue konzeptionelle Herangehensweise an die klassische Komposition aus; es handelt sich um eine Methode, mit deren Hilfe ein vollständiges Musikwerk — etwa ein Thema mit Variationen und einer Fuge, eine Sonate, eine Sinfonie, ein Instrumentalkonzert oder ein Streichquartett — jenen einzigartigen Grad an Vollkommenheit und Einheit erreicht, die Platon in seinem Dialog *Parmenides* über das Problem des „Eins und des Vielen" behandelt.[7] Der folgende Beitrag greift einen entscheidenden Aspekt der dreifachen Revolution von 1781 bis 1786 heraus: Er zeigt auf, in welcher Weise diese Entdeckungen mit dem Prinzip der „platonischen Ideen" in Beziehung stehen. Wir bezeichnen diesen Aspekt mit dem Begriff „musikalisches Gedankending".

Diese Revolution von Haydn, Bach und Mozart ist das grundlegende, alles verbindende Thema des geplanten zweiten Bandes eines zweibändigen Musiklehrbuchs *A Manual on the Rudiments of Tuning and Registration.*[8] Der erste Band erschien im Herbst 1992; eine deutsche Fassung unter dem Titel *Handbuch über die Grundlagen von Stimmung und Register* ist in Vorbereitung. Er behandelt im wesentlichen die Frage der Stimmung und der Register bei den nach *Belcanto*-Art ausgebildeten Singstimmen. Der zweite Band soll sich — ausgehend vom mehrstimmigen Belcanto-Gesang — mit dem klassischen Repertoire an Orchester- und Tasteninstrumenten befassen, das zwischen 1815 und 1849 vervollständigt wurde.[9] Ludwig van Beethovens Leistung, Solisten, Chor und Orchester zu integrieren, wie er es in der *Missa solemnis* und der *Neunten Sinfonie* demonstrierte, dient als Bezugspunkt für die im zweiten Band dargestellte Gesamtentwicklung des klassischen Aufführungsmediums von Händel und Bach bis Brahms.

Nachdem die *Motivführungs*-Revolution von 1781-86 durch Haydn, Mozart und später auch Beethoven durchgesetzt worden war, mußte das mehrstimmige Aufführungsmedium in Form und praktischer Anwendung mit den Anforderungen dieses neuen Kompositionsprinzips in Einklang gebracht werden. Die beste Übereinstimmung bot das von Haydn, Mozart, Beethoven und anderen entwickelte Streichquartett: zwei Violinen, Viola und Cello. Diese Kombination von Instrumenten ist schon ein musikalisches Medium für sich, bildet darüber hinaus aber auch den Kern der klassischen Orchesterinstrumente im allgemeinen.

Um dem Laien diesen Zusammenhang zu verdeutlichen: Jede Gattung der Belcanto-Singstimmen (Sopran, Mezzosopran, Alt, Tenor, Bariton, Baß) unterscheidet sich von den anderen durch den ihr eigenen, einmaligen, spektroskopisch meßbaren Frequenzbereich, in dem die Registerwechsel stattfinden (Abb. 1). Jede Saite der verschiedenen Streichinstrumentgattungen steht praktisch für je ein Register einer Singstimmengattung (Abb. 2). Wenn ein Komponist der Ersten Violine den Part der Sopranstimme zuteilt, der Zweiten Violine den Mezzosopranpart, der Viola die Tenorstimme und dem Cello die Baßstimme, dann muß der vortragende Künstler bei dem entsprechenden Ton des Registerwechsels lediglich in ein anderes Register (auf eine andere Saite) überwechseln.

Wenn der vortragende Künstler jedoch — um dieses Bild auf der nächsthöheren Stufe weiterzuentwickeln — die Registerwechsel auf seinem Instrument in entsprechender Weise verändert, dann kann er die Registerspektroskopie jeder Singstimmengattung imitieren, wobei dies häufig in einer anderen Stimmlage als bei der Singstimme geschieht

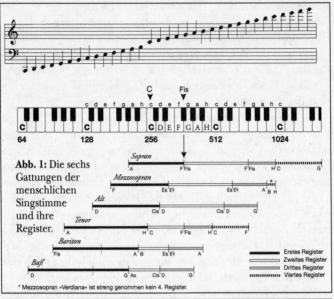

Abb. 1: Die sechs Gattungen der menschlichen Singstimme und ihre Register.

* Mezzosopran »Verdiana« ist streng genommen kein 4. Register.

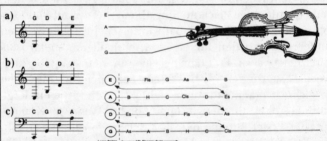

Abb. 2a-c: Imitation der Singstimme. Die Instrumente der Geigenfamilie wurden entwickelt, um die Prinzipien des Belcanto zu imitieren und zu erweitern. Jedes Mitglied der Familie hat vier Saiten, die im Quintabstand gestimmt sind. a) Man betrachte jede leere (ohne Fingeraufsatz gespielte) Saite der Violine als den tiefsten Ton eines „Stimmregisters". Die folgenden, durch Fingeraufsatz erzeugten, höheren Töne auf dieser Saite bleiben in demselben „Register", bis der Spieler auf die nächsthöhere Saite wechselt. So simuliert der Wechsel vom cis auf der G-Saite zur leeren D-Saite den Registerwechsel der Altstimme vom ersten zum zweiten Register. b) Dasselbe Prinzip gilt auch für die Viola. Weil der Tonumfang der Viola verschiedene Notenschlüsselbereiche umfaßt, sind ihre leeren Saiten im Violinschlüssel, Tenorschlüssel (eine Oktave tiefer, als der Violinschlüssel klingt), im Bratschenschlüssel und Baßschlüssel notiert. c) Die leeren Saiten des Violoncellos.

Abb. 3: Saiten- und Registerwechsel. Die Violine spielt die vom Sopran gesungene Tonleiter, aber eine Oktave tiefer. Nun kann sie den Registerwechsel im Sopran vom zweiten ins dritte Register (II-III) durch den Wechsel von der G- auf die D-Saite imitieren, und anschließend den Wechsel vom dritten ins vierte Register (III-IV) durch das Überwechseln auf die A-Saite.

(Abb. 3). Im Gegensatz zu dieser Fähigkeit der Streichinstrumente sind die Register der Blasinstrumente im wesentlichen festgelegt, wobei jedes Register mit einer ganz bestimmten Singstimmengattung übereinstimmt. Deshalb verlangt der Gebrauch des von Händel, Bach, Haydn, Mozart und anderen zur Vollendung gebrachten polyphonen Prinzips unbedingt eine größere Betonung der hochentwickelten Form des Streichensembles — im Mittelpunkt das Streichquartett — als tragender Pfeiler des klassischen Orchesters. Das Prinzip der Haydnschen *Motivführung*, so wie es Mozart verstanden hat, bringt uns zum Kern dieser Herausforderung, nämlich ein angemessenes Verständnis der Orchesterkomposition zu entwickeln.

Zur Verdeutlichung betrachten wir eine Stelle aus Mozarts 1782 komponierter Messe in c-moll, KV 427. Hier imitiert die Erste Violine die Sopransingstimme, jedoch eine Oktave höher. Beim Studium der von Mozart und Beethoven zunächst für Blasinstrumente komponierten und später von ihnen für Streicher umgeschriebenen Stücke wird dieser Punkt in anderer Hinsicht deutlicher.[10] Das durch den Kontrabaß erweiterte Streichquartett erzeugt eine Orchestergruppe von Streichinstrumenten, die in größter Dichte den gesamten Bereich der polyphonen Singstimmen abdeckt und ihn sogar frei auf alle existierenden oder vorstellbaren spektroskopischen Singstimmengattungen erweitert. Die Beziehung zwischen diesen Streicherchören und den gleichsam „solistischen" Blasinstrumenten steht besonders seit 1781-82 im Mittelpunkt der Entwicklung eines Orchesters, das den Anforderungen und Möglichkeiten der revolutionären *Motivführung* genügte.

Die Ursprünge der Motivführung

Jeder, der mit dem klassischen polyphonen Repertoire aufgewachsen ist, sollte in der Lage sein, ohne Mühe die wesentlichen musikalischen Argumente dieses Artikels nachzuvollziehen. Selbst wenn man die wichtigen Umstände von Haydns revolutionären Quartetten op. 33 nicht kennen sollte, so wird die Bedeutung bestimmter Aspekte auch durch einfache Beobachtung völlig klar. So kann man eine gewisse überlegene Kohärenz beobachten, die in den späten Streichquartetten, Sonaten, Sinfonien und Konzerten von Joseph Haydn und Mozart immer deutlicher zutage tritt, wenn man sie mit entsprechenden Werken von Scarlatti, Händel, Bach und dessen berühmten Söhnen vergleicht. Ebenso beginnt bei Haydn mit op. 33 eine auffällige, revolutionäre Veränderung hin zu immer größerer Kohärenz. Eine Untersuchung von Haydns Werken im Zeitraum 1763-82 wie auch eine vergleichende Studie der Werke Mozarts aus den Jahren 1773-86 bringt diese Tatsache auf den Punkt.

Ein Mitarbeiter, der am zweiten Band des musikalischen Lehrbuchs über die Grundlagen von Stimmung und Register arbeitet, machte den Vorschlag, folgende Untersuchungen in das Buch aufzunehmen. Zusätzlich zum naheliegenden Vergleich von Haydns op. 33 mit seinen 1771 entstandenen „Sonnenquartetten" op. 20, sollte seine in den Jahren 1771-73 entstandene Sinfonie Nr. 52 mit der eher „Bachschen" Sinfonie Nr. 78 aus dem Jahre 1782 verglichen werden. Oder man nehme den vierten Satz seiner Sinfonie Nr.13 aus dem Jahre 1765 und vergleiche ihn zum einen mit seinen Sinfonien Nr. 52 und 78, zum anderen mit dem Finale von Mozarts „Jupiter"-Sinfonie Nr. 41 von 1787.

Derartige Vergleiche zeigen in den vor 1781 entstandenen Kompositionen ein stetiges und sich steigerndes Bemühen, ein hartnäckiges Paradox zu lösen. Wie bei einer gültigen, großen naturwissenschaftlichen Entdeckung kommt dann plötzlich, mit den Streichquartetten op. 33, die Entdeckung, die Lösung des Problems, zum Vorschein. Diese Entdeckung Haydns ließ Mozart die besondere Bedeutung einer früheren Entdeckung, des *Musikalischen Opfers* von Bach, erkennen; wozu das führte, haben wir oben bereits umrissen. Dieser Entwicklungsprozeß hat eine fast unheimliche Ähnlichkeit mit der wichtigsten Entdeckung der Goldenen Renaissance, der Grundlage der modernen Naturwissenschaften: Nikolaus von Kues' Entdeckung seiner eigenen „isoperimetrischen" Lösung[11] für Archimedes' zutiefst paradoxen Versuch, ein Quadrat zu finden, dessen Fläche einer gegebenen Kreisfläche entspricht.[12] Zwischen Nikolaus' Entdeckung und der Motivführungs-Revolution besteht eine Verbindung, so daß einen das Verständnis der Grundzüge der ersten Entdeckung in die Lage versetzt, die Grundzüge der letzteren zu erkennen.

Klassische Musik ist eine Sprachform, die sich von der polyphonen Vokalisation klassischer Poesie (z.B. dem Sanskrit) ableitet. Die formalen Voraussetzungen für ein philologisches Studium der musikalischen Sprache sind gegeben, wenn die Vokalaussprache dem physiologisch natürlichen Weg der Florentiner Belcanto-Stimmausbildung folgt, bis hin zur wohltemperierten Polyphonie, welche die Kindersopranstimme mit c'=256 Schwingungen pro Sekunde zum Maßstab nimmt. Dann sind wir mit der entscheidenden Frage konfrontiert: „Wenn Musik eine Sprache ist, auf welche Kategorie von Dingen bezieht sich diese Sprache? Was ist das eigentliche Thema dieser Sprache, die man ‚Musik' nennt?"

Gegenstand der klassischen Polyphonie sind nicht die sinnlichen (z.B. „erotischen") Aspekte des Mediums Musiksprache, das heißt die „Obertöne", sondern vielmehr eine ganz andere Kategorie von Dingen, die sich von dem musikalischen Medium als solchem unterscheiden. Wer das Gegenteil sagt, könnte ebensogut behaupten, Gegenstand der Vorlesung eines Mathematikprofessors sei die Erzeugung angenehmer Empfindungen im Hörapparat der Studenten, oder ein verhungernder Mensch esse in erster Linie, um seine Geschmacksnerven zu beglücken.

Man kann zusammenfassend sagen: Der Gegenstand der Musik wie aller klassischen Künste besteht notwendig darin, *natürliche* mit *künstlerischer* Schönheit vereinigt mitzuteilen.

Das wirft die Frage auf: Welchem Ding entsprechen diese Ideen der Schönheit? Die korrekte Antwort auf diese Frage lautet: Sie entsprechen Platons *Ideen*[14] oder Leibniz' *Monaden*[15] oder Bernhard Riemanns *Geistesmassen*[16] oder dem von mir gewählten Begriff *Gedankendinge*[17]. Das eigentliche Thema klassischer polyphoner Kompositionen sind *musikalische Gedankendinge*.

Die wesentlichen, psychologisch tiefgründigeren Aspekte dieser *Motivführungs*-Revolution müssen unverständlich bleiben, wenn wir nicht direkt darstellen, was wir unter der *Monade* oder dem *Gedankending* verstehen. Weil Musik eine Sprache ist und von der mehrstimmigen poetischen Vokalisation (nach physiologisch bedingten, natürlichen Belcanto-Prinzipien) abstammt, ist sie auch Kommunikationsmedium; als solches muß sie ein Thema wählen, worüber sie sich äußern möchte. Es gehört zum Wesen der wohltemperierten polyphonen Entwicklung, daß das Thema einer klassischen Komposition *keine symbolische Behandlung eines sinnlichen Objekts* sein kann. Es kann nur ein andersartiges Objekt sein, ein Gegenstand des Verstandes, nicht der Sinne; es muß ein *Gedankending* sein.

Zum besseren Verständnis ist es notwendig, daß wir kurz das eigentliche Gebiet der Musik verlassen, um in gedrängter Form einige wichtige Punkte abzuhandeln, die in dem erwähnten Aufsatz über die „Metapher" ausführlich dargestellt wurden.[18]

II.
WAS IST EIN „GEDANKENDING"?

Die Menschen besitzen als einzige sterbliche Gattung von Lebewesen die Fähigkeit, ihre *potentielle Bevölkerungsdichte* (pro Kopf und pro Quadratkilometer einer durchschnittlichen Gebietsfläche) willentlich immer weiter zu erhöhen. Die Anthropologen bestaunen gerade die untergegangenen Kulturen, Gesellschaftsformen, die sich an einem bestimmten Punkt unfähig erwiesen, Lebenseinstellungen zu fördern, welche für die notwendige negentropische Rate wissenschaftlich-technischen Fortschritts sorgen. Trotz der Tatsache, daß so viele Kulturen an dieser Herausforderung gescheitert sind, entwickelten sich andere Kulturen, die diese Herausforderung bestanden, weiter und blieben bis auf den heutigen Tag bestimmend. Das heißt, die menschliche Gattung insgesamt erreichte unter dem Strich trotz des Scheiterns vieler Kulturen ein gewisses Maß an wissenschaftlich-technischem Fortschritt, ohne den die Zivilisation nirgendwo auf diesem Planeten hätte überleben können.

Die Fähigkeit, dank derer die Menschheit wissenschaftlich-technischen Fortschritt erzeugt, weitergibt und in sich aufnimmt, ist das in jedem Menschen angelegte Potential schöpferischer Vernunft. Dieser *göttliche Funke* allein begründet die gattungsmäßige Ähnlichkeit jedes einzelnen Menschen mit dem Schöpfer; dieser Funke entspricht der Eigenschaft des Menschen, die wir *imago viva Dei* nennen. Diese schöpferische Tätigkeit, dieser *Funke*, erzeugt Gedankendinge. Annähernd, zu ersten Studienzwecken, läßt sich dieses schöpferische Talent wie folgt beschreiben.

In erster Annäherung läßt sich jede beliebige Entwicklungsstufe auf irgendeinem Wissenschaftsgebiet als folgerichtige, erweiterungsfähige Menge von Lehrsätzen oder Theoremen beschreiben, wobei diese Theoremmenge sich formal, in ihrer Gesamtheit wie einzeln, jeweils von einer einzigen, gemeinsamen, vollständigen Menge voneinander abhängiger Axiome und Postulate ableiten läßt. Jeder „bahnbrechende" wissenschaftliche Fortschritt läßt sich formal als eine tiefgreifende Veränderung in der gesamten Axiom- und Postulatmenge beschreiben, welche der betreffenden Menge wechselseitig auseinander ableitbarer Theoreme zugrunde liegt.

Man versuche beispielsweise, das auf eine Anomalie hinweisende Ergebnis eines Experiments (oder eine damit vergleichbare Beobachtung) durch ein neues Theorem auszudrücken, das dieses Ergebnis vom Standpunkt irgendeines vorhandenen, allgemein anerkannten, in sich folgerichtigen Wissensgebäudes beschreibt. Man wiederhole etwa das berühmte entscheidende Experiment Ampères mit dem Elektromagneten und versuche, alle bedeutenden Ergebnisse dieses Experiments in einen Lehrsatz zu fassen, der formal nicht in Widerspruch zur Lehre von James Clerk Maxwell steht — es geht nicht![19] Einen solchen Lehrsatz kann man nur finden, wenn man die axiomatischen Annahmen, worauf die Lehren von Clausius wie von Kelvin, Helmholtz, Graßmann und Maxwell beruhen, radikal umstürzt.[20] In einem solchen Fall, wenn die richtige theoretische Erfassung eines entscheidenden Experiments eine tiefgreifende Umwälzung des Axiomengebäudes verlangt, steht eine wissenschaftliche Revolution bevor.

Man betrachte eine vereinfachte, symbolische Darstellung dieses Punktes, die sich auch für den Unterricht eignet.[21]

Gegeben sei das formale System eines wissenschaftlichen Lehrgebäudes: eine erweiterungsfähige Folge untereinander widerspruchsfreier Theoreme, die allesamt widerspruchsfrei mit einer zugrundeliegenden Menge voneinander abhängiger Axiome und Postulate übereinstimmen. Dies nenne man ein „Theoremgitter". Man beginne mit solch einem Theoremgitter A und führe dann ein entscheidendes, der Wirklichkeit entnommenes Experiment X_1 ein, dessen Ergebnis durch kein mit A übereinstimmendes Theorem erklärt werden kann.

Es existiert aber zumindest eine tiefgreifende Änderung der A zugrundeliegenden Axiom- und Postulatmenge, welche die Aufstellung eines damit formal übereinstimmenden Theorems für X_1 erlaubt; dabei mag es viele solche Änderungen geben, die diese einfache Bedingung erfüllen. Der neue Lehrsatz muß jedoch nicht nur das beobachtete Ergebnis von X_1 befriedigend erklären; er muß auch für alle anderen entscheidenden Experimente, die den Inhalt aller Theoreme von A betreffen, Gültigkeit haben. Das begrenzt die Zahl tiefgreifender Änderungen der Theoremmenge A. Falls diese Bedingung erfüllt wird, haben wir es mit einem neuen Theoremgitter B zu tun.

Auf ähnliche Weise definiere man eine Reihe zueinander in Widerspruch stehender Theoremgitter $A, B, C, D, E, \ldots$. Da sich jedes Theoremgitter von seinem Vorgänger durch eine tiefgreifende Veränderung in der ihm zugrundeliegenden Menge voneinander abhängiger Axiome und Postulate unterscheidet, stimmt kein Gitter mit irgendeinem anderen überein; auch stimmt kein Theorem eines Gitters mit irgendeinem Theorem eines anderen Gitters überein. Das ist eine höhere Beschreibung des Begriffs der „mathematischen Unstetigkeit"; in diesem Fall handelt es sich um eine formal unüberbrückbare Kluft, die jedes Glied der Folge von jedem anderen Glied der Folge trennt.

Da die Wirklichkeit keine bloße Formalität ist, hängt im wirklichen Universum die wissenschaftliche Gültigkeit der Folge $A, B, C, D, E, \ldots$ von der Beantwortung der Frage ab, ob die aufeinanderfolgenden Änderungen im produktiven (und damit zusammenhängenden) Verhalten der Gesellschaft — die Auswirkungen angewandter, neuer wissenschaftlicher Erkenntnisse — zu einer höheren Wachstumsrate der potentiellen Bevölkerungsdichte der Gesellschaft führen oder nicht. Fällt dieser Test positiv aus, dann stellt die gesamte Folge eine *übergeordnete Methode* dar (und wird durch sie dargestellt), aufeinanderfolgende, revolutionäre Verbesserungen im wissenschaftlich-technischen Fortschrittsprozeß hervorzubringen.

Die Fortschritte in der Produktivität (und der potentiellen Bevölkerungsdichte), die die europäische Kultur (gegen den Widerstand der Nullwachstümler) im Laufe der letzten

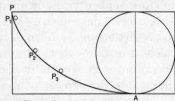

a) Tautochronie

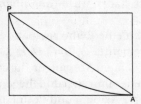

b) Brachistochronie

c) Mechanisches Experiment

Abb. 4a-c: Prinzip der kleinsten Wirkung. a) Die Zykloide ist eine tautochrone Kurve, d.h. eine Kugel kommt bei A immer nach der gleichen Zeit an, ganz gleich von wo (P, P_1, P_2 oder P_3) sie losrollt.
b) Zugleich ist die Zykloide eine Kurve der kürzesten Zeit oder brachistochron, d.h. es gibt keinen Weg, um rascher ans Ziel zu gelangen. Auch der gerade Weg dauert länger.
c) Mechanisches Versuchsmodell zum Nachweis der Tautochronie und Brachistochronie. Es steht im Museum für Wissenschaftsgeschichte, Florenz.

550 Jahre seit dem Florentiner Konzil 1439-40 erzielt hat, rühren von tiefgreifenden, axiomatischen Veränderungen im wissenschaftlich-schöpferischen Denken her. Diese Veränderungen lassen sich am effektivsten und verständlichsten mit Hilfe der nichtalgebraischen Funktionen in einer von Grund auf konstruktiven synthetischen Geometrie darstellen. Betrachtet man die Geschichte vom Standpunkt einer solchen nichtalgebraischen Geometrie, dann ergibt sich problemlos und methodisch zwingend die Bedeutung des *Gedankendings*, und zwar für die Physik wie für die Musik.

Es gibt nur ganz wenige bahnbrechende Entdeckungen in der modernen Geschichte.[22] So ragen in der griechischen Klassik (Süditalien eingeschlossen) zwei geometrische Entdeckungen heraus: der berühmte Satz des Pythagoras und Platons ausführliche Abhandlung der fünf regelmäßigen Körper, die man einer Kugel einbeschreiben kann (die „Platonischen Körper").[23] Die mit diesen Entdeckungen verbundene Methode ist die sokratische Dialektik, wie sie in Platons Dialog *Parmenides* dargestellt wird; sie deckt sich, wie Platon betonte, mit einer von Grund auf konstruktiven synthetischen Geometrie.[24] Die Entwicklung der modernen Naturwissenschaften, die sich auf das griechische Erbe von Pythagoras, Platon und Archimedes gründet, beginnt mit den Entdeckungen von Kardinal Nikolaus von Kues und dessen Kreis vor rund 550 Jahren. Dabei ist Nikolaus' Werk *De docta ignorantia* (Die belehrte Unwissenheit) von zentraler Bedeutung.[25]

Die wichtigsten Entdeckungen der modernen Naturwissenschaften erfolgten in einem Zeitraum von rund 250 Jahren, etwa von 1440 n.Chr. bis zum Beginn des 18. Jahrhunderts. Das 1696-97 von Leibniz und den Bernoullis gelöste Problem der Brachistochrone (Abb. 4 a-c) ist typisch für eine Fülle von Entdeckungen gegen Ende des ersten Vierteljahrtausends der modernen Wissenschaftsgeschichte.[26] Die wichtigsten Entdeckungen in diesem Zeitraum waren:

1. Nikolaus von Kues' Entdeckung des „isoperimetrischen Prinzips " oder „Maximum-Minimum-Prinzips" in den dreißiger Jahren des 15. Jahrhunderts, das die Grundlage für das später entdeckte Prinzip der nichtalgebraischen „kleinsten Wirkung" legte.[27] 2. Die weiterentwickelten Folgerungen aus den „Platonischen Körpern" durch Leonardo da Vinci und seinen Kreis.[28] 3. Die Erstellung eines ersten umfassenden Programms der mathematischen Physik durch Johannes Kepler, dem hauptsächlich die Entdeckungen von Nikolaus und Leonardo zugrunde lagen.[29] 4. Die Entwicklung einer Keplerschen, nichtalgebraischen Berechnung der physikalischen „kleinsten Wirkung" durch Pierre Fermat[30], Blaise Pascal[31], Christiaan Huygens[32], Gottfried Wilhelm Leibniz und den Brüdern Bernoulli[33] im 17. Jahrhundert. In dieser, dem wissenschaftlichen Fortschritt verpflichteten Umfeld der Renaissance vollzog sich der Aufstieg der klassischen Polyphonie, angefangen mit Leonardo da Vin-

ci[34] über Bach, Haydn, Mozart, Beethoven, Brahms und andere.

Auf den ersten Blick scheinen geometrische Entdeckungen nur mathematische Formeln zu sein, in dem Sinne, wie die Algebra sich tatsächlich in leerem Formalismus erschöpft. Wir hatten schon angedeutet, daß sich die Gültigkeit einer Abfolge formal revolutionärer Entdeckungen an der Meßlatte der potentiellen Bevölkerungsdichte zu erweisen hat. Faßt man Physik, Chemie und Biologie in eins, dann drücken sie, sofern sie die Macht des Menschen über die Natur (pro Kopf und Quadratkilometer) reflektieren, implizite und annähernd einen Anstieg der potentiellen Bevölkerungsdichte aus. Seit der Mitte des 15. Jahrhunderts gründete sich die wachsende empirische Autorität der nichtalgebraischen Mathematik auf das universale Prinzip der kleinsten physikalischen Wirkung: die kleinste Wirkung in der physikalischen Raum-Zeit; dieses Konzept geht auf Nikolaus von Kues' isoperimetrischen, „nichtalgebraischen" Kreis zurück, bei dem der kleinste (nämlich kreisförmige) Umfang die relativ größte Fläche einschließt. Im Laufe dieser rund 250 Jahre brachte man das Prinzip der kleinsten (physikalischen) Wirkung mit zwei voneinander abhängigen physikalischen Phänomenen in Beziehung: der elektromagnetischen Strahlung und der Hydrodynamik. Bis heute stützt sich die gesamte kompetente Experimentalphysik auf diejenige Gattung nichtalgebraischer formaler Funktionen, welche die physikalische Realität unter dem Gesichtspunkt hydrodynamischer und elektromagnetischer kleinster Wirkung auffaßt.

Vor dem Hintergrund dieses geometrisch-physikalischen Denkens läßt sich ein Gedankending noch am leichtesten definieren. Und von da erschließt sich dann ohne weiteres das Wesen des musikalischen Gedankendings. Doch zurück zur Theoremgitterfolge.

Gegeben sei die erwähnte Theoremgitterfolge $A, B, C, D, E, \ldots$. Zu bestimmen ist eine Funktion, welche die Erzeugung der aufeinanderfolgenden Glieder dieser Folge enthält. Da nicht einmal zwei Glieder dieser Folge übereinstimmen dürfen, ist es nicht möglich, aus den Gliedern, die jeweils besondere Theoremgitter bezeichnen, eine formale Funktion dieser Folge zu bilden. Die Erzeugung von *B* aus *A*, *C* aus *B* usw. liegt vielmehr, bereits der Definition nach, in dem Prozeß, der die *absolute* formale Unstetigkeit zwischen sämtlichen Gliedern der Folge erzeugt. Das Erzeugungsprinzip ist die *tiefgreifende Veränderung* des Axiomengebäudes, die Umwälzung der zugrundeliegenden Menge voneinander abhängiger Axiome und Postulate.

Jedem Bereich tiefgreifender Veränderung entspricht in der Darstellung eine Unstetigkeit zwischen den Gliedern der Folge. Diese tiefgreifenden Veränderungen entsprechen Gedankendingen, und diese müssen wir genauer definieren, bevor wir uns wieder den musikalischen Gedankendingen zuwenden.

In der vorliegenden, zur Veranschaulichung gedachten Theoremgitterfolge sind zwei verschiedene Arten von Gedankendingen enthalten. Auf der unteren Ebene treffen wir erstens auf ein Gedankending derjenigen Art, die *A* verändert, um *B* zu erzeugen. Zweitens gibt es ein höherwertiges Gedankending, das einer höheren Gattung angehört; sie hängt mit dem Begriff einer bestimmten Ordnungsmöglichkeit der vorliegenden Folge zusammen, wobei die Gedankendinge niederer Ordnung den Unstetigkeiten $\overline{AB}$, $\overline{BC}$, $\overline{CD}$, $\overline{DE}$, ... entsprechen.

So würde man eine erfolgreich voranschreitende Forschungstätigkeit an einer Reihe aufeinanderfolgender wissenschaftlicher Revolutionen erkennen, wobei jede durch ihre Auswirkungen die potentielle Bevölkerungsdichte der jeweiligen Gesellschaft weiter erhöhte. Also müßten die aufeinanderfolgenden Revolutionen $\overline{AB}$ und $\overline{BC}$ auch die nachfolgende Revolution $\overline{CD}$ hervorbringen, die wiederum die *potentielle* Bevölkerungsdichte schneller anwachsen ließe, als dies im Durchschnitt bei $\overline{AB}$ und $\overline{BC}$ der Fall war. Diese aufeinanderfolgenden Revolutionen werden möglich auf Grund einer Methode, die aus sich heraus neue wissenschaftliche Entdeckungen erzeugt. Man könnte ein solches revolutionäres Ordnungsprinzip auch als Methode *evolu-*

tionärer Negentropie zur Steigerung der potentiellen Bevölkerungsdichte bezeichnen.

Das Konzept der „evolutionären Negentropie" geht auf Nikolaus von Kues zurück.[35] In der fortschreitenden Evolution der Biosphäre entwickelten sich im Vergleich zu den vorhergehenden immer höhere Arten. Dadurch gingen die älteren, niederen Arten aber (im allgemeinen) nicht zugrunde. Vielmehr ergab sich erst durch die Verbreitung und Wechselbeziehung zwischen den meisten bis dahin existierenden Arten die Basis für das Aufkommen der höheren Arten. Ein ähnliches Beispiel bietet Mendelejews Periodensystem der Elemente und ihrer Isotope. Die Erzeugung von Helium und Lithium aus der Fusion von Wasserstoffisotopen führte nicht zum Verschwinden der unteren Elemente und Isotope in seinem System; vielmehr kennzeichnet diese Entwicklung den immer höheren Organisationszustand des in sich wechselseitig verknüpften „Systems" als Ganzem.

Wenn wir derartige revolutionär-evolutionäre Prozesse betrachten, verknüpfen wir damit die Vorstellung wachsender „freier Energie" des gesamten „Systems", das eine so geordnete Evolution durchläuft. Die Verknüpfung immer höherer Organisationszustände mit einem damit einhergehenden Anstieg der „freien Energie" — diese Definition geben wir dem von uns verwendeten Begriff „Negentropie".

Im Zusammenhang mit unserer anschaulichen Reihe formaler Theoremgitter erhalten wir so unsere zwei Arten von Gedankendingen. Die erste, niedere Gattung von Gedankendingen hängt mit dem Unstetigkeits*typus*[36] zusammen, der *A* von *B* usw. trennt. Die zweite Gattung ist mit dem *Motivführungs*prinzip verwandt und betrifft die *relative evolutionäre Negentropie* der gesamten Folge, und zwar als eine in ihrer Gesamtheit *festgelegte* Reihe.

Es gibt kein Kommunikationsmittel, mit dem sich beide Gedankendinggattungen *ausdrücklich* darstellen ließen. Weder mit Hilfe einer algebraischen Formel noch irgendeiner anderen Art formaler Sprache kann solch ein Gedankending *ausdrücklich* wiedergegeben werden. Gedankendinge gehören zu einer Kategorie deutlich abgrenzbarer, geistiger

Existenzen ohne funktionale Entsprechung oder Äquivalenz mit darstellbaren Sinnesvorstellungen, wobei letztere den Typus der ausdrücklichen Gegenstände ausmachen, die auf formalem Wege vermittelt werden können.

Dasselbe gilt natürlich für musikalische Gedankendinge – so etwa die Gedankendinge, welche jeweils zu den drei hauptsächlichen Entdeckungen gehören, von denen die *Motivführungsrevolution* abhängt. Das macht deutlich, daß die schöpferische Instanz, der Leonardo da Vinci seine fundamentalen wissenschaftlichen Entdeckungen verdankt, dasselbe höhere („negentropische") *methodologische* Gedankending war, dank dessen er auch seine großen Werke in der Musik[37] und bildenden Kunst schuf. Besonders für seine Werke in der bildenden Kunst gilt, daß Leonardo hier denselben geometrischen Prinzipien folgte, wie bei seinen bahnbrechenden Entdeckungen in der Physik. Jedoch kann in keinem der beiden Bereiche des schöpferischen Werks Leonardos das entsprechende Gedankending durch ein bloß symbolisches Mittels wiedergeben werden. Nichtsdestoweniger gibt es aber indirekte Mittel, um Gedankendinge einem anderen Menschen mit Gewißheit mitzuteilen. Ironischerweise — wobei „ironisch" hier wirklich im doppelten Sinne gebraucht wird — sind diese indirekten Mittel, bekannt als Platons „sokratische" oder „dialektische" Methode, viel effektivere Kommunikationsmedien, als irgendein formales Medium es je sein oder werden könnte. Die sokratische dialektische Methode ist nicht nur viel effektiver als der banale, nominalistische, aristotelische Formalismus; die sokratische Dialektik macht darüber hinaus auch solche Konzeptkategorien mitteilbar, die so mächtig und von so grundsätzlicher Natur sind, daß gnostische Aristoteliker wie Immanuel Kant diese Konzepte für „nicht erkennbar" erklären.[38] Diese Gedankendinge sind auch unter dem Namen „platonische Ideen" bekannt.[39]

Klassische Musik verlangt nach einer der sokratischen Dialektik entsprechenden polyphonen Kompositionsmethode. Diese Methode, die bei der entwickelten Form der Musik zur Anwendung kommt, wird benutzt, um indirekt eine Unterkategorie ansonsten „unaussprechbarer platonischer Ideen" mitzuteilen. Man kann sie entweder als „musikalische Ideen" oder, weniger zweideutig, als „musikalische Gedankendinge" bezeichnen.

An diesem Punkt müssen wir die Kategorie der Phänomene innerer geistiger Erfahrung identifizieren, die den Stempel des Gedankendings tragen.

III.
DAS PRINZIP DER KLEINSTEN WIRKUNG

Am besten fassen wir noch einmal durch teilweise Wiederholung zusammen, was bisher gesagt wurde. Das entscheidende Merkmal, durch das die christliche „Goldene Renaissance" die moderne Wissenschaft vor rund 550 Jahren in Gang setzte, ist Nikolaus von Kues' Entdeckung seines isoperimetrischen („Maximum-Minimum")-Prinzips.[40] Die Renaissance nahm die Entwicklung an dem Punkt wieder auf, an dem der bösartige Gaia-Python-Dionysos-Apollo-Kult von Delphi[41] die klassische griechische Zivilisation zu ihrem Ende gebracht hatte. Nikolaus setzte mit seiner modernen wissenschaftlichen Revolution genau da an, wo die Legionäre von Delphis heidnischem Rom[42] die Arbeit des Archimedes zerstört hatten: bei Archimedes' paradoxen Theoremen über die „Quadratur des Kreises".[43] Diese bahnbrechende Entdeckung des Nikolaus von Kues kann man ebensogut auch als einzigartiges physikalisches Prinzip der „kleinsten Wirkung" beschreiben; dieser Aspekt tritt aus der Retrospektive Ende des 17. Jahrhunderts deutlicher hervor. Der Vergleich zweier Entdeckungen, die 1440 und 1697 gemacht wurden, soll uns hier als exemplarisches Modell für ein Gedankending dienen.

Bei genauerem Hinsehen ist der Begriff „Quadratur des Kreises" zweideutig. Grob vereinfacht bedeutet er: ein Quadrat zu konstruieren, dessen Fläche annähernd so groß ist wie die eines gegebenen Kreises. Archimedes und andere haben diese Aufgabe gelöst.[44] Doch birgt diese Konstruktion noch einen feineren Aspekt in sich. Die Schwierigkeit besteht darin, den Umfang eines Kreises durch lineare, oder „algebraische" Methoden zu konstruieren; die Lösung dieser zweiten, schwierigeren Aufgabe erweist sich als unmöglich, und zwar aus Gründen, die Nikolaus von Kues anhand seiner eigenen Lösung überzeugend darlegte. Diese cusanische Konstruktion ist Ausgangspunkt unserer konstruktiven, indirekten aber strengen Definition eines Gedankendings.

Diese verschiedenen Punkte klären sich allesamt durch eine genauere Untersuchung der vier Theoreme des Archimedes über die Quadratur des Kreises; Nikolaus von Kues beschritt diesen Weg mit Erfolg.[45] Hier eine kurze Zusammenfassung seines Vorgehens.[46]

Beschreibe ein Quadrat in einen Kreis ein. Umschreibe diesen Kreis mit einem zweiten Quadrat.* Verdopple die Seitenzahl jedes Quadrats, so daß ein Paar regelmäßiger Achtecke entsteht, das zu dem Kreis im selben Verhältnis steht wie das Quadratpaar. Wiederhole die Verdopplungsaktion bis zu einer Seitenzahl 2^n. Betrachte den Teil des Kreisumfangs, der drei oder vier Seiten eines eingeschriebenen Vielecks mit sehr vielen Seiten umspannt.** Durch Schätzung der Fläche beider Vielecke, des eingeschriebenen wie des umschriebenen, und Ermittlung des Durchschnitts erhalten wir ungefähr die Größe der Kreisfläche; doch kann der Umfang von keinem der beiden Vielecke jemals mit dem Kreisumfang deckungsgleich werden.

Der Durchmesser eines gegebenen Kreises sei ein Meter. Teilen wir den geschätzten Umfang des Kreises durch einen Meter, erhalten wir einen geschätzten Wert für π. Bei den Vielecken liegt die Sache anders: Selbst wenn wir die Seitenzahl eines regulären Vielecks mit 2^n Seiten auf die astronomische Zahl von $n=256$ erhöhen, bliebe immer noch ein klar definierter, abgrenzbarer, funktional festgelegter

---

* Siehe Abb. 1 zum Aufsatz „Über die Metapher" auf S. 17.
** Siehe Abb. 2 auf S. 18.

Flächenunterschied zwischen dem Vieleck und dem Kreis übrig. Schlimmer noch, der vielwinklige Umfang des Vielecks stimmt *gattungsmäßig* mit dem Kreisumfang immer weniger überein. Der Kreis gehört zu einer anderen, höheren Gattung als alle Vielecke — und alle sonstigen Figuren, die sich von sogenannten euklidischen Typen axiomatischer ontologischer Annahmen in bezug auf den *Punkt* und die *Aktion entlang gerader Linien* ableiten.

Nikolaus von Kues' revolutionäre Art und Weise, den formalen Beweis zu führen, ergibt sich nicht zuletzt daraus, daß er Schüler des Platon und Archimedes war und die gnostischen Dogmen des Aristoteles ablehnte.[47] Wesentlich dabei ist, daß Nikolaus mit dem platonischen Prinzip der „sokratischen Negation" arbeitet. Die Tatsache, daß der Kreis nicht nur eine andere, sondern auch eine höhere Gattung darstellt, wird *negativ* bewiesen. Es hat den Anschein, als führe ein Gedankensprung zur Lösung: Er entdeckt eine neue Kreisdefinition, das isoperimetrische Konzept, oder, wie Nikolaus von Kues es nennt, sein „Maximum-Minimum"-Prinzip.[48] Doch allem Anschein zum Trotz ist diese Entdeckung keine „blinde Eingebung"; der Cusaner beherrschte Platons sokratische Methode völlig; er war im Umgang mit „platonischen Ideen" erfahren.

Der weitere grundlegende wissenschaftliche Fortschritt der folgenden zweieinhalb Jahrhunderte bestand in der Weiterentwicklung des cusanischen isoperimetrischen Prinzips zum universalen Prinzip der kleinsten physikalischen Wirkung. Zum besseren Verständnis unseres nächsten Punktes bedarf es dazu an dieser Stelle einiger vorläufiger Beobachtungen.

Im Laufe des 19. Jahrhunderts entwickelte Professor Jacob Steiner, Verfasser des Lehrplans für synthetische Geometrie an Gymnasien[49], eine Standarddemonstration der isoperimetrischen Kreiskonstruktion für den Schulgebrauch. Steiners Konstruktion ist zwar hilfreich, kann aber nur zur negativen Demonstration dienen, und nicht als positive Bestimmung des Kreises als Gattung. Es gibt keinen formalen Weg, den isoperimetrischen Kreis vom Standpunkt eines euklidischen Theoremgitters positiv zu erzeugen.[50] Der Begriff des isoperimetrischen Kreises wird behandelt, „als ob" er selbstevident wäre und damit axiomatisch Punkt und Gerade ersetzte, die nicht mehr selbstevident, sondern lediglich abgeleitet sind. Steiners Konstruktion ist *kein Beweis* des cusanischen isoperimetrischen Prinzips; sie veranschaulicht das Ergebnis negativ und hat dabei den gehobenen Gymnasialunterricht im Auge. Nach Nikolaus von Kues behandelten die größten und fruchtbarsten wissenschaftlichen Denker, angefangen mit Leonardo, den Kreis (und die Kugel) als „selbstevident" existierende Gattungen; andere Formen behandelten sie als Existenzen, die durch Konstruktion vom Ausgangspunkt isoperimetrischer Kreis- oder Kugelaktion (in der physikalischen Raum-Zeit) abgeleitet werden

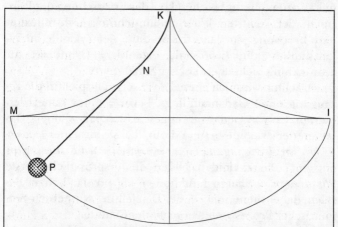

Abb. 5: Huygens' Penduluhr. In seinem Werk Über die Penduluhr (1673) entwirft Christiaan Huygens ein Uhrpendel mit stets gleicher Periode, unabhängig von der Amplitude der Schwingung. Dabei nutzt er zwei Eigenschaften der Zykloide: 1. ihre Tautochronie, und 2., daß die Evolute MK einer Zykloide auch eine Zykloide ist. Huygens' Pendel P schwingt statt auf einer Kreisbahn auf der Zykloidenbahn MPI, weil das Metallband KP, an dem es aufgehängt ist, sich seitlich an die ebenfalls zykloidenförmige Wand KM (die Evolute) anschmiegt. Da die Zykloide tautochron ist, braucht das Pendel für seinen Weg immer die gleiche Zeit, auch wenn die Uhrfeder allmählich erlahmt und das Pendel seitlich weniger weit ausschlägt.

müssen. Diese Arbeiten befaßten sich mit Anomalien der Perspektive und des Sehens und legten dabei als Ausgangspunkt die isoperimetrische oder „kleinste Wirkung" zugrunde.

Der erste weitere große Fortschritt der Wissenschaft bestand in der Erforschung der Folgerungen aus den „Platonischen Körpern". Daraus erwuchsen so wichtige Errungenschaften wie die von Leonardo und Kepler vorgenommene funktionale Unterscheidung der zwei Krümmungen (positiv und negativ) des Kreises und der Kugel.[51] Der nächste entscheidende Schritt war die Ausarbeitung eines isoperimetrischen Prinzips der kleinsten Wirkung beim Licht (Abb. 6) durch Fermat, Huygens, Leibniz und die Bernoullis, wobei sie sich auf Leonardos Prinzipien der Hydrodynamik stützten.[52] Bahnbrechend bei der Erforschung der Prinzipien der kleinsten Wirkung hinsichtlich Lichtreflexion und -brechung war dann das Studium der Zykloide im 17. Jahrhundert; dies lieferte die eigentliche Grundlage zur Entwicklung nichtalgebraischer Funktionen.

Betrachten wir noch einmal das zweite Beispiel für die Erzeugung eines Gedankendings, bevor wir uns näher den Merkmalen von Gedankendingen als solchen widmen. Das Wesen der Zykloide besteht darin, daß sie aus einer *axiomatischen Kreisbewegung entlang einer axiomatischen Kreisbewegung* entsteht. Die Zykloiden bilden die ursprüngliche, erste Form entwickelbarer Funktionen im physikalischen Bereich; daher dienen sie bei der Darstellung synthetisch-geometrischer Prozesse als axiomatische Grundlage.

Diese Kreisbewegung gilt als axiomatisch und ersetzt auf diese Weise Punkt und Gerade, die jetzt nur noch abgeleitete Existenzen sind. Die wohl grundlegendsten *ontologischen* Resultate einer solchen Kreisbewegung entlang einer Kreisbewegung, wobei eine Kreisaktion auf eine andere wirkt, sind zwei: Erstens ist die Funktion der kleinsten Wirkung charakteristisch für jegliche Aktion in der physikalischen Raum-Zeit; und zweitens bestätigt sie Keplers Unterscheidung zwischen Funktionen, die durch negative oder positive Krümmung bestimmt sind.[53] In diesen Kontext gehört

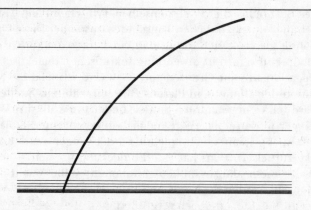

Abb. 6: Prinzip der kleinsten Wirkung bei Licht. Pierre Fermat entdeckte, daß ein Lichtstrahl in einem inhomogenen Medium so abgelenkt wird, daß er eine Kurve der kürzesten Zeit beschreibt. Johann Bernoulli bewies 1697, daß diese Kurve eine Zykloide ist, wenn die Dichte des Mediums sich proportional zur Entfernung verändert.

auch Bernoullis Abhandlung aus dem Jahre 1697, worin er nachweist, daß die Brachistochrone der Huygensschen Tautochrone äquivalent ist, weil nach dem Prinzip der kleinsten Wirkung die Kurve, auf der alle Entfernungen in der gleichen Zeit zurückgelegt werden (Tautochrone) zugleich die Kurve ist, in der dies in der kürzesten Zeit (Brachistochrone) geschieht.[54]

Der Nachweis, daß sich das Licht in einem relativistisch gekrümmten Universum ausbreitet, wobei die Krümmung der physikalischen Raum-Zeit grundsätzlich und in einzigartig axiomatischer Weise auf kleinster Wirkung beruht, ist eine Gedankendinglösung, die im späten 17. Jahrhundert entwickelt wurde. Sie erschien wie eine Eingebung, in Wirklichkeit entsprang sie jedoch einem konsequent bis an seine Grenzen geführten Prozeß sokratisch negierenden Nachdenkens.

Aus jeder der hier angeführten Entdeckungen läßt sich vor allem dreierlei folgern: Erstens kamen die Entdeckungen von Nikolaus, Leonardo, Kepler, Huygens, Leibniz und der Bernoullis alle durch denselben Typ scheinbarer „Eingebung" unter ähnlichen Umständen zustande. Diese Umstände gleichen sich darin, daß ein Paradoxon durch erschöpfend rigorose Anwendung sokratischer, dialektischer Negation an seine Grenzen getrieben wird, wobei diese Negation der Methode in Platons *Parmenides* ähnelt. Zweitens wäre keine der genannten Entdeckungen ohne alle ihre Vorgänger in derselben Folge möglich gewesen; nur Nikolaus von Kues griff auf entscheidende Entdeckungen aus der Antike zurück. Drittens hat jede Entdeckung für sich — und um so mehr alle zusammen genommen — die Macht der Menschheit über die Natur, im Sinne der potentiellen Bevölkerungsdichte, erheblich vergrößert.

Das am Ende des 19. Jahrhunderts entstandene Werk Georg Cantors[55], David Hilberts formalistischer Fehler bei seinem berühmten „Zehnten Problem"[56] und Kurt Gödels berühmter Beweis, machen allesamt die weiterreichenden Folgerungen aus unserer verführerisch einfachen Theoremgitterfolge *A, B, C, D, E,* ... deutlich.

Man ersetze die Kommata der Folge durch den Buchstaben μ, sodaß in erster Annäherung die neue Darstellung der Folge so aussieht: $\mu_{ab}, \mu_{bc}, \mu_{cd},$ ... . Jedes Glied scheint nun mit einer erfolgreichen „Eingebung", mit Kants angeblich „nicht erkennbarer" Instanz schöpferischer Erkenntnis übereinzustimmen. Doch ist dies noch keine adäquate Darstellung; zweierlei Gründe legen dies nahe. Erstens hätte der Entdecker ohne den Nachvollzug zahlreicher ähnlicher „Eingebungen" seiner Vorgänger unmöglich seine eigenen „Eingebungen" bekommen können; abgesehen von der Tatsache, daß sie erwiesenermaßen von Erfolg gekrönt waren. Zweitens geht diese funktionale (z.B. *Analysis situs*) Ordnung der formalen Folge in zweifacher Hinsicht mit einem Pro-Kopf-Anstieg potentieller menschlicher Macht über die Natur einher: zum einen kraft der individuellen Entdeckung als solcher, zum anderen auch auf Grund der gesteigerten Fähigkeit der Gesellschaft im allgemeinen, Entdeckungen zu machen.

Werfen wir für einen Moment einen Blick in Europas klassisch-humanistische Klassenzimmer: angefangen vom Unterricht beim Lehrorden Grootes, den Brüdern des Gemeinsamen Lebens, bis hin zu Wilhelm von Humboldts deutschem *Gymnasium*. Der gemeinsame Grundzug dieser Lehranstalten besteht darin, daß viel Wert auf das Studium großer Entdeckungen anhand von Urtexten gelegt wurde, um den Studenten auf diese Weise anzuregen, die geistige Erfahrung des Entdeckers im eigenen Geist nachzuvollziehen.

In keiner Primärquelle wird der Akt des Entdeckens ausdrücklich dargestellt. Diese Aktion entzieht sich jedem Kommunikationsmedium. Trotzdem kann man bewirken, daß das im Schüler angelegte schöpferische Denkvermögen eine gute Kopie des ursprünglichen Entdeckungsaktes hervorbringt. Zu diesem Grade lebt dieser Aspekt des schöpferischen Verstandes eines Pythagoras, Platon, Archimedes, Nikolaus von Kues, Kepler usw. als integrales Geistesvermögen des Schülers wieder auf. Man kann also sagen, die edlen Toten können über diesen dialektischen Umweg mit den Lebenden kommunizieren, gerade so, als geschähe dies im direkten geistigen Austausch. Das ist wahre Erziehung, und nicht das sterile Auswendiglernen von Lehrbüchern, mit dem Schüler heute darauf gedrillt werden, Kreuze an die richtige Stelle eines vom Computer auszuwertenden Multiple-choice-Fragebogens zu setzen. Wahres „Genie" läßt sich mit christlich-humanistischen Erziehungsmethoden erlernen, indem eine gezielte Auswahl der geistigen Prozesse einer Vielzahl der bedeutendsten Entdecker der vergangenen Menschheitsgeschichte, wie z.B. Platons, mit den eigenen schöpferisch-geistigen Prozessen vereint werden.

Nikolaus von Kues, einer der größten Denker der gesamten überlieferten Geschichte, ist ein gutes Beispiel. Seine Erziehung stand unter dem Einfluß des großen Lehrordens Grootes, der Brüder des Gemeinsamen Lebens. Dort verinnerlichte er das Denken Platons, des Archimedes und vieler anderer und machte es zu seinem eigenen. Beispielhaft ist auch Christiaan Huygens, jener glänzende Mathematiker, der in engem Kontakt mit Leibniz stand.[57] Sein Vater, Constantin Huygens, war ein angesehener holländischer Diplomat und Förderer des jungen Rembrandt van Rijn; während seiner Tätigkeit als Botschafter in London hatten Constantin Huygens und sein Sohn Zugang zu der Königlichen Sammlung der Arbeitsblätter Leonardo da Vincis, deren Inhalt später eine direkte Rolle bei wichtigen Arbeiten von Christiaan Huygens und Leibniz spielen sollte.[58] Nikolaus von Kues' Schriften waren in diesen Kreisen bekannt; Keplers Werk beherrschte die Diskussion im 17. Jahrhundert und lieferte später die Grundlage vieler Entdeckungen von Carl Friedrich Gauß. Leibniz' Begründung der ersten erfolgreichen Differentialrechnung um das Jahr 1676 in Paris[59], war wie andere diesbezügliche Versuche der damaligen Zeit ausdrücklich durch Kepler angeregt worden; Leibniz arbeitete Blaise Pascals unveröffentlichte Notizen sowie seine veröffentlichten Schriften darüber durch, und diese Arbeit ging in seine Entdeckung ein. Interessant in diesem Zusammenhang ist auch das Studium zweier von Leibniz verfaßter platonischer Dialoge, die erklärtermaßen zeigen sollten, daß man zur Lösung entscheidender Probleme der modernen Wissenschaft auf Platons dialektische Methode zurückgreifen müsse.

Wissenschaft hat nichts mit der sterilen Besessenheit eines Pädagogen zu tun, der mittels statistischer Verfahren „induktiv" aus einer myriadenhaften Ansammlung von „Fakten" und Rezepturen nach Verallgemeinerungen sucht. Historisch gesehen bedeutet Wissenschaft Entwicklung und Interaktion jener höherer Arten geistigen Lebens, die wir hier als durch schöpferische Tätigkeit erzeugte Gedankendinge bezeichnet haben und die Leibniz *Monaden* genannt hat.

Jeder von uns, der erfolgreich die Entdeckung eines Naturprinzips bewirkt hat — wie es dem Verfasser vor Jahrzehnten mit seinem Beitrag zur Wissenschaft der physikalischen Ökonomie gelang[60] — weiß, daß Gedankendinge völlig intelligibel sind, obgleich sie keiner ausdrücklichen, sinnlichen Darstellungsform in irgendeinem formalen Kommunikationsmedium zugänglich sind. Ebenso wissen wir, daß unsere erfolgreiche Arbeit, zumindest der Richtung nach, davon geprägt ist, lernend in unseren eigenen schöpferischen Denkprozessen Gedankendinge nachgeschaffen zu haben, die gültigen grundlegenden Entdeckungen möglichst vieler genialer Denker aus früheren Zeiten entsprechen. Die provisorische Reihe von Gedankendingen μ_{ab}, μ_{bc}, μ_{cd}, ... ist demnach einem erzeugenden, sich selbsttätig verändernden Gedankending höherer Ordnung untergeordnet. Diese höhere Gedankendinggattung, dessen Wirkungsebene die oben erwähnte „evolutionäre Negentropie" ist, bezeichnet man als *wissenschaftliche Methode*.

IV.
MUSIKALISCHE GEDANKENDINGE

Was wir über Gedankendinge in der wissenschaftlichen Arbeit gesagt haben, gilt im wesentlichen auch für musikalische Gedankendinge. J.S. Bachs *Musikalisches Opfer* hebt besonders die durch das Zusammentreffen einer Dur- und Molltonart entstehende *Dissonanz* — d.h. eine formale Unstetigkeit — im Kompositionsprozeß hervor. Werden viele aufgelöste Unstetigkeiten von einem einzigen, klar definierten, die gesamte Folge ordnenden Prinzip zusammengefaßt, dann erhalten wir, selbst wenn wir nur eine einzige derartige Komposition vor uns haben, die Darstellung eines Prozesses, der dem idealisierten Theoremgitter *A, B, C, D, E,* ... entspricht.

Solange der Komponist an der natürlichen Gesetzmäßigkeit der Polyphonie als einer *klassischen*, wohltemperierten, in der Tradition des *Belcanto* wurzelnden instrumentalen und vokalen Polyphonie streng festhält, haben bestimmte Dissonanzen, wie das Fis derjenigen klassischen C-Dur/c-moll-*Motivführungs*kompositionen, die Bachs *Musikalisches Opfer* zitieren, die Bedeutung formaler Unstetigkeiten, die als solche aufzulösen sind. (Bei ausgesprochen romantischer oder atonaler Musik spielen solche Vernunftüberlegungen im wesentlichen keine Rolle.) Auf diese Weise erzeugt die Methode des Komponisten, über die *Motivführung* die so thematisch dargestellte *Negation* (etwa durch Zitate Mozarts, Beethovens, Schuberts, Chopins und anderer aus dem *Musikalischen Opfer*) zu lösen, die Gattung eines *musikalisch definierten* Gedankendings oder, kurz, ein musikalisches Gedankending.

Ein solches musikalisches Gedankending als musikalisches und nicht nur einfach als Gedankending zu definieren, hat folgende Bedeutung. Erstens werden selbst die einzelnen aufeinanderfolgenden Gedankendinge einer *Folge* im souveränen schöpferischen Geist des Individuums durch die polyphone Gesetzmäßigkeit des klassischen, wohltemperierten musikalischen Mediums hervorgerufen. Zweitens stellt die Ordnung einer Reihe solcher Gedankendinge in Form einer Komposition oder eines Teils von ihr, ein Gedankending höherer Ordnung dar; letzteres ist dadurch bestimmt, daß es durch ein negatives Merkmal eines Kompositionsprozesses erzeugt wurde. Die natürlichen Regeln der Polyphonie, die sich von den Singstimmen ableiten, die auf die allernatürlichste Art (d.h. in der *Belcanto*-Tradition) ausgebildet wurden, sind Grundlage für die Definition einer Anomalie; damit sind sie auch Grundlage zur Erzeugung eines musikalischen Gedankendings. Anders ausgedrückt: Das Gedankending läßt sich in bezug auf den Ort, den es in der Entwicklung des musikalischen Mediums einnimmt, kennzeichnen. Da nur die klassische Kompositionsmethode diese Bestimmung erlaubt, bestimmen wir musikalische Gedankendinge in bezug auf die klassische Musik.

„Zeige mir dein Gedankending, indem du mir vorspielst, wie diese musikalische Passage aufgeführt werden muß." So etwa würde ein gut ausgebildeter klassischer Interpret den Stoff angehen, den wir in den vorangegangenen Abschnitten behandelt haben. Im allgemeinen beziehen sich solche Berufsinterpreten nicht auf das musikalische Gedankending als solches, sondern gewissermaßen auf den Schatten des Gedankendings. Formal wird dieser Bezug meist mit dem Begriff „musikalische Einsicht" hergestellt. Es handelt sich um eine Eigenschaft, deren exakte Bedeutung durch eine treffende Beschreibung angedeutet werden kann, die konzeptionell aber durch die Aufführung der betreffenden musikalischen Passage oder Komposition erkennbar wird. Wir können in Hinsicht auf die Passage oder die gesamte Komposition davon sprechen, eine Aufführung derselben habe bewiesen, daß die *Intention* dieser Passage verstanden worden sei; dies bezeichnen wir als musikalische „Einsicht".

Das Vergnügen an solchen musikalischen Ideen — musikalischen Gedankendingen — entspricht dem Vergnügen, ein wissenschaftliches Problem zu lösen: Es ist das Gefühl, das wir mit der „heiligen Liebe" (*agape, caritas*) verbinden, im Gegensatz zur sinnlichen, objektfixierten „profanen Liebe". Entgegen den erotischen Phantasien der „Romantiker" Wagner und Mahler zeigt die klassische Polyphonie bzw. alle klassischen musikalischen Ideen (Gedankendinge) eine ihnen innewohnende Eigenschaft, die dem religiösen Gefühl des Johannes-Evangeliums und dem 13. Kapitel im ersten Korintherbrief des Paulus entspricht.

Bei jeder grundlegenden wissenschaftlichen Entdeckung der angegebenen Folge mußten konsequent die Prinzipien geometrischer Konstruktion angewendet werden. Es galt — wie in Platons *Parmenides* —, ein Paradox bis an seine Grenze zu treiben, um das ontologisch *axiomatische* Problem aufzuzeigen, von dessen Lösung alles abhängt. So, und nur so, kann die souveräne schöpferische Instanz des individuellen Verstandes ein gültiges Gedankending erzeugen. Ähnlich ist es in der Musik: Eine streng gesetzmäßige Polyphonie, die selbst in der streng wohltemperierten (Florentiner)[61] Vokalisierung nach der *Belcanto*-Methode wurzelt, ist die „konstruktive Geometrie des Hörens", derer man sich bedient, um der schöpferischen Instanz die entsprechenden axiomatischen Probleme vorzustellen.

Was es mit dieser Anforderung auf sich hat, wird anhand der folgenden exemplarischen Probleme bei der musikalischen Aufführung deutlich. Für das Zustandekommen einer kompetenten klassischen Wiedergabe gibt es mehrere, klar vorgeschriebene Grundsätze: Werden diese nicht strikt eingehalten, dann wird die notwendige, *indirekte* Mitteilung des

vom Komponisten beabsichtigten musikalischen Gedankendings beeinträchtigt oder findet gar nicht statt. (Allerdings
gilt dies nicht für die Wiedergabe romantischer oder atonaler Kompositionen, die keine Gedankendinge zum Thema
haben, sondern vielmehr schwärmerische, erotische Gegenstände im Sinne der degenerierten Rousseauschen Programmmusik.) Bei ernsthaften klassischen Kompositionen wie
denen von Bach, Haydn, Mozart, Beethoven, Schubert, Mendelssohn, Chopin, Schumann oder Brahms verlangt die Mitteilung eines musikalischen Gedankendings:

1. *Belcanto*-Gesang für Gesangs- und Orchesterstimmen
   (Vibrato).

2. Jede Passage einer Stimme muß sauber der jeweiligen
   Singstimmengattung äquivalent dargestellt werden.

3. Klare polyphone Stimmtransparenz: keine „krachenden Akkorde".

4. Jede Stimme muß entsprechend den unterschiedlichen Registereigenschaften und Registerpassagen der
   äquivalenten Singstimme ausgeführt werden.

5. Saubere, schöne Gestaltung der Phrasen wie der einzelnen Töne.

6. Der Mangel an musikalischer Einsicht des Ausführenden darf nicht überspielt werden, wie es heute immer
   häufiger mittels manieristisch in die Höhe getriebener Stimmung, übertriebener Tempi und Rubati passiert.

Lediglich die Bedeutung, die diese Liste von Vorbehalten für
musikalische Gedankendinge hat, und nicht etwa der
Wunsch, in die Feinheiten der Meisterklasse eines ausübenden Künstlers einzudringen, erfordert nun einige wenige Minimalüberlegungen: Sie sollen sozusagen das vorauszuset-

Abb. 7a-b: Koda von Beethovens Sonate op. 111. a) Die Klavierpartitur der abschließenden Koda von op. 111 sollte vom Pianisten nicht als „instrumentale Klaviermusik" studiert werden, sondern als kondensierte Kurzschriftversion einer Streichquartettpartitur, die wiederum als Abbild einer vierstimmigen Gesangspartitur aufgefaßt werden kann.

b) Dieselbe Stelle aus Beethovens op. 111, „ausgeschrieben" als vierstimmige „Chorparititur". Der Pianist muß sorgfältig auf die impliziten Registerwechsel achten, die hier gut zu sehen sind. (Eine Erklärung der durch Einkreisung dargestellten Registerwechsel gibt Anmerkung 62.)

zende Einmaleins der polyphonen Aufführung umreißen, ohne das eine nachvollziehbare Einsicht in die musikalischen Gedankendinge des Komponisten unmöglich ist.

Der häufig anzutreffende falsche Gebrauch des modernen Tasteninstruments beweist schlagend die Verbreitung des antimusikalischen „Instrumentalismus", dem sogar zahlreiche bekannte Künstler mit ihren Aufführungen Vorschub leisten. Ein klassisches Werk für Pianoforte (oder Fortepiano) — etwa eine Klaviersonate Mozarts, Beethovens oder Schuberts — kennt keine Existenz von Akkorden *an sich*; es kennt Akkorde nur als vergängliche Schatten einer instrumentalen Imitation vokaler *Belcanto*-Polyphonie. Jeder Ton eines solchen Akkordes gehört einer Zeile an, die für eine vokalisierte Zeile in irgendeiner Singstimmengattung steht. Der Künstler muß diesen Gesangscharakter zum Ausdruck bringen und die Phrase wie die einzelnen Töne den entsprechend angezeigten Registern und Registerwechseln gemäß gestalten.

Eine ausgezeichnete Darstellung dieses Sachverhalts bei klassischen Klavierkompositionen findet sich in der abschließenden Koda von Beethovens op. 111. Diese Stelle ist ein gutes Beispiel für Beethovens Rückgriff auf Mozarts KV 475/457, dessen *Motivführung* von Bachs *Musikalischem Opfer* herrührt.[62] Der Pianist sollte sich diese Koda zunächst als Aufführung eines Chorwerks denken und sich dann innerlich vorstellen, wie ein Streichquartett diese Ch000raufführung nachahmen würde; schließlich muß er diese Streichquartettaufführung am Klavier nachahmen. Der Bezug zum *Belcanto*-Chor hilft, die im Stück enthaltenen Singstimmengattungen sowie die dazugehörigen Register und Registerwechsel zu finden. Diese Ironien müssen sodann auf dem Klavier herausgebracht werden, und zwar kontrapunktisch völlig transparent.

Zum selben Zweck möge sich der Pianist dann einem verwandten Werk zuwenden, dem ersten Satz von Chopins „Sonate mit dem Trauermarsch". Natürlich muß dieser Satz als Zitat von Beethovens op. 111 betrachtet werden. Chopin ist ein klassischer Komponist, kein Lisztscher Romantiker. Seine Werke sind mit der entsprechenden polyphonen Transparenz aufzuführen, ohne Manierismen, und ohne sie auf dem Altar des Erotischen wie bei einem heidnischen Menschenopfer hinzuschlachten.

Im selben Sinne wende man sich einer Auswahl von Kompositionen zu, die Mozart nach 1781 geschrieben hat. So etwa seine Fantasie und Sonate in c-moll KV 475 und 457 aus den Jahren 1785 und 1784, sowie Adagio und Fuge in c-moll KV 546 und 426 von 1788 und 1783. Man stelle sich wiederum zunächst die Fuge für zwei Klaviere KV 426 so vor, als sei sie das Klavierecho einer Streichquartettaufführung, das wiederum eine Ch04000raufführung dieses Werkes nachahmt. Als nächstes untersuche man vom selben Standpunkt KV 546, d.h. die Fassung dieser Fuge für Streichquartett. Genauso gehe man an die Fantasie KV 475 (mindestens) bis zum Allegroteil heran.

Diese und ähnliche geistige Übungen sind geeignet, die Qualität musikalischer Einsicht, die der Erkenntnis des entsprechenden Gedankendings sehr nahekommt, zu verbessern.[63] Im Rahmen eines solchen pädagogischen Programms ist es zweckmäßig und hilfreich, wenn man die nach 1781 geschriebenen Fugen und Fugato-Kompositionen von Mozart, Beethoven und Brahms studiert. Bachs Werke, die im Hinblick auf seine bahnbrechenden Kompositionen *Musikalisches Opfer* und *Die Kunst der Fuge* studiert werden müssen, sollten im Zusammenhang mit der Entwicklung nach 1781 gesehen werden; dazu gehören außerdem schließlich Haydns nach 1781 komponierte Werke.

Entscheidend hervorzuheben ist noch einmal, daß die Erzeugung eines musikalischen Gedankendings im wesentlichen auf dieselbe besondere Weise geschieht wie die Auflösung des zentralen Paradoxons in Platons *Parmenides*: Alle lediglich formalen, diskreten Seinsaspekte sind einer höheren Seinsform, der *Veränderung*, untergeordnet. Dabei ist die Grundform dieser Qualität der Veränderung die von uns beschriebene „evolutionäre Negentropie". Ist dieser Punkt begriffen, so wird man die eigentliche Bedeutung von Bachs Fugenwerk für die Kompositionen Mozarts und anderer nach 1781 ermessen können.

Wie eine Theoremgitterfolge weist der wohltemperierte Kontrapunkt Johann Sebastian Bachs drei herausragende Merkmale auf. Was die schulbuchmäßige Seite des Studiums Bachscher Fugen betrifft, so springt zunächst der hoch verfeinerte Aufbau eines musikalischen Theoremgitters ins Auge. Dazu kommt zweitens die schöpferische Entwicklung, die – wie bei einem neuen Theoremgitter, das auf einer wissenschaftlichen Entdeckung beruht – die Theorien zur Auflösung von Paradoxa schafft; und diese Entwicklung macht die Komposition als Ganzes aus. Drittens ist da das Bemühen um eine höhere organische Einheit der Theoremgitterfolge – oder Kompositionseinheit – als Ganzes, um das *Viele* in das *Eins* zusammenzufassen, wie Haydn dies mit der von ihm entdeckten *Motivführung* anstrebte.

Ohne alle diese wesentlichen Merkmale der Spätwerke Jo-

hann Sebastian Bachs hätte es Mozarts revolutionäre Vervollkommnung von Haydns Entdeckung der *Motivführung*
nicht gegeben. Selbst ein so außerordentliches Genie, wie
Mozart es 1781 geworden war, hätte die sechs „Haydn"-
Quartette nicht schreiben können, ohne genau und umfas-
send die Partituren Bachs durchgearbeitet zu haben, wie er
es als Teilnehmer der regelmäßigen sonntäglichen Zusam-
menkünfte im Salon des Wiener Barons Gottfried van Swieten tat.[64]

Zwei wesentliche Aspekte bestimmen Bachs Vervollkommnung einer streng wohltemperierten Polyphonie in
der *Belcanto*-Tradition (mit c'=256 Schwingungen pro Sekunde als Schwerpunkt).[65] Da ist einerseits die formale Seite von Bachs kontrapunktischer Methode, wie man sie normalerweise lernt. Und da ist andererseits die höhere, schöpferische Behandlung gesetzmäßig erzeugter kontrapunktischer Anomalien, wie z.B. Dissonanzen; eine Entwicklung,
deren Beherrschung ein gründliches Studium der formalen
Seite der Materie voraussetzt. In dieser zweifachen Hinsicht
steht der Mozart der Jahre 1782-86 zum späten Bach in den
Jahren 1747-50 im gleichen Verhältnis wie Nikolaus von Kues im Jahre 1440 zu den gerade aus Griechenland einge-
troffenen Manuskripten des Archimedes.

Das strikte Festhalten an klar abgeleiteten formalen Regeln ist Voraussetzung dafür, irgendein Theoremgitter bis
über seine Grenzen hinaus fortzuführen, so daß die geeigneten, echten Paradoxa erzeugt und auf diese Weise die betreffenden schöpferische Entdeckungen herbeigeführt werden. Der Begriff der *Motivführung* eröffnet uns deshalb wie
die Grundform einer fortschreitenden Theoremgitterfolge
den Blick auf drei Aspekte des schöpferischen Prozesses einer einheitlichen kompositorischen Entwicklung:

1. Die strenge Einhaltung der formalen Regeln der Polyphonie, die ungefähr der Folgerichtigkeit innerhalb
   eines Theoremgitters entsprechen.

2. Das Prinzip solcher Singularitäten, die eine neue,

höhere Formalstruktur (z.B. ein Theoremgitter) erzeugen; und zwar aus einem Paradoxon, das innerhalb der ursprünglichen Formalstruktur erzeugt wurde. (Beide Paradoxa gleichen denen in Platons *Parmenides*.

3. Das Prinzip der *Motivführung*, das eine Reihenfolge von Theoremgittern als „evolutionär-negentropische" Entwicklungseinheit ordnet oder implizite zusammenfaßt.

Mozarts Bach-Studien, besonders sein Verständnis der Bachschen Entdeckung, welche sich im *Musikalischen Opfer* ausdrückte, waren notwendig, um diesen dritten der drei Grundzüge eines einheitlichen Kompositionsprozesses zu verallgemeinern. Nur ein streng definiertes und geordnetes, *gebildetes* Kommunikationsmedium — Geometrie, Musik, Poesie oder Prosa — bietet den nötigen Rahmen, um eine Anomalie in der erforderlichen Weise zu verarbeiten: damit sie nämlich das Paradoxon deutlich macht, aus dem das schöpferische Denken dann erfolgreich neue Gedankendinge erzeugt.

Es gibt noch eine zweite wichtige Grundbedingung musikalischer Bildung. Daß es seit Goethe, Schiller, Keats und Heine bis heute keine hervorragenden, zeitgenössischen, klassischen Dichter mehr gegeben hat, ist der Grund, warum den meisten gebildeten Mitgliedern der europäischen Zivilisation die Fähigkeit, klassische Polyphonie zu verstehen, entweder ganz oder zum großen Teil verloren gegangen ist. Denn die klassische Polyphonie leitet sich nicht nur von der *Belcanto*-Vokalisierung der griechischen Poesie ab, sondern die Beziehungen untereinander, die ständige wechselseitige Abhängigkeit beider Formen ist derart, daß beim Verlust der einen so gut wie immer bald auch die andere verloren geht.

Friedrich Schiller, Ludwig van Beethoven und Franz Schubert unterstrichen die Beziehung zwischen diesen beiden Kunstformen und deren wechselseitige Abhängigkeit nicht zuletzt dadurch, daß sie sich alle über Goethes Verweigerungshaltung gegenüber den Prinzipien klassischer Polyphonie beklagten.[66] Für Schiller[67] beginnt die Komposition eines klassischen Gedichts damit, daß sich in der Vorstellung des Künstlers eine Idee wortloser klassischer Polyphonie bildet; die nachfolgende Ausarbeitung dieses musikalischen Bildes zur dichterischen Vokalreihe bestimmt das Potential zur Entfaltung des Gedichts aus diesem Keim. Bis hierher erkannte auch Goethe an, daß klassische Poesie auf diese von Schiller angedeutete Weise geschaffen wird; Goethes Fehler lag in seiner Zurückweisung der platonischen Idee, daß so etwas wie die *Motivführung* unerläßlich ist, um der Vertonung eines Gedichts die Form einer vollständig entwickelten klassischen Komposition zu geben. Wer diesem Argument nicht folgen kann — wobei Goethe die eine Fraktion anführte, und Schiller, Mozart, Beethoven und Schubert die Gegenseite —, der ist als Musiker nicht besser als der Amateurlinguist, der keine Ahnung von der Bedeutung der fremdsprachlichen Sätze hat, die ihm so fließend über die Lippen gehen.

Aufgrund dieser Überlegungen muß nicht nur der Sänger, sondern auch der Instrumentalist diese Beziehung zwischen klassischer Poesie und Musik beherrschen; am besten studiert man diesen Zusammenhang anhand des italienischen Kunstgesangs, angefangen bei Alessandro Scarlatti und sodann am Beispiel der neuen Form des deutschen *Kunstlieds*, der Mozart mit seinem Lied „Das Veilchen"[68] Bahn brach.

Diese Überlegung haben wir im ersten Band des *Handbuchs über die Grundlagen von Stimmung und Register* dargestellt:[69] Mozart, Beethoven, Schubert, Schumann, und (vor allem) Brahms haben bei der Vertonung eines strophischen Gedichts zu einem Lied das Haydn-Mozartsche Kompositionsprinzip der *Motivführung* angewandt, und zwar in der hauptsächlich von Mozart weiterentwickelten Form.[70] Genau das haben Goethe und Reichardt[71] nicht verstanden. Dieser Aspekt des Liedes, von Mozarts „Veilchen" bis zu Brahms' „Vier ernsten Gesängen", zeigt uns auch die wesentlichen Charakteristika der *Motivführung* als einzig angemessenen Prinzips aller gelungenen klassischen Kompositionsformen, und wie man alle solchen Werke aus dieser Musikepoche aufführen muß.

Bach und die klassische Poesie in dieser Weise zu betrachten, hat noch einen Nutzen, den wir hier nicht unerwähnt lassen wollen.

Die Prinzipien wohltemperierter Polyphonie sind in einzigartiger Weise von den natürlichen Charakteristika der menschlichen Singstimme abgeleitet, die durch die *Belcanto*-Ausbildung transparent gemacht werden. Die Festlegung der Stimmung der wohltemperierten Tonleiter gemäß c'=256 und a'=430 ist nicht willkürlich; diese Werte leiten sich von der biologisch bestimmten Spektroskopie der menschlichen Singstimmengattungen ab. Ein Lied wird nicht geschaffen, indem man einem Gedicht das musikalische System der wohltemperierten Polyphonie von außen aufstülpt; vielmehr entsteht ein klassisches Gedicht im Geist des Dichters ursprünglich immer als musikalische Idee. Die Vokalisierung des poetischen Verses ist innerer Bestandteil der Idee, die den Vers ursprünglich erzeugte.

In ähnlicher Weise ist die genaue Plazierung einer Dissonanz und ihre Auflösung durch eine wohltemperierte Polyphonie natürlich vorgegeben. Wohltemperierte Polyphonie bei c'=256 oder a'=430 ist ganz einfach natürliche Schönheit, denn sie ist auf natürliche Weise bestimmt. Hier nimmt die künstlerische Schönheit ihren Ausgang, und hierzu muß sie wieder zurückkehren. Sogesehen liefert uns Bach, der die wohltemperierte Polyphonie als Kompositionsmittel vervollkommnete, eine strenge Grundlage, um höhere musikalische Prinzipien wie in Bachs *Musikalischem Opfer* oder wie Mozarts revolutionäre Weiterentwicklung von Haydns Prinzip der *Motivführung* entdecken zu können.

Jedoch reicht das nicht; die Prinzipien wohltemperierter polyphoner Entwicklung werden nicht aus sich heraus große Musik erzeugen. Alle großen Komponisten haben poetische Texte oder Keimzellen poetischer Ideen nicht nur bei ihren Vokalwerken, sondern auch bei ihrer Instrumentalmusik berücksichtigt. Alle klassischen musikalisch-thematischen Ideen sind entweder von der Dichtung abgeleitet, nämlich von ursprünglichen, poetischen Ideen des Komponisten, oder sie stammen vom gleichen Typus einer wortlosen Vokalreihenidee ab, die auch Keimzelle jedes klassischen Gedichtes ist.

Wenn wir das Werk Mozarts, Beethovens und anderer nicht im Kontext von Bachs Entwicklung der wohltemperierten Polyphonie und im Zusammenhang mit der Tatsache betrachten, daß alle wahre Musik von klassischer Poesie herrührt, können weder die Berufsmusiker noch die Zuhörer ein genuines Musikverständnis entwickeln. Man kann echtes Musikverständnis durchaus als „Einsicht" bezeichnen. Diese „Einsicht" bezieht sich auf die Schatten der „platonischen Ideen" oder „musikalischen Gedankendinge", welche das Wesen klassischer Kompositionen ausmachen.

Kunst gegen „Materialismus"

Durch Beschreibung und entsprechende Beispiele haben wir das gemeinsame Merkmal wissenschaftlicher und künstlerischer Kreativität umrissen. Das unmittelbare Produkt einer derartigen erfolgreichen Tätigkeit ist das „Gedankending" oder die *Monade*, die wir hier abgehandelt haben. Wie wir schon in früheren Veröffentlichungen dargelegt haben, spielt die schöpferische Tätigkeit des einzelnen Menschen sich einzig und allein als *souveräne* Erfahrung innerhalb der Grenzen seines individuellen Geistes ab; sie ist niemals eine „kollektive" soziale Handlung.[72] Kommt es zur Entdeckung eines gültigen Prinzips der Physik, dann *subsumiert* das erzeugte Gedankending eine ganz bestimmte Form menschlicher Tätigkeit. Ganz unmittelbar äußert sich diese Tätigkeit im Aufbau eines geeigneten entscheidenden Experiments. Dieser experimentelle (z.B. labormäßige) Aufbau hängt mit einem darunter *subsumierten*, weil daraus folgenden Entwurf einer Werkzeugmaschine zusammen. Derartige Werkzeugmaschinen steigern die Macht der Menschheit über die Natur pro Kopf und pro Quadratkilometer. Auf diese Weise wird ein „geistiger" Akt, die Erzeugung eines derartigen Gedankendings, zur Wirkursache im (angeblichen) Bereich des „Materiellen".[73]

Bei der Komposition klassischer Polyphonie findet im Prinzip dasselbe statt. Ein Problem — ein Paradoxon —, das durch die erschöpfende Anwendung anscheinend folgerichtiger Prinzipien wohltemperierter Polyphonie erzeugt wurde, ruft ein musikalisches Gedankending hervor. Dieser Prozeß gleicht Nikolaus von Kues' Entdeckung der isoperimetrischen kleinsten Wirkung. Die Erzeugung der Lösung als Gedankending wird auf das polyphone Medium rückbezogen. Die so erzielte Auflösung ist mit dem Aufbau eines entscheidenden Experiments direkt vergleichbar. Die Ausarbeitung des neu entdeckten Auflösungsprinzips revolutioniert die Macht der polyphonen Komposition ganzer Werke.

Am besten verdeutlichen wir das hier Gesagte, wenn wir auf das Gegenteil, Descartes' gnostisches Dogma eines *deus ex machina* verweisen.[74]

Vom Standpunkt der bloßen Sinneswahrnehmung führt ein Paradoxon im sinnlich erfahrbaren Bereich der Experimentalphysik zu einer praktischen Veränderung, zu einer Verbesserung im Bereich der Experimentalphysik. Ähnlich führt ein musikalisches Paradoxon im Bereich der tonalen Sinneswahrnehmung zu einer Auflösung im Bereich tonaler Sinneswahrnehmung. So beginnt Descartes' (weitgehend fehlerhafte) mathematische Physik im materiellen Bereich und verharrt dort, ohne jemals davon abzuweichen; ebenso behandelt auch die formalistische Musikologie die Musiktheorie. Dabei leugnet die mechanistische oder „materialistische" Ansicht entweder die Existenz eines schöpferischen Prozesses, oder sie besteht darauf, daß Ursache und Wirkung — Problem, Lösung und Resultat — alle vollständig innerhalb des Bereichs der Sinneswahrnehmung erklärbar sein müssen; dabei werden die schöpferischen Denkprozesse der das Problem lösenden Entdeckung niemals erwähnt, ob letztere nun als existent betrachtet werden oder nicht. Auf diese Weise wird das Denken der überwiegenden Mehrheit der vielversprechenden jungen Physiker durch das gnostische Dogma gelähmt, in der Wissenschaft dürften Problem, Lösung und Resultat ausschließlich mittels der „allgemein anerkannten Schulmathematik" erklärt (oder angeblich erklärt) werden. Dieselbe von der Musikologie offiziell zur Richtschnur gemachte pathologische Denkweise hat das Potential der Künstler wie ihrer Zuhörer ruiniert.

Beide Bereiche, der materielle wie der polyphone, gehören ins Reich der Wahrnehmung, wozu die Sinneswahrnehmung und die wahrnehmbaren Formen gesellschaftlicher Tätigkeit gehören. Deshalb beziehen sich auch alle Formen der Kommunikation, einschließlich der Algebra und Geometrie, ausdrücklich auf diese Bereiche. Kausalität vollzieht sich aber nicht im Bereich bloßer Wahrnehmung; Wahrnehmung ist nicht Realität, sondern bloß ein verzerrtes Schattenbild der Realität. Unter „Kausalität" sollten wir nicht „mechanische" oder „statistische" Korrelationen verstehen; statt dessen sollten wir darunter die Ursache bestimmter Zustandsveränderungen verstehen, wie beispielsweise die wahrnehmbar wirksame Transformation eines Theoremgitters in ein anderes Theoremgitter, das zu dem ersten vollkommen in Widerspruch steht.

Auf diese Weise präsentiert sich die Kausalität der Wahrnehmung wie in Platons *Parmenides* auf paradoxe Weise: als Veränderung auf dieser transfiniten „Ebene"; dadurch zeigt sich die Wirksamkeit, die Wirklichkeit, die ontologische Tatsächlichkeit der *Veränderung als Kausalität* den Organen der Sinneswahrnehmung (und Kommunikation) so, daß sie keinesfalls mehr bestritten werden kann.

Diese Kausalität, diese Veränderung kennen wir in Verbindung mit verschiedenen Namen wie „Ideen" (Platon), „Monaden" (Leibniz), „Geistesmassen" (Riemann) oder dem hier benutzten Begriff „Gedankending". Alle diese Begriffe beziehen sich auf dasselbe Phänomen, aber in etwas unterschiedlicher Bedeutung. Der Unterschied zwischen ihnen ergibt sich daraus, daß jeder Begriff von einem anderen Autor eingeführt wurde, und zwar jeweils in einem ganz bestimmten geistesgeschichtlichen Kontext. Obwohl alle diese

Begriffe letzten Endes dasselbe bedeuten, leuchtet ihre Äquivalenz nur demjenigen individuellen Verstand ein, der sie alle jeden für sich in seinem ursprünglichen Kontext kennen gelernt hat.

In bezug auf die musikalischen Prinzipien genügen drei dieser Denker. Meine Ansicht über musikalische Gedankendinge wird häufig vor allem mit ihrem Vorläufer, der platonischen Ästhetik, und damit den platonischen Ideen in Beziehung gebracht. Im Zusammenhang mit der Haydn-Mozart-Revolution von 1781-86 sollte Friedrich Schillers Auffassung von „musikalischen Gedankendingen" direkt einbezogen werden.[75]

Bei aller wissenschaftlichen und damit zusammenhängenden Arbeit erlebt das Individuum als grundlegendsten Unterschied den zwischen zwei qualitativ unterschiedlichen Geisteszuständen. Der erste Zustand besteht in der Anwendung bekannter, etablierter Prinzipien; der zweite ist der Entdeckungsakt eines gültigen neuen Prinzips, wobei dieser Akt im Kontext der Lösung eines echten Paradoxons stattfindet. Ebenso ist es in der Musik; hier entspricht der schöpferische Geisteszustand dem Entdecken der charakteristischen Idee kontrapunktischer (polyphoner) Entwicklung einer Komposition.

Die zweite der beiden Zustandsarten geistiger Tätigkeit entspricht dem Erfahren eines relevanten Gedankendings oder von Gedankendingen im Sinne einer Gattung des Geisteslebens im allgemeinen. Darüber hinaus sind in der Wissenschaft wie in der klassischen Polyphonie diese Gedankendinge die Ursache, welche ganz offensichtlich erfolgreiche, problemlösende Durchbrüche zu neuen, gültigen Prinzipien auslöst.

Wie ist es dann möglich, daß so viele der hochrangigsten und erfolgreichsten Köpfe unserer modernen Wissenschaft und Musik sich so heftig gegen „platonische Ideen" wehren oder so hartnäckig dumm darauf bestehen, daß diese „geistigen" Existenzen keine neue Qualität erwünschter, sinnlich wahrnehmbarer Effekte verursachten? Da etwas so wichtiges wie der Fortbestand der menschlichen Existenz nur durch beständigen wissenschaftlich-technischen Fortschritt erreicht werden kann — wie kann ein sich ernst nehmender Wissenschaftler da nur die Tatsache leugnen, daß solche „platonischen Ideen" die Ursache für handfesten wissenschaftlichen Fortschritt sind?

Trotzdem werden „platonische Ideen" als unwissenschaftlich verbannt, und zwar nicht nur von dem „aristotelischen Gnostiker" René Descartes, sondern auch allgemein von den „Materialisten" und „Empiristen". Bei dieser törichten Verneinung haben wir es nicht mit naiver Dummheit zu tun, sondern mit dem Einfluß einer Art moderner heidnischer Religion, eines modernen Gnostizismus, der im Europa des 17. und 18. Jahrhunderts englische und französische „Aufklärung" genannt wurde. Die gegen die Renaissance gerichteten Dogmen von Vertretern der Aufklärung wie dem Rosenkreuzer Robert Fludd, einem Mitbegründer der britischen Freimaurerei,[76] und Descartes setzten sich in den heutigen Schulen fest und avancierten zur öffentlichen Meinung dank solcher (oft aus London unterstützten) Unternehmungen wie dem freimaurerisch inspirierten Jakobiner-Terror,[77] dem Wiener Kongreß von 1815[78], dem von Lord Palmerston geförderten Terrorismus Mazzinis in den Jahren 1848-49[79] und der Anzettelung des Ersten Weltkriegs durch Großbritannien.[80] All diese und verwandte Entwicklungen beförderten die Bemühungen, die Leibnizsche Wissenschaft auszuradieren und in der Kunst die klassische Tradition von Leonardo da Vinci, Raffael, Bach, Mozart, Schiller und Beethoven zu verdrängen.

Um diesen Aspekt der Aufklärung zu verstehen, müssen zwei Punkte hervorgehoben werden. Erstens liegen die Wurzeln der Rosenkreuzer-Sekte im vorchristlichen, gnostischen Heidentum und bei solchen Vorläufern Fludds, Francis Bacons, Descartes', Ashmoles oder John Lockes wie den Anhängern Manis (Manichäer) und den Bogomilen und Katharern.[81] Zweitens ist das gemeinsame Merkmal der Gnostiker in der Antike, im Mittelalter und zur Zeit der Rosenkreuzer, wie bei Descartes und auch Immanuel Kant, ihre ausgesprochene Zurückweisung der wirkenden, intelligiblen Existenz „platonischer Ideen".

Die christliche Zivilisation verlangt eine weltliche Ordnung, in der alle Menschen — alle individuellen Menschenleben — vor Gott und dem Naturrecht gleich sind, und zwar auf Grund des Prinzips, daß jeder Mensch ein *lebendes Abbild Gottes (imago viva Dei)* ist.[82] Die Ähnlichkeit mit dem Schöpfer liegt im „göttlichen Funken der Vernunft", in den jedem Menschen innewohnenden *schöpferischen Geisteskräften*; deswegen ist der Mensch Ebenbild des Schöpfers.[83] Also gehört der Bereich der „platonischen Ideen", *Monaden* oder „Gedankendinge" dem Reich des Geistigen an, während die bloß sinnliche und formale Kommunikation dem sogenannten Reich des „Materiellen" angehört.

Das charakteristische erkenntnistheoretische Merkmal aller Spielarten des *Gnostizismus* ist die Behauptung, das Geistige stehe in keiner wünschenswerten kausalen Wechselwirkung mit dem anscheinend „Materiellen". Die gnostische Dichotomie teilt das Universum in zwei Universa, ein „geistiges" und ein „materielles", wobei die Ereignisse in jedem von ihnen nur solchen Gesetzen (Axiomen, Postulaten) unterliegen, die jeweils „hermetisch" und ausschließlich dem Innern dieses „Halbuniversums" vorbehalten sind.

In diesem Sinne hat der Leibniz-Gegner und Neuaristoteliker Immanuel Kant in seinen berühmten *Kritiken* die *Monaden* für „nicht erkennbar" erklärt und darauf bestanden, daß es in der Kunst keine Wahrheitsprinzipien gibt.[84] Kants Dogma wurde von den Romantikern des 19. Jahrhunderts, den Gegnern Schillers und der klassischen Polyphonie, aufgegriffen, und zwar als Dogma der hermetischen Abtrennung der *Geisteswissenschaft* (einschließlich der Kunst) von der *Naturwissenschaft*.[85]

In der Geschichte des mittelalterlichen und neuzeitlichen Europa geht jede bedeutende Verbreitung des Gnostizismus immer mit einer Bevorzugung des Aristoteles gegenüber Platon einher.[86] Ebenso gehören dazu die Leugnung eines *Typus*[87] ausgeprägt schöpferischer Tätigkeit sowie die axiomatische Annahme, daß der Bereich des „Materiellen" in seinem Innern *algebraisch* (d.h. mechanisch) geordnet ist.

Wird diese aristotelische, mechanistische Anschauung auf die Musik übertragen, dann folgt sie der pseudowissenschaftlichen Taktik von Helmholtz' *Tonempfindungen*, die vorgibt, man könne Musik vom Standpunkt eines simplen, mechanistischen Dogmas von Erschütterungen, vibrierenden Saiten und Luftbewegungen erklären.[88]

Seit dem Mittelalter und bis zur Zeit Paolo Sarpis[89], waren die von Venedig eingerichteten Schulen in Padua und Rialto (samt der Insel Capri, die seinerzeit dem heidnischen Kaiser Tiberius gehört hatte) die Zentren, von denen aus die Ideen des Aristoteles, des Gnostizismus und des Wuchers in ganz Westeuropa und bis nach Nord- und Südamerika verbreitet wurden. Daraus entstand die „Venezianische Partei", die den „Britischen Liberalismus" begründete und ihre Kolonie, das England des 18. Jahrhunderts, zum Marinestützpunkt für eine Neuauflage des heidnischen Römischen Reiches zu machen.[90] Diese „Venezianische Partei" mit ihren vielfältigen Einflüssen auf das europäische Festland war der Anstifter und Förderer des gnostischen Aristotelismus von Descartes, den englischen Rosenkreuzern des 17. Jahrhunderts, und so weiter.

Deshalb ist das, was wir „europäische Kultur" nennen, bis heute keine homogene Kultur, sondern eher ein noch unentschiedener, andauernder Krieg: Auf der einen Seite steht das Christentum, auf der anderen die mächtige Partei des Wuchers; und letztere ist die heidnische imperiale Fraktion, die gnostische aristotelische Kulte fördert und hinter den Rosenkreuzern, Descartes, dem Empirismus, Immanuel Kant oder den Gegnern Beethovens und Brahms', d.h. den Romantiker des 19. Jahrhunderts, steht.

Die Macht dieser gnostischen Fraktion der „Venezianischen Partei" bestand also in den Mitteln, mit denen sie die Hegemonie des Materialismus gegen die Leibnizsche Wissenschaft und die klassische Kunst beförderte. Genau deshalb, wegen dieser politischen Hegemonie der Gnostiker in den Institutionen von Wissenschaft und Kunst, wurde das Verständnis der klassischen Kunst verstümmelt. Deshalb regiert in Kunst und Wissenschaft der manichäische Dualismus von Savignys romantizistischer Trennung der *Geisteswissenschaft* von der *Naturwissenschaft.*[91] Deshalb lernen die Musiker zwar die Sprache der Musik, doch wird ihnen der Zugang zu ihrer Bedeutung, zum Inhalt und Gegenstand dieser Kunstsprache, verwehrt.

Der entscheidende Punkt ist der: Das Produkt der schöpferischen Vernunft, das musikalische Gedankending, erzeugt mit Hilfe der Paradoxa, die sich aus der sinnlich erfahrbaren Seite der polyphonen Sprache ergeben, im Verstand anderer Menschen dasselbe musikalische Gedankending. Es besteht die große Gefahr, daß das kostbare Wesen klassischer Polyphonie verloren geht, so daß kommende Menschheitsgenerationen nichts mehr davon wissen. Die Verfasser des zweibändigen *Handbuchs über die Grundlagen von Stimmung und Register* sehen ihre Aufgabe darin, dazu beizutragen, das bedrohte Wissen über die klassische Kunst für heutige und künftige Generationen lebendig zu erhalten.

Anmerkungen

1. Lyndon H. LaRouche Jr., „The Classical Idea: Natural and Artistic Beauty," *Fidelio,* Vol. I, Nr. 2, Frühjahr 1992.
2. LaRouche, „Über die Metapher", auf dt. zuerst erschienen in *Ibykus,* Nr. 40, 3. Quartal 1992.
3. *A Manual on the Rudiments of Tuning and Registration,* Hrsg. Schiller Institute, Washington D.C., 1992, Bd. I, S. 229-260.
4. LaRouche, „Über die Metapher", a.a.O.
5. Joseph Haydn, Streichquartette op. 20 und 33. Zur Diskussion des Einflusses, den Haydns Prinzip der Motivführung auf Mozarts Kompositionsmethode hatte, siehe Hermann Abert, *W.A. Mozart, neubearbeitete und erweiterte Ausgabe von Otto Jahns Mozart,* VEB Breitkopf und Härtel, Leipzig, 1983, Bd. II, S. 135-151.
6. J.S. Bach, *Ein Musikalisches Opfer* BWV 1079.
7. LaRouche, „Die Lösung von Platons Paradox: Das ‚Eins' und das ‚Viele'", *Ibykus,* Nr. 35, 2. Quartal 1991.
8. Siehe Anmerkung 3.
9. Zeitgleich mit dem Aufstand des mit Lord Palmerston verknüpften „Jun-

gen Europa" 1848-49 kamen Beethoven und die klassische Polyphonie im allgemeinen unter Attacke; die Angreifer waren dabei u.a. solche gewalttätigen Anarchisten wie Richard Wagner, der wie der berüchtigte Bakunin 1849 am Maiaufstand in Dresden teilnahm. Bakunin war anschließend in Haft, Wagner entkam in die Schweiz. Teil des Angriffs auf die klassische Musik waren Bestrebungen, die Orchesterstimmung von c'=256 Schwingungen abzuschaffen. Die Holzblasinstrumente wurden in ihrer Konstruktion so verändert, daß sie auf eine erhöhte Stimmung von a'=440 Schwingungen oder noch höher getrimmt werden konnten.

10. Um nur drei Beispiele zu nennen: a) 1787 schrieb Mozart seine Serenade Nr. 12 c-moll für 2 Hörner, 2 Oboen, 2 Klarinetten und 2 Fagotte, KV 388 (1782) zum Quintett c-moll für 2 Violinen, 2 Violas und Violoncello, KV 406 um. b) 1797 richtete Beethoven seine Partita Es-Dur für Blasoktett op. 103 (1792, posthum veröffentlicht) als Quintett für 2 Violinen, 2 Violas und Violoncello op. 4 ein. c) 1801 veröffentlichte die Firma Mollo Beethovens Quintett Es-Dur für Klavier und Blasinstrumente op. 16, das er 1797 komponiert hatte, zusammen mit Beethovens eigener Bearbeitung dieses Werks als Quartett für Klavier und Streicher. (Diese Bearbeitung als Klavierquartett sollte allerdings nicht mit der später veröffentlichten Einrichtung für Streichquartett verwechselt werden; damit hatte Beethoven nichts zu tun.)

11. Kardinal Nikolaus von Kues, „De docta ignorantia" (Die belehrte Unwissenheit) in *Werke*, dt. Übers. P. Wilpert, Felix Meiner Verlag, Hamburg, 1967; und „De circuli quadratura" („Von der Quadratur des Kreises"), dt. Übers. Josepha Hoffmann, a.a.O.

12. Archimedes, „Kreismessung" und „Die Quadratur der Parabel" in *Werke*, dt. Übers. F. Rudio, Wissenschaftliche Buchgesellschaft, Darmstadt, 1972.

13. LaRouche, „The Classical Idea...", a.a.O.

14. Platons Ideenlehre kommt in allen seinen Dialogen vor, wobei der gesamte Dialog *Parmenides* diesem Thema gewidmet ist. Zu den Primärquellen gehören (in der wahrscheinlichen Chronologie ihrer Entstehung): Menon, Phaidon, Politeia (Der Staat), Parmenides, Theaitetos und Sophistes (Die Sophisten). In Platon, *Sämtliche Dialoge*, dt. Übers. O. Apelt, Felix Meiner Verlag, Hamburg, 1988.

15. Gottfried Wilhelm Leibniz, „Monadologie", in *Hauptschriften zur Grundlegung der Philosophie*, Bd. II, Felix Meiner Verlag, Hamburg, 1956.

16. Siehe Bernhard Riemann, „Zur Psychologie und Metaphysik", über Herbarts Göttinger Vorlesungen; bzgl. des Begriffs „Geistesmasse" siehe den Text im Anhang aus *Mathematische Werke*, 2. Ausgabe (1892), Nachgelassene Schriften, Hrsg. H. Weber in Zusammenarbeit mit R. Dedekind.

17. LaRouche, „Über die Metapher", a.a.O.

18. Ebenda.

19. Der topologische Aspekt elektromagnetischer Erscheinungen wird schon sichtbar in dem einfachen magnetischen Experiment, das Ampère bei seinen ersten Untersuchungen durchführte: A.M. Ampère, *Theorie mathema-*

tique des phenomenes electro-dynamiques uniquement déduite de l'experience, Blanchard, Paris, 1958.

In dem hier abgebildeten einfachen Apparat dreht sich die Kompaßnadel um 360°, wenn der Kompaß in einer Rotation um 180° von einem Ende der Spule zum anderen geführt wird; das läßt auf eine mehrfach zusammenhängende Topologie der Wirkung schließen.

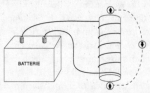

Über Bernhard Riemanns Untersuchungen toroidaler Topologien und von Topologien mit mehrfachem Zusammenhang sowie über deren Anwendung auf elektrische „Ströme" berichtet Felix Klein in: *Über Riemanns Theorie der algebraischen Funktionen und ihrer Integrale*, Teubner, Leipzig, 1882.

James Clerk Maxwell bestand darauf, daß solche topologischen Merkmale für Analysezwecke ignoriert und die Raumregionen mit mehrfachem Zusammenhang durch Schnitte auf Regionen mit einfachem Zusammenhang reduziert werden könnten: J.C. Maxwell, *A Treatise on Electricity and Magnetism*, Dover, New York, 1954.

Eugenio Beltrami lieferte eine vernichtende Widerlegung der Elastizitätstheorie, auf die sich Maxwells elektromagnetische Theorie stützt, in „Sulle equazioni generali dell' elasticitá" (Über die allgemeinen Elastizitätsgleichungen), *Annali di Mathematica pura ed applicata*, Serie II, Bd. X, 1880-82, S. 188-211.

20. Der Mathematiker Hermann Graßmann konstruierte den angeblichen mathematischen Beweis für das von Rupert Clausius und Lord Kelvin fabrizierte Konstrukt, das unter dem Namen „Zweiter Hauptsatz der Thermodynamik" bekannt wurde; Graßmann wurde auch von Clausius herangezogen, um eine inkompetente Kritik an Bernhard Riemanns Arbeit über Elektromagnetik zusammenzuschustern.

In einem 1858 geschriebenen Aufsatz *Ein Beitrag zur Elektrodynamik* wies Riemann die Kohärenz der Theorie der Elektrizität und des Magnetismus mit der des Lichts und der Wärmestrahlung nach. Riemann stellte die These auf, daß die elektrodynamischen Effekte nicht willkürlich auftreten, sondern sich mit einer konstanten Geschwindigkeit ausbreiten, die gleich der Lichtgeschwindigkeit ist. Dieser Aufsatz wurde nach Riemanns Tod veröffentlicht und dann von Clausius kritisiert; Clausius widersprach dem darin vorkommenden Integral, das den Wert des Potentials ausdrückte, mit dem Argument, dieser Wert könne unendlich klein werden. Auf ähnliche Weise kritisierte Helmholtz die Arbeit eines Mitarbeiters von Riemann, Wilhelm Weber, der als der führende Grundlagenforscher auf dem Gebiet der Elektrodynamik anerkannt war. Helmholtz erhob den unsinnigen Vorwurf, Webers Gesetz der elektrischen Kräfte widerspreche dem Energieerhaltungssatz, da es zwei sich anziehenden geladenen Teilchen gestatte, eine theoretisch unendlich große *vis viva* (Energie) zu erreichen.

Weber beantwortete die Kritik in seinem *Sechsten Jahresband: Resultate aus den Beobachtungen des magnetischen Vereins*. Er wies darauf hin, daß dies Argument nur für den Fall gelte, daß den geladenen Teilchen gestattet wäre, eine unendlich große Geschwindigkeit zu erreichen. Daraus leitete Weber ab, daß es für zwei elektrische Teilchen eine endlich begrenzte Geschwindigkeit geben müsse, und zwar eine, deren Quadrat nicht größer sein könne als c^2. Obwohl Maxwell später die Attacke von Helmholtz in einer Ausgabe des *Treatise on Electricity and Magnetism* zurücknahm, wird diese Kritik noch bis heute vorgebracht.

21. LaRouche, *Verteidigung des gesunden Menschenverstandes*, Dr. Böttiger Verlag, Wiesbaden, 1990, S. 8-41.

22. LaRouche, „Über die Metapher", a.a.O.

23. Platon, *Timaios* in *Sämtliche Dialoge*, Felix Meiner Verlag, Hamburg, 1988.

24. Platons Beitrage über Geometrie und Dialektik siehe: Platon, *Der Staat*, a.a.O.

25. Siehe Nora Hamerman, „The Council of Florence: The Religious Event That Shaped the Era of Discovery", *Fidelio*, Vol. I, Nr. 2, Frühjahr 1992.

26. Gottfried Wilhelm Leibniz, „Specimen dynamicum" (1695), dt. Übers. in *Hauptschriften zur Grundlegung der Philosophie*, Bd. 1, a.a.O.; Johann Bernoulli, „Curvatura radii", in *Acta Eruditorum*, Mai 1697, engl. Übers. in D.J. Struik, *A Source Book in Mathematics 1200-1800*, Princeton University Press, Princeton, N.J., 1986.

27. Nikolaus von Kues, „De docta ignorantia", a.a.O.

28. Luca Pacioli, *De Divina proportione* (1497), mit Illustrationen von Leonardo da Vinci; dt. *Die Lehre vom Goldenen Schnitt*, nach der venezianischen Ausgabe v. J. 1509, neu hrsg., übers. und erl. von Constantin Winterberg, C. Graeser, Wien 1889. Reproduktionen dieser Zeichnungen finden sich in *Leonardo: Künstler, Forscher, Magier* (engl. Originaltitel „The Unknown Leonardo"), Hrsg. Ladislao Reti, S. Fischer, Frankfurt, 1974.

29. Siehe z.B. Johannes Kepler, *Mysterium cosmographicum* (Das Weltgeheimnis), übers. und hrsg. von Max Caspar, Augsburg, 1923, darin S. 45: „Der Cusaner und andere erscheinen mir gerade aus dem einen Grund so göttlich groß, weil sie das Verhalten des Geraden und Krummen zueinander so hoch eingeschätzt und gewagt haben, das Krumme Gott, das Gerade den geschaffenen Dingen zuzuordnen."

30. Pierre de Fermat, *Oeures Fermat*, 1891, epistl. xlii, xliii.

31. Blaise Pascal, *L'oevre de Pascal*, Hrsg. Jacques Chevalier, Gallimard, Paris, 1954.

32. Christiaan Huygens, *Die Penduluhr, oder geometrische Demonstration über die Pendelbewegung, bei Uhren angewendet*, dt. Übers. hrsg. von A. Heckscher und

A. Oettingen, Leipzig, 1913; auch *Abhandlungen über das Licht* (1690), Hrsg. Eugen Lommel, Engelmann, Leipzig, 1890.

33. Siehe Anmerkung 26.

34. Als Musiker war Leonardo zu seiner Zeit ebenso berühmt wie als Künstler und Ingenieur. Obwohl das vermutlich von Leonardo stammende Buch *De voce* (Über die Stimme) verlorengegangen ist, geben uns die vorhandenen *Codices* wichtige Beispiele dafür, wie er über Theorie und Praxis des Streichinstrumentenbaus dachte und wie stark er dessen spätere Entwicklung beeinflußte.

Die umfassendste Darstellung dessen gibt Emanuel Winternitz, *Leonardo da Vinci as a Musician*, Yale University Press, New Haven, 1982. Leonardo war nicht nur eng mit den führenden Instrumentenbauern der damaligen Zeit befreundet, er war auch ein gefeierter Virtuose auf der *lira da braccio*. Dieses Saiteninstrument, bei dem die Saiten mit einem Bogen gestrichen wurden, war ein Vorläufer der Violine, und es gilt allgemein als das Streichinstrument, das ihr am nächsten gekommen ist. Auf dem Höhepunkt ihrer Entwicklung hatte die *lira da braccio* einen flachen, abgerundeten Körper und fünf Saiten, die auf das Griffbrett gedrückt werden konnten; zusätzlich besaß sie noch zwei leere Saiten, die frei außerhalb des Griffbretts verliefen. Wenn sie vom Spieler mit dem Bogen berührt oder mit dem Finger gezupft wurden, gaben sie den Ton ab, der ihrer vollen Länge entsprach. Das Instrument wurde gegen den Oberarm gehalten, hatte einen weicheren Ton als die moderne Violine und wurde gebraucht, um mehrstimmig (und gewöhnlich improvisiert) das Singen von Poesie zu begleiten.

Für Leonardos Interesse an der Entwicklung von Instrumenten, die mehrstimmige Chormusik imitieren und verstärken konnten, gibt es ein weiteres Beispiel: seine Bemühungen, eine „Viola organista" zu entwickeln, ein der Orgel ähnliches Tasteninstrument. Doch produzierte die „Viola organista" die Töne nicht mit Hilfe von Luft, sondern durch eine Einrichtung, mit der ein ständig über den Saiten befindlicher Bogen aktiviert werden konnte; das sollte eine ganze Gruppe von Violas imitieren.

Eine der frühesten, uns heute bekannten musikalischen Erfindungen Leonardos ist eine ungewöhnliche „Lyra" (wahrscheinlich eine *lira da braccio*) in Gestalt eines Pferdeschädels, die er 1482 Ludovico Sforza, dem Herrscher von Mailand, vorstellte. Dieser Versuch, unter Ausnutzung der Schädelhöhlen (wenn auch in diesem Fall mit Hilfe eines Tierschädels) ein Instrument mit einer größeren Resonanz zu konstruieren, legt die Vermutung nahe, daß Leonardo zwischen der Tonerzeugung durch die menschliche Stimme und der durch die Streichinstrumente einen Zusammenhang gesehen hat; diese Vermutung ist um so begründeter, als Leonardos Zeichnungen des menschlichen Schädels aus der Zeit um 1490 beweisen, daß er als erster die Nebenhöhlen identifizierte, die bei der Festlegung der Register und der Verstärkung der Stimme eine große Rolle spielen.

Die Violine selbst entstand in der ersten Hälfte des 16. Jahrhunderts. Im Vergleich zur *lira da braccio* gab es etliche Veränderungen: Die beiden freilaufenden Saiten fehlten, auf dem Griffbrett befanden sich nur vier Saiten, und der Körper hatte die berühmte, in der Mitte nach innen gebogene Form, die es der Violine ermöglichte, die Intensität der Belcanto-Singstimme zu reproduzieren. In einem Aufsatz, der in seinem Buch *Musical Instruments and their Symbolism in Western Art* (Yale University Press, New Haven, 1967) wieder abgedruckt wurde, stellte Winternitz die Hypothese vor, daß die erste wirkliche Violine wahrscheinlich von dem Maler Gaudenzio Ferrari erfunden wurde; ein Fresco dieses Malers in Saronno, einer Stadt in der Nähe Mailands, zeigt einen Engel, der auf einer deutlich zu identifizierenden Geige spielt. Wenngleich Gaudenzio auch nicht direkt Leonardos Schüler war, so gehörte er doch zur Lombardischen Schule, deren Entwicklung auf dem Einfluß der zwei langen Aufenthalte Leonardos in Mailand beruhte; darüber hinaus teilte Gaudenzio Leonardos Interesse an der Malerei, am Gesang und der Entwicklung von Musikinstrumenten. In der stark von Leonardo beeinflußten Lombardei liegt auch die Stadt Cremona, wo die Geigenfamilie der Streichinstrumente vom späten 16. bis zum Ende des 18. Jahrhunderts bis zur Vollkommenheit entwickelt wurde. Sichtbare Zeichen von Leonardos Einfluß auf die Malerei und die bildenden Künste finden sich überall in dieser Gegend, und es gibt keinen Grund anzunehmen, daß das nicht auch für die Musikinstrumente gelten sollte.

35. Nikolaus von Kues entwickelt in *De visione Dei* (Von der Gottesschau, 1464), den Gedanken, daß jede Gattung mit ihren natürlich entwickelten Fähigkeiten nach einer höheren Existenzform „strebt", so wie der Mensch in seinem Streben nach dem Verständnis des Absoluten — Gottes. Die Idee der negentropischen Entwicklung der Gattungen als Charakteristikum der Schöpfung wird hier mit dem poetischen Begriff des *terminus specie* ausgedrückt. Die cusanische Idee negentropischer Gattungsentwicklung als Charakteristikum der Schöpfung wird hier mit dem poetischen Begriff des *terminus specie* ausgedrückt. Das Universum besteht in negentropischem Wachstum immer höherer Ordnung, dessen Mikrokosmos die menschliche Vernunft ist. Jede Gattung erkennt diese göttliche Schöpfungsordnung auf ihre eigene Weise und wird beim Übergang von einer Ordnungsstufe zur nächsten zur Singularität. So verfügt die Gattung über einen *terminus specie*, die Aktualisierung der Unendlichkeit in einem Punkt, der die Weiterentwicklung ermöglicht.

36. LaRouche, „Über die Metapher", a.a.O.

37. Siehe Anmerkung 34.

38. Immanuel Kant, „Kritik der Urteilskraft", *Werke*, Wissenschaftliche Buchgesellschaft, Darmstadt, 1968. Friedrich Schillers Widerlegung Kants findet sich in: Friedrich Schiller, „Über die ästhetische Erziehung des Menschen", „Über Anmut und Würde", „Fragmente aus den ästhetischen Vorlesungen" in *Werke*, Winkler Verlag, München, 1968; sowie in den Briefen

an Körner von Januar-Februar 1793, die Schiller als „Kallias, oder über die Schönheit" herausgeben wollte. (Briefwechsel zwischen Schiller und Körner, hrsg. und komm. von Klaus L. Berghahn, Winkler Verlag, München, 1973).

39. Wörtlich lautet die korrekte deutsche Übersetzung von Platons *eidos* „Idee". Platon meint damit, was Leibniz als *Monade* und was ich als „Gedankending" bezeichne.

40. Nikolaus von Kues, *De docta ignorantia*, Buch I, a.a.O.

41. Obwohl der Tempel des Orakels von Delphi gewöhnlich mit dem Apollo-Kult identifiziert wird, war Apollo selbst zur Zeit des klassischen Griechenland nur einer von drei heidnischen Göttern des ganzen Tempelkomplexes. Die ursprünglichen Gottheiten der Tempelanlage waren buchstäblich Satan und seine Mutter, die dort die Namen *Python* und *Gaia* trugen. Python gab sich an vielen Orten auch den phrygischen Namen *Dionysos*. In der Antike, zur Zeit des Geschichtsschreibers Plutarch, einem berühmten Apollo-Priester von Delphi, war das Orakel eine Priesterin, die den Namen *Pythia* trug und damit ihre Position als Priesterin des Python zu erkennen gab. Sie gab ihre Orakelsprüche an der Grabstätte des Python-Dionysos. Nach dem Götzendienst gaben die Apollo-Priester den rätselhaften Sprüchen des Orakels ihre eigene „Interpretation". Python-Dionysos war gleichbedeutend mit der indischen Shiva, dem semitischen Satan und dem Osiris der Hellenen; dieser Dionysos war der Satan, den der selbsternannte „Anti-Christ" Friedrich Nietzsche verehrte. Nietzsche war bekanntlich ein Vordenker des New Age und dessen frühen Vertreters Adolf Hitler. Bzgl. Nietzsches Selbstcharakterisierung als dionysischer Anti-Christ siehe F. Nietzsche, „Warum ich ein Schicksal bin" und passim in „Ecce Homo", *Gesamtausgabe*, Carl Hanser Verlag, München, 1969.

42. Die Stadt Rom stieg gegenüber den Latinern und später ganz Italien zur Macht auf, weil ihr Gönner, der Kult von Delphi, zu ihren Gunsten intervenierte. Römische Legionäre ermordeten Archimedes im Jahre 212 v. Chr.

43. Siehe Anmerkung 12. Nikolaus von Kues erhielt die Schriften des Archimedes wahrscheinlich aus der griechischen Sammlung, die Georgios Gemistos („Plethon") nach Florenz gebracht hatte.

44. Bzgl. der Werke des Archimedes siehe Anmerkung 12. Eine Zusammenfassung der ägyptischen Methode der Quadratur des Kreises gibt Carl B. Boyer, *A History of Mathematics*, 2. Ausgabe, überarb. von Uta C. Merzbach, John Wiley & Sons, New York, 1991, Kap. 2.

45. Nikolaus von Kues, „De circuli quadratura", a.a.O.

46. LaRouche „Metapher", a.a.O.

47. Siehe unten, Kap. IV.

48. Siehe Anmerkung 27.

49. Jacob Steiner, *Die geometrischen Konstruktionen ausgeführt mittels der geraden Linie und eines festen Kreises, als Lehrgegenstand auf höheren Unterrichtsanstalten und zur praktischen Benutzung*, Dümmler, Berlin, 1833. Steiner unterrichtete Bernhard Riemann an der Universität Berlin in Geometrie.

50. Euklid, *Die Elemente*, Buch 1-13, übers. und hrsg. von Clemens Thaer, Wissenschaftliche Buchgesellschaft, Darmstadt, 1973.

51. LaRouche, *A Concrete Approach to U.S. Science Policy*, Hrsg. Schiller Institute, Washington, D.C., 1992.

52. Siehe Carlo Zammattio über Leonardos Wasserstudien in *Leonardo: Künstler, Forscher, Magier* (The Unknown Leonardo), a.a.O. bzgl. der Diagramme und Zitate der verschiedenen Manuskripte Leonardos; und Dino De Paoli, „Leonardo: Father of Modern Science", in *Campaigner*, Vol. XV, No. 1, Oktober 1985; sowie „Leonardo und die Wissenschaft der Technologie", *Ibykus*, Nr. 3, November 1982, der aus Riemanns Sicht einen Überblick über Leonardos Untersuchungen der Strömungsmechanik gibt. Leonardos hydrodynamische Untersuchungen faßte F.L. Arconati zusammen in *Del moto e misura dell'aqua* (1643).

53. Johannes Kepler, *Vom sechseckigen Schnee*, siehe Anhang.

54. Siehe Anmerkung 25.

55. Georg Cantor, *Gesammelte Abhandlungen*, Hrsg. Ernst Zermelo, Hildesheim, 1962; siehe auch „Beiträge zur Begründung der transfiniten Mengenlehre", in *Gesammelte Abhandlungen mathematischen und philosophischen Inhalts*, Springer Verlag, Berlin-Heidelberg, 1990.

56. 1931 bewies der österreichische Mathematiker Kurt Gödel auf formalem Wege, daß man innerhalb eines formallogischen Systems Annahmen formulieren kann, deren Wahrheit mit den innerhalb des Systems geltenden Gesetzen nicht bestimmt werden kann. Gödels Beweis war eine, wenn auch negativ begründete, Antwort auf das „Zweite Problem" der berühmten 23 ungelösten Probleme, die der Göttinger Mathematikprofessor David Hilbert 1900 dem Zweiten Internationalen Mathematikerkongreß in Paris vorgelegt hatte. Hilberts „Zweites Problem" bestand darin zu bestimmen, ob die Konsistenz der arithmetischen Axiome bewiesen werden könne — d.h. ob sie niemals zu widersprüchlichen Resultaten führen. Derselbe formale Ansatz lag vielen Fragen Hilberts zugrunde, einschließlich dem „Zehnten Problem", das sich mit der Lösung Diophantischer Gleichungen befaßte. (Sie sind nach dem griechischen Mathematiker Diophantos von Alexandria, um 250 v. Chr., benannt und bezeichnen algebraische Gleichungssysteme mit mehr Variablen als Gleichungen. Hier sollen die Koeffizienten und Lösungen ganzzahlig sein.)

Bzgl. Hilberts „Zehnten Problems" siehe Carl B. Boyer, *A History of Mathematics*, a.a.O.; siehe auch Ernest Nagel und James R. Newman, *Gödel's Proof*, New York University Press, New York, 1958.

57. 1672 wurde Gottfried Leibniz praktisch ins „Kollegium" der von Minister Jean-Baptiste Colbert begründeten Französischen Königlichen Akademie der Wissenschaften in Paris aufgenommen; dort begann seine lange währende Zusammenarbeit mit Christiaan Huygens.

58. Huygens benutzte z.B. Leonardos Konstruktion der Lichtstreuung in einem kugelförmig gekrümmten Spiegel am Ende seiner *Abhandlungen über das Licht*, a.a.O.

59. Gottfried Wilhelm Leibniz, „Historio et origo calculi differentialis" (Geschichte und Ursprung der Differentialrechnung) in Leibniz, *Mathematische Schriften*, Georg Olms Verlag, Hildesheim, New York, 1971.

60. Die wesentlichen Merkmale der Entdeckungen des Autors aus den Jahren 1948-52 wurden erneut in seiner Schrift „Über die Metapher" dargestellt, a.a.O.

61. Es ist eine im wörtlichen Sinn in Stein gemeißelte Tatsache, daß die Kirchenchöre in Florenz schon vor 1430 in der Technik des Belcanto unterrichtet wurden. Die Skulpturen von Luca della Robbia im Chorgestühl des Florentiner Doms Santa Maria del Fiore aus dem Jahre 1431 zeigen Kinder, die auf die Art singen, die wir heute als Belcanto bezeichnen. Unglücklicherweise enstand im Laufe des 17. und 18. Jahrhunderts in Venedig und anderswo ein „venezianischer" Belcanto für Castrati, der angehenden Tenören heute nicht zu empfehlen ist. Siehe auch Nora Hamerman, a.a.O., sowie unveröffentlichte Untersuchungen über den venezianischen Pseudo-Belcanto.

62. J.S. Bachs *Musikalisches Opfer* besteht aus zwei großen fugalen Verarbeitungen des „königlichen Themas" (das diesen Namen erhielt, weil Bach es vom Preußenkönig Friedrich „dem Großen" bekommen hatte), sowie einer Reihe kanonischer Bearbeitungen und einer Triosonate. In der ersten Fuge, dem „dreistimmigen Ricercar" („ricercar" = Forschung oder Untersuchung, Verarbeitung), stellt Bach das Thema in der Sopranstimme vor:

Die Einteilung der Stimmregister wurde mit den gleichen Zeichen wie in *A Manual on Tuning*, a.a.O., vorgenommen. Das dritte Register (III) ist durch eine schraffierte Umrahmung gekennzeichnet, das zweite Register (II) bleibt unbezeichnet und das erste Register (I) wurde entweder mit einer schraffierten Box (Frauenstimmen), oder mit einer dünnen Umrahmung (Männerstimmen, kommt in diesen Beispielen nicht vor) gekennzeichnet.

Das Thema beginnt mit zwei Noten im zweiten Register, gefolgt von zwei Noten im dritten; dann kommt ein tiefer Sturz ins zweite Register auf h'. Der vierte Takt legt den Schwerpunkt auf den III-II-Registerwechsel mit dem fis' auf dem ersten, stark betonten Taktteil und dem unmittelbar folgenden f'. Die Phrase fährt in ihrer Abwärtsbewegung ins zweite Register fort, und zwar in den kleinstmöglichen Schritten, den Halbtonintervallen; mit einem Sprung zu einer Kadenz schließt das ganze Thema ab.

Anders als im „dreistimmigen Ricercar" führt Bach das Thema im „sechsstimmigen Ricercar" mit der Mezzosopranstimme ein:

Die Registereinteilung der ersten fünf Noten des Themas entspricht der des Soprans; doch lenkt der Registerwechsel der dann folgenden absteigenden Figur die Aufmerksamkeit auf die Besonderheit des Themas: die Zweideutigkeit zwischen der Tonart C-Dur, mit e' als drittem Ton ihrer Tonleiter, und der Tonart c-moll, deren dritter Ton um einen halben Ton auf es' verringert wurde. Diese zwischen Dur und Moll wechselnde Zweideutigkeit bildet den Kern des Gedankendings, das die Entwicklung aller Kompositionen antreibt, die mit dem *Musikalischen Opfer* zusammenhängen.

Die Anfangstakte von Mozarts Klaviersonate c-moll KV 457 beweisen, welchen Fortschritt Mozart in der Behandlung derselben thematischen Idee gemacht hat:

Hier sind nur die „Sopran"- und die „Mezzosopran"-Stimme der Klavierpartitur zu sehen. Die ersten fünf Noten werden unisono von beiden Stimmen gesungen, wieder mit einem ähnlichen Registerwechsel. Nur in den Takten 9-13 tritt die Zweideutigkeit zwischen Dur und Moll zutage. Die absteigende Figur der Mezzosopranstimme wird von der Sopranstimme mit derselben Figur beantwortet, allerdings eine Oktave höher.

Mozart hat später seine Fantasie in C KV 475 komponiert, offensichtlich um die Kompositionsprinzipien seiner Sonate KV 457 zu erklären. Die Anfangstakte zeigen die Zweideutigkeiten des „königlichen Themas" in konzentriertester Form:

Wieder sind hier nur die „Sopran"- und Mezzosopran"-Stimme der Klavierpartitur zu sehen. In der beginnenden, unisono vorgetragenen Phrase kommen beide Töne, fis' und es', vor; sie stellen zusammengenommen einen „Grenzwert" dar, d.h. einen eng umgrenzten Bereich, außerhalb dessen die Registerwechsel für beide Stimmen nicht mehr gleich wären. Der zweite Takt wird vom Sopranregister beherrscht, mit dem Registerwechsel auf dem hohen fis''. Im dritten und vierten Takt dominiert jedoch das Mezzosopranregister, mit dem Registerwechsel (von unten) auf das e'. Der poetische Wechsel vom ersten Taktpaar auf das zweite wird unterstrichen durch die Phrasierungsbögen in Takt 3, die sich von denen des ersten Taktes unterscheiden. (In vielen modernen Ausgaben der Klavierwerke Mozarts wurden die Phrasierungsbögen so geändert, daß sie in den Takten 1 und 3 identisch sind.)

63. Nach Urteil des Autors wird einem das entsprechende Gedankending allmählich klar, wenn man sich eine Aufführung der Partitur mit größter Konzentration, immer wieder, und mit experimentellen Veränderungen, im eigenen Kopf vorstellt und anhört.

64. Über Baron Gottfried van Swieten und seinen Salon siehe David Shavin, „Mozart and the American Revolutionary Upsurge", *Fidelio*, Vol. I, No. 4, Winter 1992. Ebenso Hartmut Cramer, „Mozarts Bach-Studien: Schlüssel zu seinem Werk", *Ibykus*, Nr. 36, 3. Quartal 1991. Siehe auch Bernhard Paumgartner, *Mozart*, Piper, München, 1991) S. 299-308.

65. Jonathan Tennenbaum, „Grundlagen der wissenschaftlichen Stimmung" *Ibykus*, Sonderausgabe, August 1988.

66. Siehe *A Manual on Tuning*, a.a.O., Kap. 11.

67. Ebenda, S. 201, Anmerkungen 2-5.

68. Ebenda, S. 202-208.

69. Ebenda, S. 208-220.

70. Siehe Gustav Jenner, *Johannes Brahms als Mensch, Lehrer und Künstler, Studien und Erlebnisse*, N.G. Elwertsche Verlagsbuchhandlung, G. Braun, Marburg/L., 1930.

71. Siehe *A Manual on Tuning*, a.a.O.

72. LaRouche „Metapher" a.a.O.; und *Christentum und Wirtschaft*, Dr. Böttiger Verlag, Wiesbaden, 1992.

73. LaRouche, „Metapher" a.a.O.

74. LaRouche, „Metapher", a.a.O.; und *U.S. Science Policy*, a.a.O., Kap. IV, S. 108-111 und Anmerkung 3.

75. Siehe *A Manual on Tuning*, a.a.O., Kap. 11.

76. LaRouche, *Christentum und Wirtschaft*, a.a.O.

77. Die Terrordemagogen Danton und Marat wurden von London ausgebildet und in Marsch gesetzt, und zwar unter direkter Aufsicht von Jeremy Bentham, der für den Earl of Shelburne (von der britischen Ostindischen Kompanie) arbeitete. Robespierre und sein Freundeskreis wurden von Philippe „Egalité", dem Herzog von Orleans und führendem Freimaurer, in Zusammenarbeit mit dem Schweizer Bankier Jacques Necker gefördert;

beide waren Verbündete Londons. Necker hatte die französische Regierung in den Bankrott getrieben; seine Tochter, die berüchtigte Madame de Staël, eine angebliche Freundin der Königin Marie Antoinette, war Gastgeberin des modischen Salons, der den politischen Zielen der blutrünstigen Jakobiner Vorschub leistete.

78. Indem nach dem Wiener Kongreß bzw. Vertrag die Bourbonen wieder eingesetzt wurden, schaffte die britische Regierung sich die führende wissenschaftliche Institution Frankreichs, die Ecole Polytechnique vom Hals. Ihr Gründer Gaspard Monge wurde entlassen, sein brillantes und erfolgreiches Leibnizsches Erziehungs- und Arbeitsprogramm wurde gestoppt. Die französische Wissenschaft verfiel danach sehr schnell, und zwar soweit, daß etwa von 1827 an Deutschland die wissenschaftliche Führung in der Welt übernahm — bis zu Adolf Hitlers Machtergreifung.

79. Als britischer Premierminister brachte Lord Palmerston seinen Protegé Napoleon III. in Frankreich an die Macht; damit setzte er seine frühere Politik fort, die u.a. darin bestanden hatte, Mazzinis freimaurerische Terrorbanden 1848-49 auf dem ganzen eopäischen Kontinent einzusetzen.

80. LaRouche, *U.S. Science Policy*, a.a.O., Kap. IV, S. 103-107.

81. Ebenda, Kap. IV, S. 93-97.

82. LaRouche, *Christentum und Wirtschaft*, a.a.O.

83. Siehe Philon („Judaeus") von Alexandria, „Über die Weltschöpfung", in *Die Werke*, dt., Walter de Gruyter, Berlin, 1964.

84. Immanuel Kant, *Kritik der Urteilskraft*, a.a.O. Siehe auch LaRouche, *Christentum und Wirtschaft*, a.a.O.

85. Der Berliner Universitätsprofessor Karl von Savigny, ein Vorläufer der Rechtsauffassung der Nazis, war im 19. Jahrhundert ein tonangebender Befürworter des irrationalistischen Dogmas der Romantiker, und zwar in Kunst und Wissenschaft. Er verbreitete die heute allgemein vertretene neukantiansche Lehre von der „hermetischen" Trennung zwischen Geistes- und Naturwissenschaft.

86. Das begann in der östlichen Kirchenhierarchie unter Führung der byzantinischen Kaiser; dort wurde Platon zugunsten von Aristoteles fallengelassen, und zwar viele Jahrhunderte, bevor dieses gnostische Dogma über das maurische Spanien und Venedig nach Westeuropa kam. Natürlich stammen die sogenannten „neuplatonischen" Kulte, die in Byzanz entstanden waren und von dort nach Westeuropa gebracht wurden, von der Lehre des Aristoteles ab, und nicht von Platon.

87. Der Begriff „Typus" wird hier im Sinne Georg Cantors benutzt.

88. Hermann von Helmholtz, *Die Lehre von den Tonempfindungen als physiologische Grundlage für die Theorie der Musik*, Vieweg & Sohn, Braunschweig, 1863.

89. Paolo Sarpi (1550-1623), ehemaliger Generalbevollmächtigter des religiösen Servitenordens, wurde 1606, am Vorabend eines erbitterten Kampfes zwischen Venedig und der Katholischen Kirche zum Staatstheologen in Venedig ernannt. Sarpi war der führende Theoretiker der Fraktion der

venezianischen Aristokratie, die sich „Neue Häuser" (*i nuovi*) nannte und 1582 bei einem der dramatischsten Machtkämpfe in der venezianischen Geschichte gegen die „Alten Häuser" (*i vecchi*) siegte.

Die Fraktion der *nuovi* schlug folgendes Programm vor: 1) Totalangriff auf die Kirche in Rom sowie Roms Verbündete, Spanien und das Haus Habsburg; 2) eine großangelegte Verlagerung der venezianischen Finanzmacht nach Norden, nämlich England und Holland, um angemessen auf die Entdeckung der Neuen Welt reagieren und neue Handelswege eröffnen zu können. Obwohl selbst ein radikaler Materialist und Schönredner der riesigen venezianischen Familienvermögen, die damals reorganisiert wurden, attackierte Sarpi als Venedigs ideologischer Scharfmacher die Katholische Kirche schonungslos als „weltlich", „korrupt" und von einer „päpstlichen Monarchie" regiert.

90. H. Graham Lowry, *How the Nation Was Won: America's Untold Story*, 1630-1754, Hrsg. Executive Intelligence Review, Washington, D.C., 1987), S. 74-76, 158-201.

91. Siehe Andreas Buck, „Das Elend der deutschen Jurisprudenz: Karl von Savigny", *Ibykus*, Nr. 11, 1984.

Nikolaus von Kues (1401-1464)

Kardinal Nikolaus von Kues, der große Philosoph, Theologe und Kirchenreformer der Renaissance, gilt zu Recht als Begründer der modernen Naturwissenschaft, denn er gab den Anstoß zur ersten „Revolution" in der Mathematik.

Die Geschichte der Mathematik läßt drei grundverschiedene Ebenen erkennen: Die erste Ebene umfaßt die euklidische Geometrie, wie sie auch von Archimedes benutzt wurde. Die zweite Ebene entwickelte sich durch die Einführung der nichtalgebraischen oder transzendentalen Funktionen und geht im wesentlichen auf Nikolaus von Kues zurück. Dessen Erkenntnisse wurden von Geometern der Renaissance wie Brunelleschi und Leonardo da Vinci weitergegeben und gelangten in den letzten Jahrzehnten des 17. Jahrhunderts besonders durch die Arbeiten von Huygens, Leibniz und Bernoulli zu voller Blüte. 150 Jahre später bewegte sich Bernhard Riemann bereits an der äußeren Grenze dieser Ebene, und nicht sehr viel später stieß Georg Cantor zur dritten Ebene der Mathematik des Transfiniten vor.

Bei dem folgenden Text handelt es sich um den zweiten Teil der Schrift „De circuli quadratura", worin er erläutert, warum keine der zuvor dargelegten Möglichkeiten der Kreisberechnung zu einer Gleichheit von Vieleck und Kreis führen können. Der Text findet sich in Nikolaus von Kues, Die mathematischen Schriften, 2. verb. Auflage, Philosophische Bibliothek Bd. 231, Felix Meiner Verlag, Hamburg, 1980. Der Abdruck erfolgt mit Genehmigung des genannten Verlags.

(...) Ich habe Dir alles, was man über die Gleichheit der Umfänge von krumm- und geradlinig begrenzten Figuren wissen kann, klar gemacht, nämlich, daß das Folgende der Wahrheit näher kommt: *Die Gleichheit kann man nicht kennen*, und selbst das, was man auf diesem Gebiet am genauesten wissen kann, ist durch einen kurzen Satz klargelegt. Damit habe ich Deinen Wunsch, so gut ich konnte, erfüllt. Du mußt wissen: Du hast damit eine Methode, alles zu untersuchen, was man mathematisch wissen kann. In der mathematischen Wissenschaft ist jeder Satz, aus dem die genaue Gleichheit von Kreis und Quadrat folgt, unmöglich. Und jeder Satz, durch dessen Gegenteil die genaue Gleichheit eingeführt werden könnte, ist notwendig richtig. Ich versichere sogar: Wer es in der mathematischen Wissenschaft versteht, jede Untersuchung hierauf zurückzuführen, hat die Vollendung dieser Kunst erreicht. Denn hier ist gar nichts wahr, aus dessen Gegenteil nicht die Gleichheit von Kreis und Quadrat folgen würde. Und das ist die vollständig hinreichende Lösung einer jeden mathematischen Untersuchung.

Was man aber bei der Verwandlung von Figuren und in zahlenmäßig nicht erfaßbaren Verhältnissen ohne letzte Genauigkeit, jedoch im Bereich eines jeden wahrnehmbaren oder angebbaren Fehlers auch von kleinstem rationalem Betrag wissen kann, das habe ich in dem Dargelegten klargemacht. Damit weißt Du, daß sich der Durchmesser zum Kreisumfang verhält wie $2\,1/2\,\sqrt{1575} : 6\,\sqrt{2700}$. Zwar ist dies nicht der genaue Wert, jedoch ist er weder größer noch kleiner um eine Minute oder einen angebbaren Bruchteil einer Minute. Und so kann man nicht wissen, um wieviel er von der letzten Genauigkeit abweicht, da er mit einer gewöhnlichen Zahl nicht erreichbar ist. Und deshalb läßt sich dieser Fehler auch nicht beheben, da er nur durch eine höhere Einsicht und keineswegs durch einen sichtbaren Versuch faßbar ist. Daraus allein kannst Du nun wissen, daß erst in dem unserem Wissen unzugänglichen Bereich ein genauerer Wert erreicht wird. Ich habe nicht gefunden, daß diese Erkenntnis bisher überliefert wurde.

Es scheint außerdem nützlich, zu beachten, daß man, wie Du in diesem Falle siehst, durch eine Figur, z.B. das Quadrat, eine andere, nämlich den Kreis oder umgekehrt, nicht so genau erreichen kann, daß er sich nicht mehr genauer angeben ließe, selbst wenn der Fehler keineswegs in Erscheinung tritt. So ist in jeder Untersuchung des Wahren, wo wir vom einen zur Erkenntnis des anderen fortschreiten – vom Bekannten zum Unbekannten –, das nämliche zu bemerken, wie man nämlich das Wahre auf verschiedene und mannigfache Weise vor der letzten Genauigkeit erreichen kann, durch die eine Überlegung genauer als durch die andere, durch keine aber vollkommen genau, selbst wenn der Fehler nicht in Erscheinung tritt. Das Maß, mit dem der Mensch die Erforschung der Wahrheit anstrebt, hat zur Wahrheit selbst kein rationales Verhältnis, und daher nimmt derjenige, der sich diesseits der Genauigkeit beruhigt, den Irrtum nicht wahr. Und darin unterscheiden sich die Menschen: Die einen brüsten sich, zur vollen Genauigkeit vorgedrungen zu sein, deren Unerreichbarkeit die Weisen erkennen, so daß jene die weiseren sind, die um ihre Unwissenheit wissen.

Zu Anfang legte ich Dir nahe, Dich auf diesem Wege der Angleichung von den mathematischen Wissenschaften zur Theologie zu begeben; denn dies ist der passendere Weg des Aufsteigens. Das mathematische Denken hat seinen Sitz in den wahren Kräften des Geistes, da es die Figuren in ihrer wahren Gestalt, frei vom veränderlichen Stoff betrachtet. Daher steigt man zur ersten Form, d.h. zur absoluten Form der Formen, durch eine Art von Angleichung leichter auf, nachdem man die Vielfalt der Figuren hinter sich gelassen hat. Alle Theologen suchen doch nach einer gewissen Genauigkeit, vermittels deren sie die dem Kreis ähnliche Ewigkeit, die einzige und allereinfachste, erreichen können. Aber die unendliche Macht ist inkommensurabel zu jedem Nicht-Unendlichen, wie die Kreisfläche zu jeder Nicht-Kreisfläche inkommensurabel bleibt.

Wie also der Kreis die figürliche Vollendung ist, jede mögliche Vollendung der Figuren in sich zusammenfassend, und wie seine Fläche die Fläche aller Figuren umfaßt und nichts gemeinsam hat mit irgendeiner anderen Figur, sondern in sich vollkommen einfach und einzig ist, so ist die absolute Ewigkeit die Form aller Formen, die in sich einschließt die Vollendung, und so umfängt ihre Allmacht alle Kraft der Formen, eine jede Art, aber ohne ein Gemeinschaftliches zu haben mit irgendeiner anderen Form. Und wie die Kreisfigur in der Eigenschaft, daß sie weder Anfang noch Ende hat, eine gewisse Ähnlichkeit mit der Ewigkeit besitzt, und in ihrer Fläche, in der sie die Flächen aller Figuren einschließt, eine gewisse Figur der Allmacht darstellt, und in der engen Verbindung, mit der sich Umfang und Fläche vereinigen, gewissermaßen eine Figur der liebevollsten unendlichen Verbindung darstellt, so schauen wir in der göttlichen Wesenheit die Ewigkeit, die in sich hat die Allmacht, und in beiden die unendliche Vereinigung. In der Ewigkeit schauen wir den Anfang ohne Anfang, und dies eben nennen wir den väterlichen Urgrund. In der Allmacht, die aus dem Anfang ohne Anfang kommt, schauen wir den unbegrenzten Anfang von Anfang an, in der unendlichen Verbindung schauen wir die liebevollste Vereinigung des Anfangs ohne Anfang und des Anfangs von Anfang an. Darin nämlich, daß wir in der göttlichen Wesenheit die Ewigkeit sehen, schauen wir den Vater. Darin, daß wir in der nämlichen Wesenheit die Macht der Ewigkeit sehen, die nicht anders als unendlich sein kann, da sie die Macht der Ewigkeit ist — des Anfangs ohne Anfang —, darin schauen wir die Gleichheit der ewigen Einheit, d.h. den Sohn des Vaters. Darin, daß wir die liebevollste Vereinigung der ewigen Einheit und ihrer Gleichheit sehen, schauen wir den Geist der beiden. In der einfachsten Einheit der Ewigkeit sehen wir also die stärkste und mächtigste Gleichheit, und umgekehrt in der Gleichheit die Einheit. Ebenso sehen wir auch in der Vereinigung die Einheit und Gleichheit. Ohne die Einheit der ewigen Wesenheit kann nichts sein. Ohne die Gleichheit dieser Einheit kann nichts so sein wie es ist. Ohne die unendliche Verbindung von Sein und gleichzeitig So-Sein wie es ist, kann nichts sein. Ohne den dreieinigen Urgrund kann also nichts sein.

Dies alles wird im Kreis veranschaulicht durch seine Fläche und die engste Verbindung, durch die der Kreis sich selbst am stärksten verbunden ist, zusammenhängend und von Natur geeinigt. Danach bemerken wir: Wie alle Vieleckfiguren sich nach Umfang, nach Fläche und dieser beiden Verbindung zum Bild der Kreisfigur verhalten, und wie jeder Vieleckumfang vom Kreisumfang abfällt und jede Vieleckfläche nicht-proportional hinter der Kreisfläche zurückbleibt und ebenso jede Verbindung der beiden, ebenso verhalten sich die verschiedenen Arten der wahrnehmbaren Dinge zur Form der Formen, so daß sich die Arten dieser wahrnehmbaren Dinge im Vergleich zu Gott verhalten wie Dreieck, Viereck, Fünfeck usw. zum Kreis.

Ein jedes Vieleck hat eine bestimmte Vollkommenheit, außerhalb deren es weder ist noch sein kann. Das Sein des Dreiecks kann keineswegs außerhalb der Wesenheit des Dreiecks bestehen; ebenso ist es beim Viereck usw.; so ruht also jede Art in ihrem Bereich, der von ihren Grenzen eingeschlossen ist. Und außerhalb kann und will sie nicht sein. Es würde nämlich das ganze Sein aus dem Dreieck weichen, wenn es in das Viereck vordringen wollte, wie von selbst ganz klar ist. Daher läßt sich keine Art aus ihrer Natur, durch die sie Sein und So-Sein hat, zum Untergang bewegen, und deshalb ruht sie in den Grenzen ihrer arteigenen Natur. Und diese Ruhe ist ihre eigene, weil sie in den Grenzen ihrer Vollkommenheit die göttliche Kraft auf ihre Weise innehat und sich ihrer in liebevoller Vereinigung erfreut.

Es ist also jede wahrnehmbare Art auf ihre Weise ein Maß für die Ewigkeit, die Kraft und die unendliche Liebesvereinigung. Allerdings hat sie bei diesem Messen nichts Proportionales, da jedes Vieleck eine verminderte Kraft und Fläche, eine schwächere Verbindung und Vereinigung hat und so zur kreisförmigen Einheit der Ewigkeit, zum unausschöpfbaren Inhalt und zur unendlichen Vereinigung kein rationales Verhältnis haben kann, selbst wenn es alles, was es besitzt, auf eine solche Weise hat, daß an der Natur des Dreiecks oder Vierecks die Kraft des Kreises teilhaben kann. Das Verhältnis der wahrnehmbaren Arten zur Form der Formen ist also das der Vielecke zum Kreis. Ferner, da es viele Seinsweisen des Dreiecks gibt — ein anderes ist das rechtwinklige Dreieck, ein anderes das spitzwinklige, ein anderes das stumpfwinklige —, und bei allen derartigen Figuren werden die verschiedenen Seinsweisen in veränderlichem Stoff absinken —, sind auch alle diese Weisen beschränkte Einzelerscheinungen (*contractiones individuales*). Denn die Arten, in sich und wahrhaft betrachtet, treten im veränderlichen Stoff veränderlich auf. Das Dreieck läßt sich der Wirklichkeit näher und vollkommener in Gold als in Wasser oder einem anderen veränderlichen Stoff herstellen, und noch zutreffender wird es im Geiste vorgestellt als in irgendeinem Stoff dargestellt.

Daraus bemerken wir also, daß alle Vielecke einem Kreis einbeschrieben werden können, und daß im Kreis alle auf vollkommenere Weise enthalten sind als im Stoff, da sie dort Kreis sind; daran sehen wir, wenn sich alle Vielecke einem sichtbaren Kreis einbeschreiben lassen und der die Ewigkeit darstellende Kreis der Akt jeder Möglichkeit ist, daß dann alle Arten dem Akt nach (*actu*) in der Art oder Form der Ewigkeit selbst ewige Form sind, wie alle Vielecke sichtbar dem Kreis einbeschrieben werden können. Und wie in unserem Geist die Form des Dreiecks ein wahrhafteres Sein hat als in der veränderlichen Materie, so haben alle Arten von Dingen im ewigen Geist oder im Wort (*Verbo*) ein wahrhafteres Sein als in der individuellen Verschiedenheit; denn dort sind sie selbst ewige Wahrheit.

Noch weiter fortschreitend bemerken wir die Verschiedenheit der Kreise und daß nur ein einziger der größte, der Kreis in vollendeter Wirklichkeit, der in sich bestehende, ewige und unendliche sein kann, zu dem man durch noch so viele Kreise nicht aufsteigen kann, da man in Dingen, die ein Größer und Kleiner zulassen, nicht zum Größten schlechthin kommen kann. Und in Beziehung auf diesen unendlichen Kreis erwägen wir wunderbare und unaussprechliche Dinge, die anderweitig ausgedehnter behandelt sind.

Wir behaupten also, es gibt Wesen von der Art des Kreises, die nicht ihr eigener Anfang sein können, da sie nicht sind wie der schlechthin größte Kreis, der allein die Ewigkeit selbst ist; die anderen Kreise, die zwar nicht Anfang und Ende zu haben scheinen, da sie durch Abstraktion vom sichtbaren Kreis betrachtet werden, sind jedoch, da sie nicht die unendliche Ewigkeit selbst sind, Kreise, deren Sein vom unendlichen ersten ewigen Kreis stammt. Und diese Kreise sind im Vergleich zu den ihnen einbeschreibbaren Vielecken gewissermaßen die Ewigkeit und vollkommene Einfachheit. Sie haben eine Fläche, die die Fläche aller Vielecke nicht-proportional überschreitet, und sie sind des unendlichen ersten Kreises erstes Bild, wenngleich sie wegen der Unendlichkeit des ersten mit ihm nicht zu vergleichen sind. Und es sind Wesen, die eine kreisförmige nicht beendbare Bewegung haben um das Sein des unendlichen Kreises. Sie fassen in sich zusammen die Kraft aller anderen Arten, und aus ihrer zusammenfassenden Kraft entwickeln sie auf dem Wege der Angleichung alle anderen Arten, und alles in sich schauend und sich als das Bild des unendlichen Kreises und durch eben dieses Bild betrachtend — d.h. sich selbst —, erheben sie sich zur ewigen Wahrheit oder zum Urbild selbst. Das sind die mit Erkenntnis begabten Wesen, die mit der Kraft ihres Geistes alles umfassen.

Es versuchen aber alle Figuren, so gut sie es vermögen, die Fassungskraft der ewigen Wahrheit zu messen. Aber wie das Endliche zum Unendlichen kein rationales Verhältnis hat, so bleibt Gott über jeder Untersuchung die unerkannte Genauigkeit (*praecisio*) selbst, damit er nicht nur der Unbekannte bleibe, sondern auch die unbekannte Genauigkeit selbst, die in keinem erkennbaren Gegenstand erkannt werden kann. Es strebt nämlich jede Kreatur, ihren Gott innerhalb der Grenzen ihrer eigenen Wesenheit zu bestimmen; wie ein Dreieck den Kreis verdreiecken (*trigonare*) möchte, ein Viereck vervierecken (*tetragonare*) usw. bei den anderen Vielecken, so möchte auch das mit Erkenntnis begabte Wesen Gott erkennen. Aber obschon Gott, der ja keine Teile hat, da er die unendliche Einfachheit ist, keine unter allen artgemäß verschiedenen Maßweisen um einen *angebbaren* Teil überschreitet, überschreitet er doch schlechtweg jedes Größenmaß, weil er größer ist als jedes untersuchbare Maß. Und ebenso überschreitet er jedes der feinen Maße für die allerkleinsten Brüche deshalb, weil er der feinste aller dieser Brüche ist, so daß er also weder durch Aufsteigen noch durch Absteigen genau erfaßt werden kann.

Es ist aber für jedes Wesen hinreichend, wenn es Gott in seiner Art und auf die ihm mögliche Weise erreicht. Dann ist es nämlich in Ruhe, da es Ihn außerhalb seiner Art weder sucht noch das Sein erfaßt. Dieses hinreichende Erfassen also, mit dem es Ihn nach dem Vermögen seiner Natur erreicht, ist die Ruhe des Geschöpfes, da es die gesättigte Bewegung seiner Natur ist.

Das erklärt uns in angleichender Weise die Untersuchung, die wir am Dreieck anstellten, das wir zur Umfangsgleichheit mit dem Kreis erheben wollten. Und wir kamen bei der Erhebung des Dreiecks zur Gleichheit mit dem Kreis nur auf *eine* Weise zur Ruhe, die wir als die allein genauere, wenn auch mangelhafte fanden. Diese Weise würde der Besonderheit des Vierecks nicht zukommen. Wenn jedoch das Viereck auf *seine* Weise zur Gleichheit mit dem Kreis aufsteigen würde, dann könnte es sich der erreichten Ruhe erfreuen, auch wenn keine absolute Genauigkeit bestünde, wenn nur ein anderes Viereck in seiner Art nicht vollkommener wäre. Das gleiche gilt für die übrigen Vielecke.

So kommt jeder Geist zur Ruhe, wenn er sich nur in der seiner Art zugestandenen Weise zur Gleichheit mit der Unendlichkeit erhoben fühlt, wenn auch die göttliche Genauigkeit immer unerreicht bleibt. Dies und unendlich viel anderes kannst Du Dir selbst klarmachen. Das Vorliegende so behandelt zu haben, möge genügen. Amen.

Johannes Kepler (1571-1630)

Der Mathematiker und Astronom Johannes Kepler entdeckte, daß die Planeten sich nicht auf Kreisbahnen, sondern auf elliptischen Bahnen um die Sonne bewegen. Die nach ihm benannten Gesetze der Planetenbewegung enthalten bereits das Gesetz der gegenseitigen Anziehung schwerer Körper (Gravitationsgesetz). Vor allem aber war Kepler ein Meister der schöpferischen Hypothesenbildung, die folgende kleine Schrift ist dafür ein besonders gutes Beispiel. Auf lateinisch unter dem Titel „De nine sexangula" findet sie sich in Gesammelte Werke, Bd. IV, Hrsg. Max Caspar und Franz Hammer, C.H. Beck'sche Verlagsbuchhandlung, München, 1941. Auf deutsch erschien sie in der Zeitschrift Fusion, 7. Jahrg., Heft 1, 1986.

NEUJAHRSGABE
ODER
VOM SECHSECKIGEN SCHNEE

Dem hochangesehenen Hofrat Seiner Kaiserlichen Majestät Herrn Johannes Matthäus Wacker von Wackenfels, Goldenem Ritter usw., Förderer der Wissenschaften und der Philosophie, meinem gnädigen Gönner.

Ja, ich weiß es, gerade Du liebst das Nichts; gewiß nicht wegen seines geringen Wertes, vielmehr des witzigen und anmutigen Spiels halber, das man wie ein munterer Spatz damit treiben kann. So bilde ich mir leicht ein, eine Gabe müsse Dir um so lieber und willkommener sein, je mehr sie dem Nichts nahekommt. Mag Dir nun beim Betrachten des Nichts das Geringe oder Kleine, das Wertlose oder Vergängliche gefallen, immer muß es schon fast Nichts sein. Da es in der Natur viele solche Dinge gibt, muß ich Dir halt eins heraussuchen. Du denkst vielleicht an eines von *Epikurs* Atomen. Aber das ist wirklich ein Nichts. Nichts aber hast Du von vornherein von mir. Gehen wir daher die Elemente durch, mit anderen Worten das, was bei jedem das Kleinste ist.

Wenden wir uns zuerst der *Erde* zu. Aber träume mir dabei nicht von den Schätzen meines *Archimedes*, der die Erde in Sandkörner zerlegte, wovon 10 000 auf ein Mohnkörnchen gehen. Ich brauche nur ein einziges davon abzustreichen, und seine ganze Myriadenrechnung käme in Unordnung. Außerdem kann man die Form dieser Körnchen nicht mit Augen sehen, und *Archimedes* verrät sie auch nicht. Es steckt in ihnen ja auch kein Sinn, es wird keine Lust nach Unerkanntem geweckt.

Dauer, die hat zwar der Staub, besonders, wenn er von Alter und Wurmfraß zermürbte Balken füllt. Zuviel gebe ich Dir daher, wenn ich ihn Dir schenkte.

Die Fünkchen des *Feuers* zweitens sind winzig und auch vergänglich, doch sind sie nie kleiner als die Splitter des Feuersteins, die beim Schlag abspringen, oder die Asche glühender Kohlen, die ich, weil Staub, schon abgetan habe. Die Pyramidenform, die ich niemals gesehen habe, überlasse ich dem Platon selbst. Er mag daraus auf seine Weise Feuer machen. Wenden wir uns zu den Zwischenelementen.

Wind und *Dunst* könnte ich Dir bieten, aber die sind käuflich, nicht nur in isländischen Schläuchen, sondern sogar auf Papier und in Worten, überall in der Welt. Daher ist der blaue Dunst eine sehr kostbare Sache und für mich viel zu teuer. Und weil rauh und formlos, ist er auch dem Geist nicht angemessen.

Zum *Wasser* müssen wir schon hinabsteigen. Den Tropfen, der am Kruge hängenbleibt, halten hochheilige Sänger für etwas sehr Verächtliches. Und unsere deutschen Landsleute schätzen nichts geringer als den letzten Tropfen, der nach Leerung des Bechers auf den Fingernagel gegossen werden kann und dort als Probe haftet. Wenn ich Dir diesen Tropfen anbieten wollte, dann gäbe ich Dir wahrhaftig weniger als jener Perser seinem König, der ihm mit der hohlen Hand das klare Wasser des *Choaspes* reichte. Immerhin ist der Tropfen Wein vom Nagel des Deutschen ein anständigeres Geschenk als das abgekaute Stückchen vom Nagel des Italieners, der selbst das Geringste verweigert. Zwar verspricht die Kugelform des Tropfens eine geometrische Betrachtung; aber ich fürchte, auch dies mag Dir zuviel sein, der Du doch bloß am Nichts Freude hast.

Soll ich nun zu den *Tieren* übergehen? Ich fürchte, damit Eulen nach Athen zu tragen. Denn vor kurzem sah ich bei Dir Bücher über einzigartige und seltene Dinge von dem Manne, der im Sinne des alten *Parmenides* die Bewegung leugnet, weil ihr ein Teil des Vollendeten fehle, das Vergangene nämlich. Da in diesem Werk viele Ungeheuer vorkommen, glaube ich nicht, daß auch ganz winzige Tierchen fehlen werden. Aber Vermutungen sind zu nichts nutze. Du hast die Betrachtungen *Scaligers* zu dem Werke *De subtilitate* von *Cardanus*. Dort findest Du in der Exercitatio CXCIV num. 7 ein sehr kleines Tier, das in den Gängen unter der Haut lebt. Dies ist aber auch noch zu bedeutend. Denn es kriecht ja umher und hat auch eine Seele. Warum soll ich Dir aber ein Lebewesen ausliefern, wo ich Dir gerade den unbeseelten Tropfen verweigert habe? Du kannst auch kaum hoffen, beim Zerschneiden des Schmarotzers in seinem Körper etwas Neues zu finden, wie der Anatom Dr. *Jessen* bestätigen wird.

Wie ich so grübelnd und sorgenvoll über die Brücke gehe und mich über meine Armseligkeit ärgere und darüber, zu Dir ohne Neujahrsgabe zu kommen, wenn ich nicht immer dieselben Töne anschlage, nämlich dieses Nichts angebe oder das finde, was ihm am nächsten kommt und woran ich die Schärfe meines Geistes übe, da fügt es der Zufall, daß durch die heftige Kälte sich der Wasserdampf zu Schnee verdichtet und vereinzelte kleine Flocken auf meinen Rock fallen, alle sechseckig und mit gefiederten Strahlen. Ei, beim Herakles, das ist ja ein Ding, kleiner als ein

Tropfen, dazu von regelmäßiger Gestalt. Ei, das ist eine höchst erwünschte Neujahrsgabe für einen Freund des Nichts! Und auch passend als Geschenk eines Mathematikers, der Nichts hat und Nichts kriegt, so wie es da vom Himmel herabkommt und den Sternen ähnlich ist!

Nur rasch die Gabe meinem Gönner überliefert, solange sie dauert und nicht durch die Körperwärme sich in Nichts verflüchtigt!

Und welch ein bedeutungsvoller Name! O welch eine Sache für Dich, mein Wacker, und Freund des Nichts! Denn wenn Du einen Deutschen fragst, was Nix sei, so antwortet er gewiß: Nihil, wenn er nur etwas Latein versteht.

Nimm also diesen Anflug von Nichts heiteren Sinnes auf und, wenn Du Geschmack daran findest, halt den Atem an, damit Du schließlich doch nicht Nichts bekommst.

Mit einem *Sokrates* soll man ja vom Flohhüpfen sprechen: also hier, warum der Schnee beim ersten Fallen, bevor er sich zu größeren Flocken ballt, immer sechseckig, gefiedert wie feiner Flaum und sechsstrahlig herabfällt.

Aber schnell weg mit *Aristophanes*, diesem Verführer des Volkes zu Gleichgültigkeit und Unwissenheit. Was schert mich seine ganze Fabel, was soll überhaupt der *Sokrates*? Ich denke lieber an den königlichen Psalmisten, der beim Lobe Gottes sagt, daß der Schnee wie Wolle herabrieselt, womit er, wenn ich nicht irre, die gefiederten Strahlen meiner Schneesternchen meint. Wahrscheinlich bemerkte und beobachtete er einmal, als er auf seinen Hirtenstab gestützt bei seiner Herde stand oder müde am Boden saß, wie diese Schneesternchen auf die Felle der Schafe herabfielen und dort hängenblieben.

Doch Scherz beiseite und zur Sache! Da stets, wenn es zu schneien anfängt, die ersten Schneeteilchen die Figur von sechsstrahligen Sternen zeigen, muß es eine bestimmte Ursache dafür geben. Denn wäre es Zufall, warum fallen sie nicht fünfstrahlig oder siebenstrahlig, warum immer sechsstrahlig, solange sie nicht durcheinandergewirbelt und infolge der Menge und verschiedenen Berührungen verbacken herabkommen, sondern spärlich und zerteilt?

Als ich neulich mit jemandem darüber sprach, wurden wir zunächst darüber einig, daß die Ursache nicht in der Materie liege, sondern im Wirken. Denn die Schneematerie ist Wasserdampf, und dieser ist, wenn er aus der Erde kommt und durch seine Wärme emporgeführt wird, wie ein zusammenhängender Strom, aber nicht geteilt in einzelne solcher Sternchen.

Du fragst, woher ich dies weiß? Denn wäre es auch so mit Wasserdampf, so könnte ich es doch nicht mit Augen sehen, weil der Dampf durchsichtig ist. Antwort: Der Wasserdampf entsteht beim Freiwerden der unterirdischen Feuchtigkeit, was aus einer geringen Dichte und seinem Aufsteigen folgt. Beim Freiwerden aber können Figuren nicht entstehen. Denn nur das hat eine Figur aus sich selbst, was sich selbst begrenzt, da die Grenzen erst eine Figur bilden: Der freiwerdende Wasserdampf ist von der Art des Feuchten und strömt, das heißt, er begrenzt sich nicht selbst und erhält daher keine Figur, bis er sich zu Schnee oder zu einem Tropfen verdichtet.

Da also feststand, daß die Ursache der sechseckig geprägten Figur in einem Wirken liegt, war weiterhin zu erwägen, was denn dies für ein Wirken wäre und auf welche Weise es wirkte, ob es als eingepflanzte Form oder von außen her wirkend, ob es die sechseckige Figur aus der Notwendigkeit der Materie bildete oder aus ihrer Natur, der etwa entweder das Urbild der Schönheit, die im Sechseck liegt, oder der Kenntnis des Ziels, zu dem jene Form hinführt, eingeboren ist?

Um zur Lösung dieser Fragen zu kommen, wenden wir uns hervorragenden Beispielen zu, jedoch solchen, die geometrisch zu behandeln sind. Denn für unsere Frage ist die Abschweifung recht förderlich.

Die Bienenzellen

Wenn Du die Mathematiker fragst, in welcher Weise die Bienenzellen gebaut sind, sagen sie: sechseckig. Diese glatte Antwort ergibt sich schon bei bloßer Betrachtung der Öffnungen oder Eingänge und der Seitenflächen, durch die die Zellen gebildet werden. Jede einzelne Zelle ist von sechs anderen umgeben, die alle mit je einer Seitenfläche mit der mittleren zusammenhängen. Betrachtest Du aber den Boden der Zellen, so siehst Du ihn von drei in stumpfen Winkeln zusammenstoßenden Ebenen gebildet. Dieser Boden (den man besser als Zeltdach bezeichnet) stößt mit den sechs Seitenflächen der Zelle in je sechs Raumecken zusammen: die drei oberen sind dreikantig und ganz ähnlich sogar der Zeltspitze, die drei unteren vierkantig und zwischen jenen angeordnet. Außerdem ist zu beobachten, daß die Zellen in doppelter Lage angeordnet sind, wobei die Öffnungen jeweils nach entgegengesetzten Seiten zeigen, während sie hinten dicht und lückenlos aneinander grenzen. Dabei liegt jede Zeltspitze der einen Lage zwischen drei Dachflächen dreier Zeltdächer der anderen Lage so eingebettet, daß jede Zelle sowohl auf sechs Seiten mit sechs Zellen derselben Lage verbunden ist, wie auch durch die drei Zeltdachebenen mit drei Zellen der gegenüberliegenden Lage. So kommt es, daß jede Biene neun Nachbarinnen hat und von jeder nur durch eine einzige gemeinsame Wand geschieden ist. Die drei ebenen Dachflächen sind einander ähnlich und haben eine Form, die die Mathematiker Rhombus nennen.

Die regelmäßigen rhombischen Körper

Durch diese Rhomben angeregt, habe ich geometrisch untersucht, ob ein Körper, ähnlich den fünf regelmäßigen und vierzehn *Archimedischen*, nur aus Rhomben aufgebaut werden kann. Und ich fand zwei solche Körper, von denen der eine dem Würfel und Oktaeder, der andere dem Dodekaeder und Ikosaeder verwandt ist (der Würfel selbst ist ein dritter solcher Körper und ist verwandt mit einem Körper, der aus zwei entgegengesetzt liegenden Tetraedern zusammengesetzt ist). Der erste wird von zwölf, der zweite von dreißig Rhomben umschlossen. Der erste aber teilt folgende Eigenschaften mit dem Würfel. Wie die acht Ecken von acht Würfeln, die an einem Punkte zusammenstoßen, den Raum vollständig und lückenlos ausfüllen, so leistet der erste Rhombenkörper dasselbe mit vier stumpfwinkligen, dreikantigen Ecken und entsprechend mit sechs vierkantigen Ecken. Man kann daher den Raum aus lauter solchen rhombischen Körpern aufbauen, so daß immer vier dreikantige oder auch sechs vierkantige Ecken an einem einzigen Punkte zusammenstoßen. Und um das Ergebnis zu ziehen: Wenn der ganze Raum durch gleiche Würfel in regelmäßiger Anordnung ausgefüllt wird, dann berühren ei-

Rhomben-
dreißig-
flächner

nen Würfel die anderen mit zweiundreißig einzelnen Ecken und außerdem sechs mit je vier Ecken. Die Zahl der Berührungen ist also achtunddreißig. Wenn aber der Raum ebenso durch gleiche rhombische Körper ausgefüllt wird, dann berühren einen solchen sechs andere mit einzelnen vierkantigen Ecken, und außerdem zwölf mit je vier Ecken. Die Zahl dieser Berührungen ist daher achtzehn.

Dies ist also der geometrische Körper, der nächst dem regelmäßigen den körperlichen Raum völlig erfüllt; ähnlich wie das regelmäßige Sechseck, das Quadrat und das gleichseitige Dreieck die Ebene lückenlos bedecken. Das ist auch, wie gesagt, die Figur, die die Bienen beim Bau ihrer Zellen anwenden, wenn man davon absieht, daß die Zellen keine dachähnlichen Deckel haben.

Wenn sie auch diesen anfügten und so jede Biene zwischen zwölf oder achtzehn anderen liegen würde, so stünde ihr kein Ausweg mehr offen, und sie wäre völlig eingeschlossen. Daher können sie Zellen mit Deckel nicht gebrauchen, aber nichts hindert sie, an die rhombischen Flächen des Zeltdaches sechs Wände, entsprechend dem Maß ihres Körperchens, anzubauen und diese in entgegengesetzter Richtung jenen unähnlich auszubilden.

Welches ist die Figur der Granatapfelkerne?

Ferner wenn jemand einen ziemlich großen Granatapfel durchschneidet, sieht er, daß die meisten Kerne dieselbe Figur angenommen haben, wenn dies nicht durch die Reihe Fasern, die ihnen die Nahrungssäfte zuführen, gestört wird.

Nun fragt man sich bei diesen beiden Beispielen, wer der Urheber für die rhombische Figur der Bienenzellen und der Granatapfel-

243

kerne ist. In der Materie liegt die Ursache nicht. Denn nirgends finden die Bienen solche rhombischen Blättchen fertig vor, die sie sammeln und für den Bau ihrer Behausungen verwenden könnten. Es ist auch nicht wahrscheinlich, daß allein bei den Granatäpfeln die Kerne von sich aus eckige Bildung bekommen, während sie in allen anderen Früchten rund werden, sofern sie nicht behindert werden, wenn die zugeführte Feuchtigkeit die zähen Schalen durchdringt und aufweicht, daß sie schwellen und gegebenenfalls keimen.

Welche Figur haben die Erbsen? Bei den Granatapfelkernen liegt daher die Ursache für die Figur in einer Seele der Pflanze, die das Wachstum der Frucht bewirkt. Aber diese ist als Ursache für die Figur nicht ausreichend, denn sie leistet dies bei der Frucht nicht auf Grund einer formalen Beschaffenheit, sie wird vielmehr unterstützt durch materielle Notwendigkeit. Denn die Kerne sind anfangs, solange sie noch klein sind und ihnen der Raum innerhalb der Schale genügt, rund und werden, während die Schale erhärtet und sie beständig weiterwachsen, zusammengedrängt und gepreßt, wie es auch bei den Erbsen in ihren länglichen Schoten geschieht. Aber die Erbsen haben keinen Raum, wohin sie ausweichen könnten, sind sie doch in ihren Schoten in einer langen Reihe festgewachsen; sie werden daher von zwei Seiten gepreßt. Die runden Kerne im Granatapfel dagegen finden zunächst einen freieren Raum vor, sie zwängen sich daher, von ihrer Gestalt begünstigt, leicht einzeln zwischen je drei Kerne der gegenüberliegenden Schicht, wobei die Flüssigkeit von der Druckstelle weg in den freieren Raum gedrängt wird. Wenn man eine Menge runder, gleich großer Kügelchen aus weichem Material in ein rundes Gefäß tut und dieses durch Metallstreifen von allen Richtungen gleichmäßig zusammendrückt, dann werden die meisten Kügelchen nach Art rhombischer Körper umgepreßt, besonders wenn man sie vorher durch geeignetes Schütteln des Gefäßes in freiem Umschwung auf einen möglichst engen Raum gebracht hat. Bei einer Verteilung der Kugeln in geradliniger Ordnung, die nicht durcheinander gebracht werden kann, bringt man durch Druck ebenso Würfel hervor.

Allgemein ordnen sich gleiche Kugeln in einem Gefäß auf zweierlei Art an, entsprechend zwei möglichen Anordnungen in einer Ebene.

Denn wenn man in einer waagerechten Ebene gleich große Kugeln zusammenschiebt, so daß sie sich gegenseitig berühren, legen sie sich entweder in Dreieck- oder in Viereckform zusammen; dort umgeben sechs, hier vier Kugeln eine mittlere, und je in beiden Fällen ist die Art der Berührung bei allen Kugeln dieselbe, ausgenommen bei den äußeren. Die Fünfeckform kann eine gleichmäßige Bedeckung nicht ergeben, und die Sechseckform läßt sich auf die Dreieckform zurückführen. Es gibt also, wie gesagt, nur zwei Anordnungen.

Wenn Du nun an den Bau möglichst festgefügter Körper gehst, indem Du Schicht auf Schicht von ebenen Kugelanordnungen aufeinandersetzest, so werden diese quadratisch (Abb. A) oder dreieckig (Abb. B). Bei der Quadratform stehen entweder die einzelnen Kugeln der oberen Schicht auf den einzelnen der unteren Schicht, oder aber jene sitzen immer zwischen je vier Kugeln der

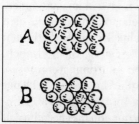

unteren Schicht. Im ersten Falle wird jede Kugel von vier benachbarten in derselben Ebene berührt und von je einer darüber und darunter, im ganzen also von sechs. Dies ist eine kubische Anordnung, und beim Zusammendrücken ergeben sich Würfel; es ist aber nicht die dichteste Packung. Bei der zweiten Anordnung wird jede Kugel außer von den vier benachbarten in derselben Ebene auch noch von vier darüber und von vier darunter, im ganzen also zwölf Kugeln berührt; und beim Zusammenpressen entstehen aus den Kugeln rhombische Körper. Diese Anordnung schließt sich mehr an das Oktaeder und die Pyramide an. Die Packung wird so dicht wie möglich; in keiner anderen Anordnung können mehr Kugeln im selben Gefäß untergebracht werden. — Wiederum, wenn die Kugeln in der Ebene dreieckig angeordnet wurden, dann stehen bei der Raumanordnung entweder die einzelnen Kugeln der oberen Schicht auf den einzelnen Kugeln der unteren Schicht, und zwar wieder bei der weiten Packung, oder die einzelnen sitzen zwischen drei der oberen und unteren Schicht.

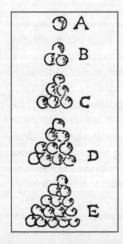

Im ersten Falle wird jede Kugel von sechs benachbarten in derselben Ebene berührt, außer von einer darüber und einer darunter, im ganzen also von acht anderen. Diese Anordnung schließt sich dem Prisma an, und beim Zusammendrücken werden aus den Kugeln Säulen mit sechs rechteckigen Seitenflächen und zwei sechseckigen Grundflächen. Bei der zweiten Anordnung ergibt sich dasselbe wie früher im zweiten Falle der quadratischen Anordnung. Es sei nämlich B eine Gruppe von drei Kugeln. Auf diese lege Kugel A als Spitze. Es sei weiter C eine Gruppe von sechs Kugeln, entsprechend D eine solche von zehn und endlich E eine von fünfzehn Kugeln. Nun lege immer die kleinere Gruppe auf die größere, so daß sich eine Pyramidenfigur ergibt.

Die Ursache der Figur der Granatapfelkerne

Und wenn so durch diese Schichtung je eine der oberen zwischen je drei darunterliegenden Kugeln sitzt, dann werden, wenn Du die Figur umlegst, so daß nicht die Spitze, sondern eine Seitenfläche der Pyramide nach oben zeigt, und wenn Du eine Kugel aus dem Ganzen herausnimmst, die vier darunterliegenden eine quadratische Ordnung bilden. Und wieder wird wie vorher eine Kugel von zwölf anderen berührt, nämlich von sechs benachbarten in derselben Ebene und von je dreien oben und unten. So kann bei einer möglichst dichten Packung eine dreieckige Anordnung nicht ohne eine viereckige vorkommen und umgekehrt. Daraus geht klar hervor, daß die Granatapfelkerne durch materielle Notwendigkeit, die sich aus ihren Wachstumsverhältnissen ergibt, in die Figur des rhombischen Körpers gepreßt werden. Die runden Kerne können nicht dauernd unversehrt gegeneinander drängen, sondern weichen dem Druck aus, indem sie sich in die Zwischenräume zwischen je drei oder vier gegenüberliegenden Kernen hineinschieben.

Die Ursache der Figur bei den Bienenzellen

In den Bienenstöcken aber herrscht ein anderes Gesetz. Denn die Bienen bilden keinen ungeordneten Haufen wie die Apfelkerne, sondern ordnen sich nach ihrem freien Willen in Reihen an, wobei sie sämtlich die Köpfe nach der einen oder nach der entgegengesetzten

Seite richten und sich mit dem Hinterleib gegeneinander stemmen. Wenn jedoch aus so einem derartigen Zusammendrängen die Figur entstünde, dann müßten die Bienen den Baustoff der Zellen ausschwitzen und gleichsam von ihm umhüllt werden, ähnlich wie wir es von den Schnecken wissen, deren Häuser um sie herum wachsen. Aber es ist sicher, daß die Bienen sich ihre Zellen frei formen und so die ganze Wabe von Grund aus errichten.

Die Biene hat also von Natur aus einen ihr eigentümlichen Instinkt, der sie gerade in dieser Figur am besten bauen läßt. Diese Bauform ist ihr vom Schöpfer eingepflanzt, und nichts vermag hier der Stoff des Wachses, noch des Bienenkörperchens, nichts das Wachstum.

Nach dieser Beobachtung entsteht weiter die Frage nach dem Endzweck, nicht nach dem, den die Biene selbst durch eigene Überlegung verfolgt, sondern nach dem, den Gott, der Schöpfer der Bienen, sich gesteckt hatte, als er ihnen diese Baugesetze vorschrieb.

Die Sechseckfigur hat größtes Fassungsvermögen

Und gerade da beginnt, wieder um den Endzweck zu bestimmen, die Betrachtung der Körper und der Materie. Dreierlei nämlich läßt sich über diesen Endzweck sagen. Das Erste ist jedem Naturbeobachter geläufig, der nur eine sechseckige Struktur betrachtet, wie sie sich hier mit den Öffnungen von außen her darstellt. Lückenlos wird nämlich die Ebene nur von folgenden Figuren ausgefüllt, vom Dreieck, vom Quadrat und vom Sechseck. Von diesen kommt dem Sechseck der größte Flächeninhalt zu. Höchstes Fassungsvermögen aber wollen sich die Bienen schaffen zur Unterbringung des Honigs. Diese Überlegungen kann man auch auf räumliche Verhältnisse ausdehnen in der Weise, daß der ganze Raum nur durch Würfel oder Rhombenflächner lückenlos erfüllt wird; dabei haben die Rhombenflächner größeres Fassungsvermögen als die Würfel. Aber diese Überlegung genügt nicht; denn wenn die Bienen höchstes Fassungsvermögen anstreben, warum baut sich nicht jede ein rundes Nest, warum ist es nötig, den kleinsten Platz auszunutzen, als ob im ganzen Bienenstock kein Raum übrigbliebe? Wahrscheinlicher wäre der folgende zweite Grund, obgleich er nach den genannten Überlegungen nicht ausreicht, nämlich daß die zarten Körperchen der jungen Bienen bequemer in einer Nestform mit mehreren und stumpferen Ecken, die der Kugel verwandter, liegen als in einem Würfel, der weniger und spitzere Ecken hat, außerdem einen ebenen Boden, der mit einem rundlichen Körper ganz unverträglich ist.

Daher muß ein dritter Grund hinzukommen: Es vermindert sich die Arbeit, wenn immer zwei an einer gemeinsamen Wand bauen. Ferner geben die ebenen Vertäfelungen der ganzen Honigwabe mehr Halt und größere Festigkeit, als wenn die einzelnen Häuschen rund und so dem Zerdrücken leichter ausgesetzt wären. Endlich bleiben zwischen runden Körpern, wenn sie noch so eng verbunden sind, Lücken, durch die Kälte eindringen könnte. Für alles dies ist Vorsorge getroffen, denn: „Nur die Biene besitzt eine Stadt mit gemeinsamen Häusern", wie's in *Vergils* Gedichten heißt.

Der eigentliche Zweck der rhombischen Figur bei den Bienenzellen

Diese Überlegungen also, die die materielle Notwendigkeit berücksichtigen, genügen, glaub' ich, so daß ich hier nicht noch philosophische Betrachtungen über die Vollkommenheit und Schönheit oder die edle Figur der Rhombenflächner anzustellen brauche. Auch braucht's mich nicht zu kümmern, wie das Wesen des Seelchens, das in der Biene steckt, aus der Betrachtung der Figur, die sie hervorbringt, erkannt werden könne. Dies hätte freilich geschehen müssen, wenn ein Zweck der Figur nicht klar zutage getreten wäre.

Dasselbe gilt für den Granatapfel. Die materielle Notwendigkeit erscheint als das, was die Kerne bei ihrem folgenden Wachstum in rhombische Körper zwingt. Dabei wäre es vergebene Liebesmüh, über das Wesen der Seele nachzudenken, die in diesem Baume wohnt, und die etwa den Rhombenflächner besonders gern hervorbringt.

Die Ursache der Fünfzahl bei den Blütenblättern

Wenn man dagegen fragt, warum alle Bäume und Sträucher (oder wenigstens die Mehrzahl) gerade eine Blüte nach dem Fünfersystem entwickeln, d.h. eine, die fünf Blütenblätter hat — bei den Äpfeln und Birnen entspricht dieser Blütenform auch die Fruchtanlage mit derselben Zahl fünf oder der verwandten zehn, denn im Innern sind die Samen in fünf Fächern und zehn Hüllen untergebracht, was auch bei Gurken und anderen solchen Früchten vorkommt —, so sage ich, hier ist eine Betrachtung über die Schönheit oder die Eigentümlichkeit der Figur am Platze, die der Seele dieser Pflanzen ihren Charakter gegeben hat. Und beiläufig will ich auch hierüber meine Gedanken sagen.

Die fünfzähligen regelmäßigen Körper und ihr Ursprung aus der göttlichen Proportion

Es gibt zwei regelmäßige Körper, das Dodekaeder und das Ikosaeder, die nach dem Grundplan des Fünfecks gebaut sind. Jenes wird geradezu von Fünfecken umschlossen, dieses zwar von gleichseitigen Dreiecken, aber je fünf sind stets in Fünfeckform angeordnet. Die Konstruktion beider Körper, vor allem aber die des Fünfecks selbst, ist nicht durchführbar ohne jene Proportion, die die heutigen Mathematiker die göttliche nennen. Diese aber ist so beschaffen, daß die beiden kleineren Glieder einer stetigen Proportion zusammen das dritte ergeben, und in dieser Weise bildet immer die Summe zweier benachbarter Glieder das unmittelbar folgende, wobei die gleiche Proportion bis ins Unbegrenzte fortgeht. In Zahlen das Ergebnis vollkommen auszudrücken ist unmöglich. Je weiter wir uns jedoch von der Einheit entfernen, desto besser wird die Annäherung. Es seien die beiden kleinsten Zahlen 1 und 1, die Du Dir als ungleichwertig vorstellen mußt. Addiert geben sie 2. Die größere 1 hinzu addiert gibt 3, ferner 2 zugezählt ergibt 5. Addiert man weiter 3 dazu, so kommt 8, dazu 5 geschlagen 13, 8 dazu addiert ergibt 21. Es verhält sich nun 5 zu 8 angenähert wie 8 zu 13 und 8 zu 13 nahezu wie 13 zu 21.

Nach Analogie dieser sich selbst fortsetzenden Proportion ist, wie ich glaube, das Zeugungsvermögen versinnbildet, und so wird in der Blüte dem Zeugungsvermögen ein unverfälschtes fünfzackiges Fähnlein vorangetragen. Ich übergehe manches, was zur Bekräftigung dieser Ansicht in ergötzlicher Betrachtung hinzugefügt werden konnte. Aber dafür brauche ich schon einen eigenen Platz. Hier haben wir dies nur als Beispiel vorausgeschickt, um zur Erforschung der sechseckigen Figur des Schnees besser geübt und gerüstet zu sein.

Ob die Kälte die Ursache der Sternfigur beim Schnee ist

Als wir uns nämlich den Ursprung dieser Figur beim Schnee zu untersuchen vorgenommen hatten und zwischen äußeren und inneren Ursachen unterschieden, bot sich unter den äußeren zuerst die Kälte dar. Die Kondensation jedenfalls rührt von der Kälte her; durch Kondensation wahrlich gerinnt der Wasserdampf zur Sternfigur. Es schien also die Kälte die Sternfigur hervorzubringen. Darauf wandte ich mich zu einer anderen Betrachtung, ob die Kälte etwas Wesenhaftes sei wie die Wärme bei den Medizinern? Sie schien mir bloß ein Freisein von Wärme zu sein, dem weder ein geistiges Prinzip als Gestalter des Sechsecks noch überhaupt irgendeine Tätigkeit zukomme.

Aber um die Frage nicht zu verquicken, bleibe der Kälte die Kondensation. Doch scheinbar könnte die Kondensation besser auf eine Kugelform hinwirken. Allerdings, wenn man die Kälte als weit ausgebreitet ansieht und sich den Wasserdampf mit ihr in Oberflächenberührung denkt, dann ist es naturgemäßer, daß die Kondensation in ganz ebener Form stattfindet, die der Fläche ähnlich ist, und zwar ihrer jeweiligen Begrenzung. Angenommen, die ganze Oberflächenschicht des Wasserdampfes kommt durch die Kälte zur Verdichtung, nimmt durch die Verdichtung Gewicht an, gerät infolge des Gewichtes ins Fallen und zerbricht durch den Fall in lauter kleine Stückchen und Blättchen, dann könnten sicher nicht alle diese Blättchen, nicht einmal ganz wenige, und ich weiß nicht, ob überhaupt welche, sechseckig ausfallen, und besonders die mit den zierlich gestreiften Stahlen können so nicht entstehen.

Jene Streifen erinnern an das, was bei Dampfbädern geschieht, wenn die Winterkälte durch zersprungene Fensterscheiben eindringt. Es streiten sich an diesen Löchern die kalte Luft und der Wasserdampf. Denn so oft sie so miteinander zusammentreffen, strebt das Warme nach oben, das Kalte nach unten. In der Wärme nämlich dehnen sich die Stoffe aus, in der Kälte werden sie dicht und schwer, und das Kalte treibt das Warme nach oben. Wenn daher der Dampf in einem Schub das Freie sucht, entsteht eine Flucht vor dem Leeren, und dabei dringt die kalte Luft umgekehrt schubweise wieder ein, weshalb die Ränder eines offenen Fensters oder Ritzen am kältesten werden.

Alles, was vom Wasserdampf zu diesen Rändern gelang, erstarrt fortwährend, und so entsteht an jenem Material eine Kälte, die groß genug ist, um, was noch an Dampf zu diesem Reif heranströmt, ebenfalls erstarren zu lassen. So fügt sich dauernd Neues hinzu, dazwischen jedoch schafft sich die kalte Luft in geradem Weg Eingang nach innen. Durch dieses abwechselnde Hinein- und Herausströmen entstehen die Streifen und spitzen Strahlen jenes Reifs, der sich aus Dampf niederschlägt.

Aus dieser Bildung läßt sich aber nichts über die Gestaltung unseres Schneeleins sagen. Denn welches Ein- und Ausströmen gibt es eigentlich hier? Welche Löcher? Was für ein Ringen im weiten Luftraum? Ich will zugeben, daß beim Fall aus der Höhe durch die feuchte Luft sich etwas von dem benachbarten Wasserdampf an die Strahlen anlagert. Doch warum an sechs Stellen, warum denn bloß nach dem Sechsersystem? Wer hat das Kernchen, bevor es zu fallen anfing, mit sechs Eishörnchen versehen? Welche Ursache bestimmt auf der Oberfläche, die sich eben erst verdichten soll, sechs Punkte, an denen sechs Strahlen anschließen?

Da also eine äußere Ursache, die Kälte, dies nicht bewirken kann, muß es eine innere sein und zwar eine, die mit dem Wasserdampf zusammenhängt oder ihm sonst irgendwie eigentümlich ist?

Während ich dies erwäge, wundere ich mich, warum die Strahlen nicht lieber auf der ganzen Oberfläche einer Kugel angeordnet sind? Wenn die innere Wärme der Urheber davon ist, warum wirkt sie dann bloß in dünner Flächenschicht, wo sie sich doch nach allen Richtungen gleich verhält und wirklich nicht nur an eine Oberflächenschicht des Dampfes gebunden ist?

Während ich mich mit diesen Erwägungen abmühe und der Verstand fordert, daß die Strahlen auf den ganzen Umfang verteilt sind, fällt mir ein, was ich sonst oft mit Verwunderung beobachtet habe, wie Sternchen dieser Art sich nicht gleich im ersten Augenblick des Herabsinkens flach auf den Boden legen, sondern mit einigen winzigen Bestandteilen emporstehen, bis sie nach einer Weile auf den Boden sinken. Mit jener Überlegung als Vater und dieser Beobachtung als Mutter erzeugte sich bei mir folgende Ansicht:

Ansicht vom Nichts Jene Sternchen bestehen beim Fallen aus drei feinen Strahlen, die in einem Punkte kreuzweise so zusammenhingen, daß die sechs Enden gleichmäßig auf einen Umkreis verteilt sind. So wie sie mit drei feinen Strahlen auf den Boden kommen, stehen die anderen drei (die als gerade Verlängerung entgegengesetzt zu jenen gerichtet sind) in die Höhe, bis die, durch welche das Sternchen aufrechterhalten wurde, sich biegen und auch die andern, bis dahin hochstehenden in dieselbe Ebene zu den ersten und zwar in die Zwischenräume herabsinken.

Aus dieser Meinung will ich alle Folgerungen ziehen; danach erst werde ich prüfen, ob sie richtig ist, damit nicht etwa die dumme Entdeckung ihrer Nichtigkeit mich von meinem Vorhaben abbringe, über das Nichts Worte zu machen.

Was die Ursache für die sechs Strahlen sein mag, so soll ihr also die Eigenschaft zugrunde gelegt werden, daß sie überall gleichmäßig in alle Richtungen wirkt. Wenn Kälte die Ursache der sechs Strahlen ist, so soll also Kälte die einzelnen Dampfteilchen gleichmäßig oder doch wenigstens mit überall gleichen Abständen umgeben. Wenn es aber die innere Wärme ist, so soll auch sie nach allen Richtungen der Kugel aus ihrem Mittelpunkt heraus wirken.

Aber damit ist die Frage noch nicht behandelt, sondern nur anders gestellt. Denn es ist noch nicht klargelegt, warum entspringen nicht fünf oder sieben, sondern immer nur sechs gefiederte Strahlen aus einer Mitte?

Wenn Du einen Mathematiker fragst, bei welcher Figur denn drei Durchmesser sich senkrecht oder in Form eines Doppelkreuzes in einem Mittelpunkt schneiden, wird er antworten: beim Oktaeder, sobald man die gegenüberliegenden Ecken miteinander verbindet. Das Oktaeder nämlich hat sechs Ecken. Wie also kommt es, daß der Schnee beim Herabfallen, bevor er die ebene Figur annimmt, mit drei sich gegenseitig senkrecht schneidenden gefiederten Strahlen das Gerippe des Oktaeders bildet, so daß, wenn man die jeweils benachbarten Spitzen der Strahlen durch zwölf Geraden verbindet, ein vollständiger Oktaeder entstünde?

Welche Ursache also besteht, daß auf diesen drei gefiederten Strahlen die Kondensation eher erfolgt als auf der ganzen Kugel?

Ich kann zwar eine Weise angeben, bei der es aus materieller Notwendigkeit erfolgt. Aber dies setzt etwas voraus, was wiederum mehr Verwunderung erregt als das, was darzulegen wäre. Sagen will ich es dennoch, damit vielleicht aus dem Vergleich vieler Fehlschlüsse die Wahrheit entspringt. Angenommen, der Wasserdampf, sobald er die zuerst eindringende Kälte fühlt, erstarre zu Kügelchen von bestimmter Größe. Das ist ganz naturgemäß. Denn wie beim Wasser der Tropfen die kleinste natürliche Flüssigkeitsmenge ist, deshalb, weil das Wasser infolge seines geringen Gewichtes nicht weiter auseinanderfließt, sobald es bis zur Tropfengröße zerteilt ist, so läßt sich entsprechend ohne Schwierigkeit annehmen, daß dem Wasserdampf eine Widerstandskraft innewohne, mit der er der Kälte widerstehen könne, und zwar in einem irgendwie bestimmten Maße, nennen wir's Dunsttröpfchen.

Zweitens soll angenommen werden, daß diese Dunstkügelchen sich gegenseitig in bestimmter Anordnung berühren, etwa in der Ebene in quadratischer, im Raume in würfelförmiger Verteilung, wie oben auseinandergesetzt. Hierbei nämlich wird jedes Kügelchen von sechs anderen berührt, von denen nur vier hier in der Ebene abgebildet werden können, während das fünfte und sechste darüber und darunter zu denken sind. Dies sei festgesetzt und angenommen. Dringt nun die Kälte durch die Zwischenräume ein, dann sind die Kügelchen von einer Berührungsstelle bis zur gegenüberliegenden vor der Kälte bewahrt. Daher tritt Kondensation zwar in Richtung auf die

Mittelpunkte der Kügelchen ein, jedoch so, daß sie auch in Richtung auf die Verbindungslinien der Berührungspunkte hin erfolgt, an welchen Stellen sie freilich vor der Kälte sicher sind.

Aber nicht zu Unrecht, wie ich vorausgesagt habe, stellt einer nun die Frage, durch welche Kraft denn die Kügelchen in die rechtwinklige Ordnung gebracht werden.

Wenn es stofflich nicht anders sein könnte, wäre die Sache schon erledigt. Doch die Anordnung des Stoffes kann noch auf zwei andere Weisen geschehen, wie oben auseinandergesetzt wurde. Und obendrein können alle drei Anordnungen sich in geordneter Weise vermengen, so daß eine mannigfaltige Verteilung entsteht.

Oder sollen wir als Ursache *dieser* Anordnung annehmen, daß in ihr allein sie sich allseitig ähnlich ist und die Berührungspunkte gleichmäßig verteilt sind, bei den übrigen aber nicht? Denn wenn auch, wie oben gezeigt, jede einzelne Kugel von zwölf anderen berührt wird, so sind doch die Räume zwischen den Kugeln abwechselnd dreieckig und viereckig. Hier jedoch sind sie alle durchweg viereckig. Dort schneiden sich zwei bestimmte Verbindungsgeraden von gegenüberliegenden Berührungspunkten rechtwinklig, die übrigen vier dagegen nicht. Hier schneiden sich alle drei Achsen gleichartig und rechtwinklig. Dort entsteht bei Verbindung der Durchmesserendpunkte ein Kuboktaeder, hier ein Oktaeder innerhalb irgendeiner Kugel.

Der Vorrang der senkrechten Verteilung vor der schiefen ist zwar damit klargestellt. Aber die Ursache ist nicht gefunden, die die Kugel lieber auf diese als auf jene Art anordnet.

Macht es die Kälte? Und auf welche Weise?

Denn wenn sie auf etwas wirkt, dann kondensiert sie oder durchdringt die Materie, wo sie Lücken hat oder ihr nur schwach widersteht. Und um alles gründlich zu überlegen: Es könnte zwar die senkrechte Anordnung nach der Tiefenrichtung durch den geradlinigen Fall zur Erde bewirkt werden, doch woher dann diese Ausrichtung quer dazu?

Es bleibt also nur übrig, daß die innere Wärme des Wasserdampfes diese kubische Anordnung der Tropfen erzeugt, falls ihre Anordnung wirklich kubisch ist, das heißt, wenn unser Nichts ein Etwas ist.

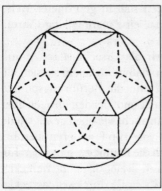

Kuboktaeder

Aber nach dieser Entwicklung der Sache ist es schon so, daß die Wärme, ob sie nun jeden Tropfen von sich aus in die Oktaederform einordnet oder die ganze Materie in eine aus Sternchen bestehende Ordnung sondert, die innere Anlage der einzelnen Kugeln durch die äußere Anordnung aller fordert. Auf keinen Fall kann aber die Ordnung ganz unveränderlich sein, wo sie wie gerade hier zu Störungen neigt.

Aber es gibt auch Gründe, daß wir eher glauben sollten, die einzelnen Tropfen ordnen sich ohne das Mittel äußerer Berührung selbst so an. Denn wenn die Figur von der Ordnung und gegenseitigen Berührung vieler Einzelteilchen herrührt, müßten alle Sternchen sich gleichen. Tatsächlich beobachtet man aber schon starke Unterschiede der Größe zwischen ihnen. Ja, sogar die regelmäßige Bildung vieler zeigt manches Ungewöhnliche.

Erinnere
Dich an das
schon
Gesagte, die
Meinung von
drei sich
kreuzweise
schneidenden
Strahlen sei
ein Nichts

Wir sind also um nichts weitergekommen, wenn nicht klar wird, wie die innere Wärme das Dampfteilchen nach drei Richtungen, die oktaedrischer oder gar sechseckiger Form entsprechen, erstarren läßt, so daß der Stoff durch die Kondensation sich zu diesen Gebilden zusammenfindet.

Es konnte jemand glauben, jene feinen Fiederchen flögen einzeln daher und fänden sich erst beim Herabsinken zufällig kreuzweise zusammen. Wahrlich, dies ist falsch. Nicht immer nämlich würden es drei sein, nicht würden sie im Mittelpunkte noch in *einem* Punkte zusammenlaufen. Dazu kommt, daß sich alle Fiederchen vom Mittelpunkt des Sterns oder des Doppelkreuzes nach außen strecken, fast wie die Nadeln an einem Tannenzweig, was beweist, daß die bildende Kraft im Mittelpunkt sitzt und von dort gleichmäßig nach allen Seiten wirkt.

Aber vielleicht besteht für die drei Achsen derselbe Grund wie für die gleiche Zahl ausgezeichneter Richtungen im Körper der Lebewesen? Haben sie nicht eine Ober- und Unterseite, eine Vorder- und eine Hinterseite und auch eine rechte und eine linke Seite? Wenn jemand das sagt, kommt er meiner Meinung schon näher, wird aber auch wider Erwarten durch eigenes Zugeständnis zu Widersprüchen geführt. Zuerst nämlich überlege er, was die Natur dieser Wärme sei, die diese Ähnlichkeit mit Lebewesen im Schneesternchen hervorbringt. Dann frage er sich, wem nutzt es? Was haben denn die Tiere mit dem Schnee gemein? Der Schnee hat zum Leben, das ihm fehlt, jene Richtungen nicht nötig.

Drittens bedenke er, daß die Teile von Lebewesen nicht so geometrischen Figuren, etwa dem Würfel, der ersten der körperlichen Figuren, angepaßt sind, als wäre er ihre Urform, sondern aus bestimmter Notwendigkeit heraus auf die Erreichung eines Zweck hin gebildet sind. Die erste Unterscheidung nämlich, die von Oben und Unten, bezieht sich auf den Ort, die Oberfläche: Die Beine zeigen deshalb nach unten, um das Körpergewicht zu tragen, der Kopf dagegen nach oben, um die Nerven mit seinen günstigen Säften dauernd zu beleben und damit Augen und Ohren vom Boden recht entfernt einen möglichst großen Umkreis beherrschen und unbehindert sind, und außerdem, damit die Speise durch ihr Gewicht und der Trank durch seine flüssige Form herabgleitet und an seinen Platz kommt und nicht (wie bei den ortsgebundenen Pflanzen) eine dauernde Saugkraft notwendig sei.

Die zweite Unterscheidung zwischen vorn und hinten ist den Lebewesen verliehen zum Ausführen der Bewegungen, die sie auf geradem Wege über die Erdoberfläche von einem Ort zum anderen bringen. Daher schneiden sich diese beiden Richtungen notwendig senkrecht und bestimmen eine Ebene. Doch da die Lebewesen nicht flächenhaft sein können, sondern mit Notwendigkeit Körperlichkeit annehmen, muß die dritte Richtung von rechts nach links zur Verkörperung hinzukommen. Dadurch wird das Lebewesen gewissermaßen zum Zwilling, damit auch beim Gehen im Wechsel des Bewegenden und Bewegten ein Unterschied sei. Nicht also, was würfelförmig ist, zeigt Ähnlichkeit mit dem Menschen wegen einer Schönheit der Gestalt, sondern der Mensch erwarb sich eine Ähnlichkeit mit dem

Würfel, die gleichsam mit mannigfachen Be-
dürfnissen als mit den Elementen in Einklang
steht.

Die Grundsätze, um die Ursachen der Schneefigur aufzufinden, stammen vom Nichts

Nachdem so alles überprüft ist, was sich dar-
bot, glaube ich, daß die Ursache für die Sechseckfigur des Schnees keine andere ist als für
die regelmäßigen Figuren bei den Pflanzen
und für die konstanten Zahlen. Doch da bei ihnen nichts ohne höchsten Verstand geschieht
— nicht zwar einer, der sich in schlüssiger
Überlegung zeigt, sondern einer, der von Anfang an im Plane des Schöpfers lag und von
Anbeginn bis jetzt durch die wunderbare Na-
turanlage der Lebewesen erhalten blieb —, so
glaube ich nicht, daß gerade beim Schnee diese regelmäßige Figur von ungefähr da ist.

Es gibt also ein Formvermögen im Körper
der Erde, dessen Träger der Wasserdampf ist,
wie es eine menschliche Seele, einen Geist,
gibt. Wie also kein Dampf irgendwo entsteht,
als daß er durch eine gewisse Wärme zu dem
wurde, was er heißt, nämlich Dampf, und
durch eben diese Wärme erhalten bleibt als
das, was er ist, so wird er auch durch diesen for-
mierenden Verstand, den andere bildende
Wärme nennen, zusammengehalten.

Aber erst nach Entkräften zweier Einwände
werde ich erklären, was von meiner Meinung
noch übrig bleibt. Denn man könnte einwenden, bei den Pflanzen offenbare ein unmittelbarer Zweck, der sich im Aufbau eines bestimmten Naturgebildes darstellt, daß der formierende Verstand in irgendeinem Stoff wirksam gewesen sei. Wo nämlich die Mittel zu einem bestimmten Zweck da sind, dort ist Ordnung, dort gibt es keinen Zufall, da ist reiner
Geist, klarer Verstand. Bei der Bildung des

Schnees aber könne man keinen Zweck erblicken, und es komme nicht von der Sechseckfigur, daß der Schnee dauere oder einen bestimmten Naturkörper von klarer und dauerhafter Form bilde. Ich antworte, der formierende Verstand wirkte nicht nur auf einen Zweck hin, sondern auch auf Schmuck, er suche nicht nur Naturkörper hervorzubringen, sondern pflege auch flüchtig zu spielen, was aus vielen Beispielen von Mineralen hervorgeht. Den Sinn dieses Ganzen übertrage ich vom Spiel (indem wir sagen, die Natur spiele) auf diesen ernsten Vorgang; ich glaube nämlich, die Wärme, die bis dahin den Stoff innehatte, wird von der Kälte ringsumher bezwungen. Wie sie bisher geordnet wirkte (mit formierendem Verstand freilich erfüllt) und geordnet kämpfte, so wendet sie sich in ihrer Ordnung zur Flucht und weicht zurück und hält sich in jenen zerstreuten und wie eine Schlachtreihe angeordneten Fiedern länger als im ganzen übrigen Stoff und trägt so Sorge, nicht unehrenhaft und würdelos zu fallen (wie es die Geschichte von *Olympias* berichtet).

Von *Polyxena*, als sie am Grabe des Achill geopfert wurde, berichtet *Euripides* in einem Verse: Noch im Sterben „war einzig sie bedacht, daß sie mit Anstand fiel". Dasselbe berichtet *Plinius der Jüngere* in seinen Briefen von einer vestalischen Jungfrau, die *Domitian* lebend begraben ließ.

Weiter könnte jemand einwenden, daß die einzelnen Pflanzen je ein besonderes seelisches Vermögen hätten, da sie auch abgesondert als einzelne Pflanzenkörper existieren. Und deswegen sei es gar nicht verwunderlich, daß jeder einzelnen auch eine besondere Figur zukomme. Beim Schnee aber für jedes

Sternchen eine besondere Seele anzunehmen, sei recht lächerlich, weshalb die Figuren des Schnees auch nicht in gleicher Weise aus Wirkungen einer Seele wie den Pflanzen abzuleiten seien.

Ich antworte, die Sache liege bei beiden ähnlicher, als der glauben könne, der diesen Einwand erhebt. Geben wir zu, die einzelnen Pflanzen haben je ein seelisches Vermögen, so sind diese doch alle Sprößlinge des einen gleichen, umfassenden Formvermögens, das in der Erde steckt; und hier äußert sich dieses in den Pflanzen, wie das Formvermögen des Wassers in den Fischen, das Vermögen des menschlichen Körpers in den Läusen, das des Hundes in den Flöhen und das des Schafes in anderer Art von Ungeziefer. Nicht alle Pflanzen nämlich haben aus Samen den Ursprung genommen, sondern die meisten aus Urzeugungen, auch wenn sie sich weiterhin durch Samen vermehren. Das Formvermögen der Erde nämlich, das für sich selbst ein und dasselbe ist, verteilt sich in die Körper und wächst mit den Körpern und in sie hinein und schafft je nach den inneren Bedingungen ihres Stoffes im Äußeren bald dies, bald jenes. So ist es auch beim Wasserdampf, den die Gesamtseele als Ganzes besessen hatte, gar nicht wunderbar, daß jene sich, wenn die Kälte die Zerteilung des ganzen Zusammenhangs infolge Zusammenziehens der Teile bewirkt, in den Teilen selbst wie im Ganzen gestaltend regt.

Wahrlich, tot ist das Leben ohne echtes Wissen! Wenn nur von diesem Formvermögen im Schnee die Ehebrecherin jener niedlichen *Aesopschen* Fabel etwas gewußt hätte, beschwatzen hätte sie ihnen Mann können, daß sie vom Schnee empfangen habe, und es wäre ihr das

Kind der Liebe nicht so leicht geraubt worden durch die List des Gatten.

Der Geist, ein Abbild des Schöpfers

Ich habe über den Urheber der Figur gesprochen. Es bleibt noch übrig, daß wir die Figur selbst untersuchen, ob sie aus dem dreiteiligen Achsenkreuz entsteht, was bisher angenommen wurde, oder ob sie von Anfang an sechseckig sei, worüber später. Jetzt wollen wir auf dem eingeschlagenen Nebenwege weitergehen. Die Ursache also, warum dieses Formvermögen die Winkelanordnung des Oktaeders bevorzugt, könnte folgende sein. Erstens ist das ganze Geschlecht der Geister den geometrischen und regelmäßigen oder kosmischen Figuren verwandt, was durch viele Zeugnisse belegt werden kann. Da nämlich die Geister etwas wie Ebenbilder Gottes, des Schöpfers, sind, so ruht gewiß auch im Schöpfergeiste Gottes die göttlich-ewige Wahrheit dieser Figuren.

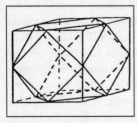

Kuboktaeder durch Entecken eines Würfel

Ferner, da es vollständig sicher ist, daß selbst auch die Geister in ihrem innersten Sein Quantitäten annehmen — ob ohne oder mit physikalischem Stoff, erörtere ich nicht —, so ist ganz natürlich, daß sie eher gestaltete als rohe Quantitäten annehmen, und zwar wenn geformt, dann nach Art der regelmäßigen Körper, weil die Geister nicht Flächen, sondern Körpern zukommen. Es ist aber den regelmäßigen Körpern

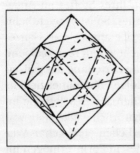

Kuboktaeder Entecken eines Oktaeders

der erste der Würfel, der Erstgeborene, der Erzeuger der übrigen. Sein Weib aber gewissermaßen ist das Oktaeder; es hat ebensoviel Ecken, wie der Würfel Flächen hat, und jedem

Mittelpunkt dieser Flächen entspricht je eine Ecke des Oktaeders.

Also ein Teilchen der Wasserdampfmaterie, das sich absondert, ergreift, wenn es Gestalt annehmen soll, worüber wir uns schon geeinigt haben, am ersten die Figur des Würfels seiner Gefährtin, des Oktaeders. Was oben auch die materielle Notwendigkeit nahelegte bei einem Haufen hingeschütteter gleichgroßer Kugeln. Sie legten sich nämlich so zusammen und stellten sich in den Berührungspunkten so dar wie Bruchstücke des Würfels und Oktaeders. Doch warum lieber in der Figur des Oktaeders als der des Würfels? Etwa weil der Würfel die Figur der Ausdehnung, das Oktaeder die der Zusammenziehung ist? Wirklich ziehen sich Materie und Wärmekraft zusammen, wenn sie feindselig von der Kälte bedrängt werden. Woher aber steht fest, daß jener die Figur der Ausdehnung, dieses die der Zusammenziehung ist? Natürlich, weil die acht Ecken, die bei jenem ganz außen sitzen, bei diesem ganz innen in gleicher Zahl um den Mittelpunkt herum angeordnet sind. Denn, wenn man dem Würfel seine acht Ecken durch gleiche Schnittflächen wegnimmt und sie umgekehrt nach innen zusammensetzt, entsteht gerade ein Oktaeder. Und der Würfel geht auseinander in eine größere Zahl von Ecken, nämlich acht, das Oktaeder in eine kleinere, nämlich sechs.

Die Edelsteinhändler sagen, bei den Diamanten finde man natürliche Oktaeder von sehr vollendeter und sehr gut begrenzter Form. Wenn dem so ist, bestärkt uns das sehr. Denn das Formvermögen, das in der Erde dem Diamanten die Oktaedergestalt gab, die aus dem tiefsten Schoße ihrer Natur kommt zugleich mit dem Wasserdampf, der derselben

Erde entstammt, lieh dieselbe Figur auch dem Schnee, der sich aus jenem Dampf bildet.

Indessen, was das dreiteilige Achsenkreuz anbetrifft, so steckt davon in der Oktaederform nicht mehr als in der Würfelform. Bei jenem werden die Ecken, bei diesem die Mitten der Flächen durch drei Achsen dieser Art verbunden; bei jenem sitzen die Winkel der Achsen im Mittelpunkt, hier stellt die Ecke, die den Körper abschließt, es selbst dar. Vergeblich also bemühen wir uns um die Auswahl der ganzen Figur, wo von beiden gerade ein Bruchstück da ist.

Doch wohin lasse ich Tor mich fortreißen, der ich im Verlangen, fast Nichts zu geben, auch fast Nichts durchführe, dieweil ich aus diesem fast Nichts beinahe die Welt selbst mit allem, was darin ist, gebildet habe? Während ich vor dem Seelchen des allerkleinsten Wesens oben davonlief, weise ich schon dreimal die Seele des allergrößten Wesens, des Erdballs, im Schneeatom nach.

So will ich den Rückzug antreten und mir recht Mühe geben, daß das, was ich gegeben und gesagt habe, zu Nichts wird. Dies aber geschieht, wenn ich, so schnell wie mein Schneelein zerrinnt, ebenso rasch jene Winkelschlüsse durch Gegenschlüsse abtue oder zunichte mache.

Endlich erst ernstlich von der Sternfigur des Schnees

Während ich dies schreibe, hat es wieder geschneit und dichter als neulich. Ich betrachte die Schneeteilchen aufmerksam; also sie fielen alle strahlenförmig, aber von zweierlei Art: Welche waren sehr klein, mit Strahlen ringsherum besetzt, von unbestimmter Zahl und einfach, ohne Fiedern, ohne Streifen und außerordentlich fein, in der Mitte aber vereinigt zu einem ziemlich großen Kügelchen. Und solcherart war der größte Teil. Aber dazwischen gestreut fiel seltener eine zweite Art sechseckiger Sternchen; keines war anders als ebenflächig, ob es schwebte oder niedersank. Die Fiedern lagen ebenfalls in derselben Ebene mit der Rippe, an der sie saßen. Es ragte aber nach unten ein schwächerer siebenter Strahl wie eine Wurzel, auf den sie sich beim Niederfallen stützten, und wodurch sie eine Weile hochgehalten wurden. Dies ist mir früher nicht entgangen, wurde aber verkehrt aufgefaßt, als ob drei Strahlen nicht in derselben Ebene liegen. Also ist nicht weniger das, was ich bisher sagte, als das, worüber ich gesprochen habe, vom Nichts so nahe wie möglich entfernt.

Von der ersten grießähnlichen Art glaube ich, daß sie aus Dampf stammte, der schon fast von der Wärme verlassen sich eben zu Wassertröpfchen verdichtete. Daher sind sie auch rund und nehmen keine schöne Figur an; verlassen von dem, was die Form schafft, bekommen sie auch Strahlen auf allen Seiten nach den Grundsätzen, die oben entwickelt wurden bei der Betrachtung des Reifs, der sich an Fenstern niederschlägt.

Für die zweite Art aber, die aus Sternchen besteht, hat die Betrachtung vom Würfel oder Oktaeder keinen Sinn und auch nicht die von der Berührung der Tröpfchen, da sie ebenflächig herabkommen, nicht, wie ich oben meinte, als dreiteiliges Achsenkreuz.

Und wenn nun das Formvermögen auch hier seinen Platz behält und als Ursache bleibt, so ist doch die Frage nach der Wahl der Figur erneut zu stellen. Erstens warum ebenflächig? Etwa weil ich oben zu Unrecht die Ebenen dem Formvermögen der Körper abgesprochen habe? Denn allen Blüten liegt eine fünfeckige Ebene zugrunde, nicht der Dodekaederkörper. Dann wäre die Ursache der ebenen Figur in Wirklichkeit die, daß die Kälte mit dem warmen Dampf in einer Ebene zusammentrifft und so nicht den ganzen Dampf gleichmäßig einschließt; dann nämlich entstehen Sternchen, sonst fallen Körnchen.

Warum die Figur gerade sechseckig ist

Warum aber Sechsecke? Etwa weil von den regelmäßigen Vielecken dies das erste eigentlich ebene ist, aus dem sich kein regelmäßiger Körper zusammensetzt? Denn Dreieck, Quadrat und Fünfeck bilden Körper. Oder weil das Sechseck die Ebene lückenlos bedeckt? Aber das tun Dreieck und Viereck auch! Oder weil dieses dem Kreise am nächsten steht von solchen, die die Ebene lückenlos bedecken? Oder gibt es folgenden Unterschied zwischen dem Formvermögen für Unfruchtbares und einem zweiten, das Fruchtbares gestaltet, daß jenes Dreiecke oder Sechsecke schafft, dieses Fünfecke? Oder endlich hat die Natur, dieses Formvermögen selbst, im innersten Schoße ihres Wesens an der Sechseckform teil?

Von den fünf angeführten Ursachen machen die erste, die zweite und dritte davon Gebrauch, daß das Formvermögen sich aus der Sache selbst Rat schafft und gleichsam nach der Lage des Schlachtfeldes die Kampfreihen ordnet. Weil der Kampf des wärmebeladenen Wasserdampfes mit der kalten Luft in einer Ebene stattfindet, und nicht im Raume, zieht er bei der Wahl eine Figur, die der Ebene angehört, einer körperlichen vor. Und so wirkt bei der zweiten und dritten Ursache auch der stoffliche Zwang mit. Denn nur die erste Ursache beruht auf einer Eigenschaft des Sechsecks allein, indem sie eine eigentümliche Vorbildung dieser Figur zu diesem Kampf heranzieht. Beim Kampf in der Ebene wird also die Figur mit Notwendigkeit eben; doch keine Notwendigkeit besteht, daß es die Figur ist, die sich mit ihresgleichen zu keinem Körper mehr zusammenschließt. Hier wird eine Eigenheit der Form betrachtet, nicht eine materielle Notwendigkeit, und zwar folgende: Wie den physischen Körpern Figuren entsprechen, die einen Raum umschließen, so die Ebenen Figuren, die *keinen* Raum mehr abgrenzen.

Von der zweiten und dritten Ursache dagegen wäre zu sagen, daß hier das Sechseck auch nach materiellen Notwendigkeiten vom Formvermögen ausgewählt wird, damit nicht etwas leer bleibe und die Verdichtung des Wasserdampfes zur Konsistenz des Schnees um so besser vor sich gehen könne.

In Kreisform nämlich könnte sie am besten erfolgen; doch da zwischen kleinen Kreisflächen leere Felder bleiben, so wird eine dem Kreis recht ähnliche Figur gewählt. Aber gegen diese Ursache wurde schon oben die Ungleichheit der Sternchen eingewandt, von denen manche sehr klein sind, auch außerordentlich feine und schlichte Strahlen ohne Fiedern haben. Was ein Hinweis darauf ist, daß Wasserdampf nicht über größere Flächen hinweg gleichzeitig in Schnee übergeht, sondern abgesondert an winzigen und ungleichen Flächenstückchen und nacheinander. Nicht am Platze ist also die Überlegung, daß Lücken nicht entstehen dürfen, die doch bei der Aufteilung der ganzen Oberfläche in gleiche Sechsecke so ausschlaggebend ist. So scheiden die zweite und dritte Ursache aus der Reihe aus, wenn sie nicht insofern auf die erste zurückgeführt werden können, daß das Formvermögen das Sechseck nicht nach der Notwendigkeit von Materie und Raum auswählt, sondern lediglich nach der hier behandelten Eigenheit, die Ebene sonst lückenlos auszufüllen und (von allen Figuren, die das auch tun) dem Kreis am ähnlichsten zu sein.

Welche Blüten sind sechs- und dreizählig?

Etwas für Botaniker

Die vierte Ursache kann so nackt nicht richtig sein. Denn die weißen Lilien haben drei und sechs Blütenblätter und sind nicht unfruchtbar, und dasselbe gilt für viele Blüten, besonders von Waldblumen. Vielleicht ist der Unterschied der, daß die Früchte von fünfzähligen Blüten fleischig werden, wie bei den Äpfeln und Birnen, oder Fruchtmark enthalten, wie bei den Rosen und Gurken, wo der Samen zwischen Fleisch oder Fruchtmark sitzt. Dagegen entsteht aus sechszähligen Blüten nur Samen, der in trockenen Hülsen sitzt, und die Frucht steckt gleichsam in der Blüte. Oder ist der Unterschied vielleicht der, daß keine sechszähligen Blüten auf Blumen und Sträuchern vorkommen, sondern nur bei Kräutern und besonders Zwiebelgewächsen. Wohl könnte man auch noch anderes betrachten, etwa die Säfte selbst, ob etwas in ihnen dem Unterschied der Blütenfiguren entspricht.

Der Gegenstand ist mir nicht geläufig genug; und so möge es genügen, andere beiläufig auf diese vierte Ursache hingewiesen zu haben.

Minerale kommen als sechseckige Kristalle vor

Für die fünfte Ursache sprechen andere Erzeugnisse dieses Formvermögens wie die Kristalle, die alle sechseckig sind, da ja die oktaedrischen Diamanten höchst selten vorkommen. Indes umfaßt das Formvermögen der Erde nicht bloß *eine* Figur, es ist in der ganzen Geometrie erfahren und geübt. Denn ich habe in *Dresden* am Gebäude des Königlichen Marstalls eine Verzierung aus Silbererz gesehen, aus dem ein Dodekaeder von Haselnußgröße halb hervorragte, gleichsam herausblühte. Und nach einer Beschreibung von *Bad Boll* steht dort bei einem Mineral der obere Teil eines Ikosaeders hervor. Daher wirkt wahrscheinlich dieses Formvermögen bei verschiedenen Flüssigkeiten verschiedenartig. Beim Vitriol ist die kubisch-rhombische Figur häufig. Beim Salpeter kommt dieselbe Figur vor. Es mögen daher die Chemiker sagen, ob im Schnee ein Salz steckt, und welcher Art denn das Salz ist, und wie es sonst die Figur hervorbringt. Und ich — da ich jetzt der Chemie ans Tor geklopft habe und sehe, wieviel noch zu sagen bleibt, bis man der Sache auf den Grund gekommen ist —, ich will lieber von Dir, geneigter Herr, hören, was Du denkst, als Dich weiter mit gelehrten Reden ermüden.

Gottfried Wilhelm Leibniz (1646-1716)

Leibniz' Denken hat die verschiedensten Felder der Wissenschaft befruchtet. Auf dem Gebiet der Mathematik trug er u.a. zur Entwicklung der Differentialrechnung bei. La-Rouche führt auf Leibniz die Wissenschaft der physikalischen Ökonomie zurück, wobei er auch auf die „Akademiepläne" verweist. In der Philosophie prägte der große Gelehrte ein auf die Vernunft gegründetes ökumenisches Christentum, die Weltanschauung, welche später die deutsche Klassik (Lessing, Wieland, Schiller) prägte. Zudem war er Historiker, Staatsmann und Politiker der besonderen Art. Er korrespondierte nicht nur mit zahllosen Persönlichkeiten der europäischen Elite, sondern sogar mit dem fernen Kaiserhof in China und traf zweimal mit Zar Peter I. zusammen, der in Petersburg eine Akademie nach Leibniz' Plänen errichtete. Mit anderen Worten: Leibniz wählte sich kein kleineres Betätigungsfeld und keine leichtere Aufgabe als die Entwicklung der ganzen Menschheit.

Die folgende Schrift entstand im gleichen Jahr 1714 wie die Monadologie und faßt ähnlich wie diese Leibniz' philosophische Weltanschauung und Denkmethode in knapper Form zusammen. Mit Genehmigung des Felix Meiner Verlags übernehmen wir die deutsche Übersetzung aus G.W. Leibniz, Hauptschriften zur Grundlegung der Philosophie, Bd. II, Philosophische Bibliothek Bd. 253, 2. verb. Auflage 1982.

DIE VERNUNFTPRINZIPIEN DER NATUR
UND DER GNADE (1714)

1. Die *Substanz* ist ein der Tätigkeit fähiges Wesen. Sie ist entweder einfach oder zusammengesetzt. Die *einfache Substanz* ist diejenige, welche keine Teile hat. Die *zusammengesetzte* ist die Ansammlung der einfachen Substanzen oder der *Monaden*. Monas ist ein griechisches Wort, das „Einheit" bedeutet oder das, was eins ist. Die zusammengesetzten Dinge oder die Körper sind Vielheiten; die einfachen Substanzen, das Lebendige, die Seelen, die Geister dagegen sind Einheiten. Nun muß es wohl überall einfache Substanzen geben, weil es ohne die einfachen keine zusammengesetzten gäbe; die ganze Natur ist infolgedessen voller Leben.

2. Die Monaden können, da sie keine Teile haben, weder erzeugt noch vernichtet werden. Sie können auf natürlichem Wege weder einen Anfang noch ein Ende haben und dauern daher ebenso lang wie das Universum, das zwar der Veränderung, aber nicht der Vernichtung unterworfen ist. Sie können keine Gestalten haben, denn sonst hätten sie Teile: Daher läßt sich eine Monade, an sich und in einem unteilbaren Zeitpunkt genommen, von einer andren nur durch ihre inneren Eigenschaften und Tätigkeiten unterscheiden. Diese können in nichts andrem bestehen als in ihren *Perzeptionen*, d.h. in den Darstellungen des Zusammengesetzten, oder des außen Befindlichen, durch das Einfache und in ihren *Begehrungen* — d.h. in ihrem Streben, von einer Perzeption zur andren überzugehen. Diese Strebungen sind die Prinzipien ihrer Veränderung. Denn die Einfachheit der Substanz hindert keineswegs die Vielheit verschiedener Zustände, die sich in dieser selben einfachen Substanz zusammenfinden müssen und die sich aus der Mannigfaltigkeit der Beziehungen zu den äußeren Gegenständen ergeben. So sind ja auch in einem Zentrum oder Punkt, so einfach er ist, eine unendliche Anzahl von Winkeln vorhanden, die durch die Linien, die in ihm zusammentretten, gebildet werden.

3. In der Natur ist alles erfüllt. Überall gibt es einfache Substanzen, die sich voneinander tatsächlich durch ihnen eigentümliche, beständig ihre Beziehungen wechselnde Tätigkeiten unterscheiden. Jede einfache Substanz nun oder jede ausgezeichnete Monade, die den Mittelpunkt einer zusammengesetzten Substanz (wie z.B. eines Tieres) und das Prinzip ihrer „Einzigkeit" ausmacht, ist von einer *Masse* umgeben, die sich aus einer unendlichen Anzahl andrer Monaden zusammensetzt. Diese bilden den Eigenkörper dieser Zentralmonade, gemäß dessen Affektionen sie, wie in einer Art *Zentrum*, die außer ihr befindlichen Dinge darstellt. Dieser *Körper* ist *organisch*, wenn er eine Art von Automat oder natürlicher Maschine bildet, die nicht nur im Ganzen, sondern auch noch in den kleinsten der Beobachtung zugänglichen Teilen Maschine bleibt. Da nun infolge der Erfüllung der Welt alles miteinander in Verknüpfung steht, und jeder Körper, je nach der Entfernung, mehr oder weniger auf jeden andren einwirkt, so folgt daraus, daß jede Monade ein lebender, der inneren Tätigkeit fähiger Spiegel ist, der das Universum aus seinem Gesichtspunkte darstellt und der ebenso geregelt ist wie dieses selbst. Die Perzeptionen in der Monade entstehen auseinander nach den Gesetzen des Strebens oder nach den *Zweckursachen* des *Guten* und *Bösen*, die in geregelten oder ungeregelten bemerkbaren Perzeptionen bestehen, wie die Veränderungen der Körper und die äußeren Erscheinungen gemäß den Gesetzen der wirkenden Ursachen, d.h. der Bewegungen, auseinander hevorgehen. Auf diese Weise besteht eine vollkommene Harmonie zwischen den Perzeptionen der Monade und den Bewegungen der Körper, die vom Anfange der Welt an zwischen dem System der Zweckursachen und dem der wirkenden Ursachen prästabiliert ist. Hierin eben besteht die Übereinstimmung und die natürliche Vereinigung von Seele und Körper, ohne daß eins die Gesetze des andren ändern könnte.

4. Jede Monade bildet im Verein mit einem Körper, der ihr eigentümlich zugehört, eine lebende Substanz. Demnach herrscht nicht nur überall Leben, das mit den Gliedern oder Organen verbunden ist, sondern es gibt sogar unendlich vie-

le Grade unter den Monaden, da die einen mehr oder weniger über die andren herrschen. Besitzt nun die Monade zweckmäßige Organe, vermöge deren in den empfangenen Eindrücken und in den Perzeptionen, die diese wiedergeben, hervortretende und sich abhebende Unterschiede bestehen, wie z.B. mittels der Gestalt der Augensäfte die Lichtstrahlen konzentriert werden und mit größerer Kraft wirken — so kann das bis zur *Empfindung* führen, d.h. zu einer Perzeption, die von *Gedächtnis* begleitet wird und von der eine Art Echo längere Zeit zurückbleibt, um sich dann bei Gelegenheit vernehmen zu lassen. Ein solches Lebewesen nun nennt man *Tier*, wie man seine Monade *Seele* nennt. Wenn diese Seele sich weiterhin bis zur Vernunft erhebt, so ist sie etwas Erhabeneres und wird den Geistern beigezählt, wie alsbald näher auseinandergesetzt werden wird. Allerdings befinden sich die Tiere zuweilen im Zustande einfacher Lebewesen und ihre Seelen in dem einfacher Monaden, wenn nämlich ihre Perzeptionen nicht hinreichend distinkt sind, um sich ihrer entsinnen zu können, wie das bei einem tiefen, traumlosen Schlafe oder im Zustande der Betäubung vorkommt. Aber auch solche Perzeptionen, die bereits völlig verworren geworden sind, müssen aus Gründen, die weiter unten (12) angegeben werden, wieder zu neuer Entfaltung gelangen. Man muß demnach unterscheiden zwischen der *Perzeption* oder dem inneren Zustand der Monade, sofern er die äußeren Dinge darstellt, und der *Apperzeption*, die das *Selbstbewußtsein* oder die reflexive Erkenntnis dieses inneren Zustandes ist. Dies letztere ist keineswegs allen Seelen, ja nicht einmal derselben Seele zu allen Zeiten gegeben. In dem Mangel dieser Unterscheidung liegt der Fehler der Cartesianer, die die Perzeptionen, deren man sich nicht bewußt wird, nicht mit in Betracht ziehen, wie man gemeinhin in der populären Auffassung die sinnlich nicht wahrnehmbaren Körper außer Betracht läßt. Dadurch sind auch die Cartesianer zu dem Glauben veranlaßt worden, einzig und allein die Geister seien Monaden; Tierseelen aber oder gar andre *Lebensprinzipien* gäbe es nicht. Hierin aber haben sie einerseits, indem sie den Tieren die Empfindung absprachen, die allgemeine Meinung der Menschen allzu sehr verletzt, andrerseits aber sind sie, im Gegensatz hierzu, den populären Vorurteilen zu weit entgegengekommen, indem sie eine *lange Betäubung*, die von einer großen Verwirrung der Perzeptionen herrührt, mit dem Tod im *strengen Sinne*, bei dem alle Perzeption aufhören würde, verwechselt haben. Dadurch ist der schlecht begründeten Annahme von der Vernichtung einzelner Seelen und der schlimmen Ansicht einiger anmaßlicher Geister, die die Unsterblichkeit unsrer Seele bekämpft haben, Vorschub geleistet worden.

5. Es gibt unter den Perzeptionen der Tiere eine Verknüpfung, die eine gewisse Ähnlichkeit mit dem Vernunftschluß hat, doch beruht sie nur auf der Erinnerung an die Tatsachen oder *Wirkungen*, keineswegs aber auf der Erkenntnis der *Ursachen*. So flieht ein Hund den Stock, mit dem man ihn geschlagen hat, weil die Erinnerung ihm den Schmerz vorstellt, den dieser Stock ihm verursacht hat. Sofern übrigens der Mensch rein empirisch verfährt, d.h. in drei Vierteln seiner Fähigkeiten, handelt er genau wie ein Tier. So erwartet man z.B., daß es morgen Tag sein wird, weil man es stets so erfahren hat; der Astronom indes sieht dies aus Vernunftgründen voraus. Selbst diese Voraussicht aber wird schließlich versagen, wenn einst die Ursache des Tages, die ja nicht ewig ist, aufhören wird zu bestehen. *Das wahrhaft rationale Schlußverfahren* aber hängt von den notwendigen oder ewigen Wahrheiten ab, wie es die der Logik, Arithmetik und Geometrie sind, welche eine unzweifelhafte Verknüpfung der Ideen und unfehlbare Folgerungen herstellen. Die Geschöpfe, bei denen sich diese Folgerungen nicht beobachten lassen, werden Tiere genannt, die aber, die diese notwendigen Wahrheiten erkennen, heißen im eigentlichen Sinne *vernunftbegabte Geschöpfe*, und ihre Seelen werden als Geister bezeichnet. Diese Seelen sind fähig, reflexive Tätigkeiten auszuüben und den Gedanken des Ich, der Substanz, der Seele, des Geistes zu fassen, mit einem Worte, die immateriellen Gegenstände und Wahrheiten zu betrachten. Dies eben gibt uns die Fähigkeit zur Wissenschaft und zu den beweiskräftigen Erkenntnissen.

6. Die Forschungen der Modernen haben uns gelehrt, und die Vernunft bestätigt es, daß die Lebewesen, deren Organe uns bekannt sind, d.h. Pflanzen und Tiere, nicht aus einem Fäulnisprozeß oder einem Chaos herstammen, wie die Alten geglaubt haben, sondern aus präformierten Samen, und daß sie daher nur eine Umgestaltung präexistierender Lebewesen sind. In den Samen der großen Tiere gibt es kleine, die vermittels der Empfängnis ein neues Gewand annehmen und sich zu eigen machen, das es ihnen ermöglicht, sich zu nähren und zu vergrößern, um so auf einen größeren Schauplatz überzugehen und dort die Fortpflanzung des großen Tieres zu bewirken. Allerdings sind die Seelen der menschlichen Natur determiniert. Wie nun die Tiere bei der Empfängnis oder *Zeugung* niemals völlig neu entstehen, so gehen sie auch bei dem Prozeß, den wir *Tod* nennen, nicht gänzlich unter; denn es entspricht der Vernunft, daß das, was nicht auf natürlichem Wege anfängt, ebensowenig innerhalb der Ordnung der Natur sein Ende findet. Indem sie also ihre Masken und Hüllen abwerfen, kehren sie nur zu einem winzigeren Schauplatze zurück, auf dem sie indes ebensogut sinnlich wahrnehmbar und streng geregelt sein können wie auf dem größeren. Und was hier von den großen Tieren gesagt wurde, findet bei der Zeugung und dem Tode der Samentiere selbst ebenfalls seine Bestätigung: Denn auch sie entstehen wieder aus dem Wachstum andrer noch kleinerer Samentiere, im Verhältnis zu denen sie als groß gelten können; denn in der Natur geht alles ins Unendliche. Demnach sind sowohl die Tiere wie die Seelen unerzeugbar und unzerstörbar; sie werden nur entwickelt, zurückentwickelt, bekleidet, entblößt und umgestaltet. Die Seelen aber trennen sich niemals gänzlich von ihrem Körper und gehen auch nicht von einem Körper in einen andren, ihnen gänzlich fremden über. Es gibt also keine *Metempsychose*, wohl aber eine *Metamorphose*. Die Tiere wechseln nur einzelne Teile, nehmen diese an und geben jene auf, und was bei der Ernährung nach und nach und an kleinen, unsinnlichen Teilchen, aber kontinuierlich vonstatten geht, das tritt plötzlich und deutlich erkennbar, dafür aber selten,

bei der Empfängnis und beim Tode ein, bei denen sie mit einem Male viel erwerben oder verlieren.

7. Bis hierher haben wir nur als einfache Physiker geredet: Nun ist es Zeit, sich zur Metaphysik zu erheben, indem wir uns des gewaltigen, wenngleich gemeinhin wenig angewandten *Prinzips* bedienen, wonach *nichts ohne zureichenden Grund geschieht*, d.h. sich nichts ereignet, ohne daß es dem, der die Dinge hinlänglich erkennte, möglich wäre, einen Grund anzugeben, der genügte, um zu bestimmen, warum es so ist und nicht anders. Ist dieses Prinzip einmal angenommen, so wird die erste Frage, die man mit Recht stellen darf, die sein: *Warum es eher Etwas als Nichts gibt.* Denn das Nichts ist doch einfacher und leichter als das Etwas. Nimmt man weiterhin an, daß Dinge existieren mußten, so muß man Rechenschaft davon ablegen können, *warum sie so* und nicht anders *existieren müssen.*

8. Nun läßt sich dieser zureichende Grund für die Existenz des Universums nicht in der Reihe der zufälligen Dinge, d.h. der Körper und ihrer Vorstellungen in den Seelen finden. Denn die Materie ist an sich gegen die Ruhe oder die Bewegung und gegen eine so oder so beschaffene Bewegung indifferent; man kann also in ihr nicht den Grund für die Bewegung überhaupt, und noch weniger für eine bestimmte Bewegung finden. Und obgleich die gegenwärtige in der Materie vorhandene Bewegung aus der vorhergehenden stammt und diese ebenfalls aus einer vorhergehenden, so ist man darum, man mag so weit zurückgehen, als man will, doch um nichts weiter, denn es erhebt sich stets dieselbe Frage. Der zureichende Grund, der keines andren Grundes bedarf, muß also außerhalb dieser Reihe der zufälligen Dinge liegen und sich in einer Substanz vorfinden, die die Ursache der Reihe und ein notwendiges Wesen ist, das den Grund seiner Existenz in sich selbst trägt; denn sonst hätte man noch immer keinen zureichenden Grund, bei dem man stehen bleiben könnte. Diesen letzten Grund der Dinge aber nennen wir *Gott.*

9. Diese einfache, ursprüngliche Substanz muß in eminenter Weise alle die Vollkommenheiten einschließen, die

in den abgeleiteten Substanzen, die ja ihre Wirkungen sind, enthalten sind. Sie wird daher an Macht, Erkenntnis und Willen vollkommen, d.h. allmächtig, allweise und allgütig sein. Da ferner die *Gerechtigkeit*, in ihrem allgemeinsten Sinne genommen, nichts andres ist als die der Weisheit entsprechende Güte, so muß Gott auch die höchste Gerechtigkeit zukommen. Kraft des Grundes, durch den die Dinge von ihm ihre Existenz erhalten haben, hängen sie auch in ihrer Fortdauer und ihren Tätigkeiten fernerhin von ihm ab und erhalten unaufhörlich von ihm all das, was ihnen eine Art Vollkommenheit verleiht, während das, was ihnen an Unvollkommenheit bleibt, von der wesentlichen und ursprünglichen Beschränkung, die dem Geschöpf eigen ist, herrührt.

10. Aus der höchsten Vollkommenheit Gottes folgt, daß er bei der Hervorbringung des Universums den bestmöglichen Plan gewählt hat, gemäß dem sich die größte Mannigfaltigkeit mit der größten Ordnung vereinigt: bei dem der Platz, der Ort und die Zeit in der besten Weise verwendet sind und die größte Wirkung auf die einfachste Weise hervorgebracht wird: kurz, bei dem den Geschöpfen die größte Macht, die größte Erkenntnis, das größte Glück und die größte Güte gegeben ist, die das Universum in sich aufnehmen konnte. Denn da im Verstande Gottes alle Möglichkeiten nach dem Maße ihrer Vollkommenheiten zur Existenz streben, so muß die wirkliche Welt als das Ergebnis all dieser Ansprüche die vollkommenste, die nur möglich war, sein. Ohne diese Voraussetzung wäre es unmöglich, davon Rechenschaft abzulegen, weshalb die Dinge eher diesen als einen andren Lauf genommen haben.

11. Dank seiner höchsten Weisheit hat Gott vor allem die passendsten und den abstrakten oder metaphysischen Gründen angemessensten *Bewegungsgesetze* gewählt. Danach erhält sich stets dieselbe Quantität der totalen und der absoluten Kraft oder der *Tätigkeit (actio)*, dieselbe Quantität der bezüglichen Kraft oder der Reaktion und endlich dieselbe Quantität der Richtungskraft. Außerdem ist die Aktion stets der Reaktion gleich, und die Gesamtwirkung ist stets

äquivalent ihrer vollen Ursache. Nun ist es überraschend, daß man durch die alleinige Betrachtung der *wirkenden Ursachen* oder der Materie nicht von den Bewegungsgesetzen Rechenschaft geben kann, die man in unsren Tagen entdeckt hat, und die ich zum Teil selbst gefunden habe. Man muß vielmehr, wie ich erkannt habe, hier zu den *Zweckursachen* seine Zuflucht nehmen, da diese Gesetze nicht von dem *Prinzip der Notwendigkeit,* wie die logischen, arithmetischen und geometrischen Wahrheiten, abhängen, sondern von dem *Prinzip der Angemessenheit,* d.h. von der durch die Weisheit getroffenen Wahl. Es ist dies einer der wirksamsten und augenfälligsten Beweise für die Existenz Gottes für alle, die imstande sind, diesen Dingen auf den Grund zu gehen.

12. Es folgt zudem aus der Vollkommenheit des obersten Urhebers, daß nicht nur die Ordnung des gesamten Universums die vollkommenste nur mögliche ist, sondern auch, daß jeder lebendige Spiegel, der das Universum seinem Gesichtspunkte gemäß darstellt, d.h. jede *Monade,* jedes substantielle Zentrum, die bestgeregelten Perzeptionen und Strebungen haben muß, die mit der Gesamtheit der übrigen Dinge verträglich sind. Hieraus folgt weiter, daß die *Seelen,* d.h. die im höchsten Maße herrschenden Monaden, ja selbst die Tiere aus dem Zustand der Betäubung, in den sie durch den Tod oder einen andren Unfall geraten sind, wieder erwachen müssen.

13. Denn alles ist in den Dingen ein für alle Male mit so viel Ordnung und Angemessenheit geregelt als nur möglich, da die oberste Weisheit und Güte nur in vollkommener Harmonie handeln kann: Die Gegenwart trägt die Zukunft in ihrem Schoße, aus dem Vergangenen könnte man das Zukünftige ablesen, und das Entfernte wird durch das Naheliegende ausgedrückt. Man könnte die Schönheit des Universums an jeder Monade erkennen, wenn man alle ihre Falten aufzudecken vermöchte, doch entwickeln diese sich merklich erst mit der Zeit. Da aber jede distinkte Perzeption der Seele eine Unendlichkeit verworrener Perzeptionen einbegreift, die das ganze Universum einschließen, so erkennt die Seele die Dinge, von denen sie Perzeptionen

hat, nur insofern, als diese deutlich und völlig aufgeklärt sind, und ihre Vollkommenheit mißt sich an ihren distinkten Perzeptionen. Jede Seele erkennt das Unendliche, erkennt alles, aber in verworrener Weise; so wie ich, wenn ich bei einem Spaziergange am Meeresufer das gewaltige Rauschen des Meeres höre, dabei doch auch die besondren Geräusche einer jeden Woge höre, aus denen das Gesamtgeräusch sich zusammensetzt, ohne sie jedoch voneinander unterscheiden zu können. Unsre verworrenen Perzeptionen sind eben das Ergebnis der Eindrücke, die das gesamte Universum auf uns ausübt. Ebenso steht es mit jeder Monade. Gott allein hat eine deutliche Erkenntnis von allem, da er die Quelle von allem ist. Man hat sehr gut von ihm gesagt, daß sein Zentrum überall, seine Peripherie indes nirgends ist, da ihm alles unmittelbar und ohne irgendwelche Entfernung von diesem seinem Zentrum gegenwärtig ist.

14. Was die vernünftige Seele oder den *Geist* anbetrifft, so liegt in ihm etwas mehr als in den Monaden, ja selbst in den einfachen Seelen. Der Geist ist nicht nur ein Spiegel des Universums der Geschöpfe, sondern außerdem ein Abbild der Gottheit. Er hat nicht nur eine Perzeption der Werke Gottes, sondern ist auch imstande, etwas ihnen Ähnliches, wenngleich nur im Kleinen, hervorzubringen. Denn, ganz zu schweigen von den Träumen, wo wir mühelos — aber auch ohne es zu wollen — Dinge erfinden, über die man lange nachdenken müßte, wenn man sie im Wachen finden wollte; so ist unsre Seele auch in ihren Willensakten architektonisch. Sofern sie außerdem die Wissenschaften entdeckt, gemäß denen Gott alle Dinge angeordnet hat, indem er sie nach Maß, Zahl und Gewicht erschuf (*pondere, mensura, numero* usw.), ahmt sie innerhalb ihres Gebietes und in ihrer kleinen Welt, in der sie sich betätigen darf, das nach, was Gott im Großen tut.

15. Deshalb gehen alle Geister, seien es nun Menschen oder Genien, kraft der ewigen Vernunft und Wahrheit mit Gott eine Art Gemeinschaft ein und sind die Mitglieder des Gottesreiches, d.h. des allervollkommensten Staates, der von dem größten und besten Monarchen gebildet und re-

giert wird. In diesem gibt es kein Verbrechen ohne Bestrafung, keine guten Handlungen ohne entsprechende Belohnung und schließlich so viel Tugend und Glück als nur möglich; und das geschieht keineswegs durch eine Umwälzung der Natur, so daß das, was Gott den Seelen bestimmt, die Gesetze der Körper stören müßte, sondern gemäß der Ordnung der natürlichen Dinge selbst, kraft der Harmonie, die seit aller Zeit zwischen Gott als Baumeister und Gott als Monarchen prästabiliert ist. Die Natur führt somit selbst auf die Gnade hin, wie andrerseits die Gnade die Natur vervollkommnet, indem sie sich ihrer bedient.

16. Wenngleich somit die Vernunft uns nicht die Einzelheiten der großen Zukunft lehren kann, die der Offenbarung vorbehalten sind, so können wir doch durch sie versichert sein, daß die Dinge in einer Weise eingerichtet sind, die unsre Wünsche übertrifft. Denn da Gott als die vollkommenste und glücklichste auch die liebenswerteste der Substanzen ist, und da die *reine und wahrhafte Liebe* darin besteht, an den Vollkommenheiten und der Glückseligkeit des geliebten Gegenstandes Freude zu empfinden, so muß diese Liebe, wenn Gott ihr Gegenstand ist, uns der größten Freude, deren wir fähig sind, teilhaftig machen.

17. Und es ist leicht, ihn in der richtigen Weise zu lieben, wenn man ihn in der angegebenen Weise kennt. Denn wenn Gott auch unsren äußeren Sinnen nicht sichtbar ist, so ist er trotzdem höchst liebenswert und der Schöpfer der höchsten Freude. Wir sehen, wie sehr die Ehrungen die Menschen erfreuen, obgleich sie nicht in Beschaffenheiten, die sich den äußeren Sinnen darstellen, bestehen. Die Märtyrer und die Fanatiker — obgleich allerdings der Affekt der letzteren schlecht geleitet ist — zeigen, was die geistige Freude vermag. Ja, was von noch größerer Bedeutung ist: Die Sinnenfreuden selbst lassen sich auf intellektuelle, wenngleich nur verworren erfaßte, geistige Freuden zurückführen. Die Musik entzückt uns, obgleich ihre Schönheit nur in der Entsprechung von Zahlen besteht und in der unbewußten Zählung, die die Seele an den Schlägen und Schwingungen der tönenden Körper vornimmt, die in gewissen Intervallen mit-

einander zusammenstimmen. Die Freude, die das Auge an den Proportionen empfindet, ist von derselben Art, und auch die der übrigen Sinne wird auf etwas Ähnliches hinauslaufen, obgleich wir sie nicht so deutlich zu erklären vermögen.

18. Mann kann selbst sagen, daß die Liebe zu Gott uns schon jetzt einen Vorgeschmack von der künftigen Glückseligkeit gibt. Und obgleich sie uninteressiert ist, so wirkt sie doch durch sich selbst unser größtes Gut und Interesse, selbst wenn man danach gar nicht suchte und wenn man nur die unmittelbare Freude in Erwägung zöge, die sie gibt, ohne auf den Nutzen zu achten, der aus ihr entspringt. Denn sie verleiht uns ein vollkommenes Vertrauen in die Güte unsres Urhebers und Meisters und gewährt uns eine wahre Ruhe des Geistes, die nicht, wie bei den Stoikern, aus einem gewaltsamen Zwange herrührt, den wir uns antun, sondern aus einer gegenwärtigen Zufriedenheit quillt, die uns auch eines zukünftigen Glückes versichert.

Abgesehen aber von der gegenwärtigen Freude kann nichts für die Zukunft nützlicher sein; denn die Liebe zu Gott erfüllt auch unsre Hoffnungen und führt uns auf den Weg des erhabensten Glückes. Denn kraft der vollkommenen im Universum eingerichteten Ordnung ist alles in der bestmöglichen Weise eingerichtet, und zwar sowohl für das allgemeine Gute als auch insbesondere zum Besten derer, die davon überzeugt und mit der göttlichen Regierung zufrieden sind, was für alle die gelten muß, die die Quelle alles Guten zu lieben verstehen. Allerdings kann die höchste Glückseligkeit — von welcher *seligen Vision* oder Erkenntnis Gottes sie auch begleitet sein mag — niemals vollständig und abgeschlossen sein; denn da Gott unendlich ist, so kann er niemals ganz erkannt werden. Demnach wird und soll unser Glück niemals in einem vollkommenen Genießen bestehen, bei dem nichts mehr zu wünschen übrig bliebe, und das unsren Geist abstumpfen würde, sondern in einem immerwährenden Fortschritte zu neuen Freuden und neuen Vollkommenheiten.

ANHANG IV

Bernhard Riemann
(1826-1866)

Bernhard Riemann war Professor für Mathematik an der Universität Göttingen. Er entwickelte die moderne Mathematik bedeutend weiter, und zwar insbesondere auf dem Gebiet der Funktionentheorie und partiellen Differentialgleichungen mit Anwendungen in der Physik.

Das folgende Fragment befaßt sich mit der Natur des menschlichen schöpferischen Denkens. Es gehört zu den nachgelassenen Schriften in Bernhard Riemann, Gesammelte Mathematische Werke, Hrsg. Heinrich Weber, Dover Publ. Inc., New York, 1978, S. 509f. Die Rechtschreibung wurde behutsam der heutigen Schreibweise angeglichen.

Mit jedem einfachen Denkakt tritt etwas Bleibendes, Substantielles in unsere Seele ein. Dieses Substantielle erscheint uns zwar als eine Einheit, scheint aber (insofern es der Ausdruck eines räumlich und zeitlich Ausgedehnten ist) eine innere Mannigfaltigkeit zu enthalten; ich nenne es daher „Geistesmasse". — Alles Denken ist hiernach Bildung neuer Geistesmassen.

Die in die Seele eintretenden Geistesmassen erscheinen uns als Vorstellungen; ihr verschiedener innerer Zustand bedingt die verschiedene Qualität derselben.

Die sich bildenden Geistesmassen verschmelzen, verbinden oder komplizieren sich in bestimmtem Grade, teils unter einander, teils mit älteren Geistesmassen. Die Art und Stärke dieser Verbindungen hängt von Bedingungen ab, die von Herbart nur zum Teil erkannt sind und die ich in der Folge ergänzen werde. Sie beruht hauptsächlich auf der inneren Verwandtschaft der Geistesmassen.

Die Seele ist eine kompakte, aufs Engste und auf die mannigfaltigste Weise in sich verbundene Geistesmasse. Sie wächst beständig durch eintretende Geistesmassen, und hierauf beruht ihre Fortbildung.

Die einmal gebildeten Geistesmassen sind unvergänglich, ihre Verbindungen unauflöslich; nur die relative Stärke dieser Verbindungen ändert sich durch das Hinzukommen neuer Geistesmassen.

Die Geistesmassen bedürfen zum Fortbestehen keines materiellen Trägers und üben auf die Erscheinungswelt keine dauernde Wirkung aus. Sie stehen daher in keiner Beziehung zu irgendeinem Teile der Materie und haben daher keinen Sitz im Raume.

Dagegen bedarf alles Eintreten, Entstehen, alle Bildung neuer Geistesmassen und alle Vereinigung derselben eines materiellen Trägers. Alles Denken geschieht daher an einem bestimmten Ort.

(Nicht das Behalten unserer Erfahrung, nur das Denken

strengt an, und der Kraftaufwand ist, soweit wir dies schätzen können, der geistigen Tätigkeit proportional.)

Jede eintretende Geistesmasse regt alle mit ihr verwandten Geistesmassen an und zwar desto stärker, je geringer die Verschiedenheit ihres inneren Zustandes (Qualität) ist.

Diese Anstrengung beschränkt sich aber nicht bloß auf die verwandten Geistesmassen, sondern erstreckt sich mittelbar auch auf die mit ihnen zusammenhängenden (d.h. in früheren Denkprozessen mit ihnen verbundenen). Wenn also unter den verwandten Geistesmassen ein Teil unter sich zusammenhängt, so werden diese nicht bloß unmittelbar, sondern auch mittelbar angeregt und daher verhältnismäßig stärker als die übrigen.

Die Wechselwirkung zweier gleichzeitig sich bildenden Geistesmassen wird bedingt durch einen materiellen Vorgang zwischen den Orten, wo beide gebildet werden. Ebenso treten aus materiellen Ursachen alle sich bildenden Geistesmassen mit unmittelbar vorher gebildeten in unmittelbare Wechselwirkung; mittelbar aber werden alle mit diesen zusammenhängenden älteren Geistesmassen zur Wirksamkeit angeregt, und zwar desto schwächer, je entfernter sie mit ihnen und je weniger sie unter sich zusammenhängen.

Die allgemeinste und einfachste Äußerung der Wirksamkeit älterer Geistesmassen ist die Reproduktion, welche darin besteht, daß die wirkende Geistesmasse eine ihr ähnliche zu erzeugen strebt.

Die Bildung neuer Geistesmassen beruht auf der gemeinschaftlichen Wirkung teils älterer Geistesmassen, teils materieller Ursachen, und zwar hemmt oder begünstigt sich alles gemeinschaftlich Wirkende nach der inneren Ungleichartigkeit oder Gleichartigkeit der Geistesmassen, welche es zu erzeugen strebt.

Anhang V

Georg Cantor (1845-1918)

Wie Nikolaus von Kues die Mathematik von der Ebene der euklidischen Geometrie auf die nächsthöhere Ebene der transzendentalen Funktionen hob, so gelang es Georg Cantor, in den neuen Bereich des Transfiniten vorzustoßen. Indem er zusätzlich zu den endlichen Zahlen die bestimmt-unendlichen oder transfiniten Zahlen einführte, schuf Cantor eine allgemeine Theorie der Ordnungstypen oder Gattungen und spannte damit eine neue, dritte Ebene der Mathematik auf, die allerdings bis heute noch in den Kinderschuhen steckt.

Es folgen Auszüge aus Cantors „Grundlagen einer allgemeinen Mannigfaltigkeitslehre", die 1883 erschienen und den Autor heftigen Angriffen seitens seiner aristotelischen Gegner aussetzten. Sie entstammen dem Buch Georg Cantor, Gesammelte Abhandlungen mathematischen und philosophischen Inhalts, Springer-Verlag, Berlin-Heidelberg, 1990.

Grundlagen einer allgemeinen Mannigfaltigkeitslehre (Leipzig 1883)

§ 1

Die bisherige Darstellung meiner Untersuchungen in der Mannigfaltigkeitslehre ist an einen Punkt gelangt, wo ihre Fortführung von einer Erweiterung des realen ganzen Zahlbegriffs über die bisherigen Grenzen hinaus abhängig wird, und zwar fällt diese Erweiterung in eine Richtung, in welcher sie meines Wissens bisher von niemandem gesucht worden ist.

Die Abhängigkeit, in welche ich mich von dieser Ausdehnung des Zahlbegriffs versetzt sehe, ist eine so große, daß es mir ohne letztere kaum möglich sein würde, zwanglos den kleinsten Schritt weiter vorwärts in der Mengenlehre auszuführen; möge in diesem Umstande eine Rechtfertigung oder, wenn nötig, eine Entschuldigung dafür gefunden werden, daß ich scheinbar fremdartige Ideen in meine Betrachtungen einführe. Denn es handelt sich um eine Erweiterung resp. Fortsetzung der realen ganzen Zahlenreihe über das Unendliche hinaus; so gewagt dies auch scheinen möchte, kann ich dennoch nicht nur die Hoffnung, sondern die feste Überzeugung aussprechen, daß diese Erweiterung mit der Zeit als eine durchaus einfache, angemessene, natürliche wird angesehen werden müssen. Dabei verhehle ich mir keineswegs, daß ich mit diesem Unternehmen in einen gewissen Gegensatz zu weitverbreiteten Anschauungen über das mathematische Unendliche und zu häufig vertretenen Ansichten über das Wesen der Zahlgröße mich stelle.

Was das mathematische Unendliche anbetrifft, soweit es eine berechtigte Verwendung in der Wissenschaft bisher gefunden und zum Nutzen derselben beigetragen hat, so scheint mir dasselbe in erster Linie in der Bedeutung einer veränderlichen, entweder über alle Grenzen hinaus wachsenden oder bis zu beliebiger Kleinheit abnehmenden, aber stets endlich bleibenden Größe aufzutreten. Ich nenne dieses Unendliche das *Uneigentlich-Unendliche*.

Daneben hat sich aber in der neueren und neuesten Zeit sowohl in der Geometrie wie auch namentlich in der Funktionentheorie eine andere ebenso berechtigte Art von Unendlichkeitsbegriffen herausgebildet, wonach beispielsweise bei der Untersuchung einer analytischen Funktion einer komplexen veränderlichen Größe es notwendig und allgemein üblich geworden ist, sich in der die komplexe Variable repräsentierenden Ebene einen einzigen im Unendlichen liegenden, d.h. unendlich entfernten aber bestimmten Punkt zu denken und das Verhalten der Funktion in der Nähe dieses Punktes ebenso zu prüfen wie dasjenige irgendeines anderen Punktes; dabei zeigt es sich, daß das Verhalten der Funktion in der Nähe des unendlich fernen Punktes genau dieselben Vorkommnisse darbietet wie an jedem andern, im Endlichen gelegenen Punkte, so daß hieraus die volle Berechtigung dafür gefolgert wird, das Unendliche in diesem Falle in einen ganz bestimmten Punkt verlegt zu denken.

Wenn das Unendliche in solch einer bestimmten Form auftritt, so nenne ich es *Eigentlich-Unendliches*.

Diese beiden Erscheinungsarten, in welchen das mathematische Unendliche hervorgetreten ist, wobei es in beiden Formen die größten Fortschritte in der Geometrie, in der Analysis und in der mathematischen Physik bewirkt hat, halten wir zum Verständnis des Folgenden wohl auseinander.

In der ersteren Form, als Uneigentlich-Unendliches, stellt es sich als ein *veränderliches Endliches* dar; in der anderen Form, wo ich es Eigentlich-Unendliches nenne, tritt es als ein durchaus *bestimmtes* Unendliches auf. Die unendlichen realen ganzen Zahlen, welche ich im folgenden definieren will und zu denen ich schon vor einer längeren Reihe von Jahren geführt worden bin, ohne daß es mir zum deutlichen Bewußtsein gekommen war, in ihnen konkrete Zahlen von realer Bedeutung zu besitzen, haben durchaus nichts gemein mit der ersten von jenen beiden Formen, mit dem Uneigentlich-Unendlichen, dagegen ist ihnen derselbe Charakter der Bestimmtheit eigen, wie wir ihn bei dem unendlich fernen Punkte in der analytischen Funktionentheorie antreffen; sie gehören also zu den Formen und Affektionen des Eigentlich-Unendlichen. — Während aber der Punkt im Unendlichen der komplexen Zahlenebene vereinzelt dasteht gegenüber allen im Endlichen liegenden Punkten, erhalten wir nicht bloß eine einzige unendliche ganze Zahl, sondern eine unendliche Folge von solchen, die voneinander wohl unterschieden sind und in gesetzmäßigen zahlentheoretischen Beziehungen zueinander sowohl wie zu den endlichen ganzen Zahlen stehen. Diese Beziehungen sind nicht etwa solche, welche sich im Grunde auf Beziehungen endlicher Zahlen untereinander zurückführen lassen; die letztere Erscheinung tritt allerdings, aber auch nur bei den verschiedenen Stärken und Formen des Uneigentlich-Unendlichen, häufig auf, z.B. bei unendlich klein oder unendlich groß werdenden Funktionen einer Veränderlichen x, falls sie bestimmte endliche Ordnungszahlen des Unendlichwerdens haben. Solche Beziehungen können in der Tat nur als verschleierte Verhältnisse des Endlichen oder doch als auf letztere unmittelbar zurückführbar angesehen werden; die Gesetze unter den zu definierenden eigentlich-unendlichen ganzen Zahlen sind dagegen von Grund aus verschieden von den im Endlichen herrschenden Abhängigkeiten, womit aber nicht ausgeschlossen ist, daß die endlichen reellen Zahlen selbst gewisse neue Bestimmungen mit Hilfe der bestimmt-unendlichen Zahlen erfahren können.

Die *beiden Erzeugungsprinzipien*, mit deren Hilfe, wie sich zeigen wird, die neuen bestimmt-unendlichen Zahlen definiert werden, sind solcher Art, daß durch ihre vereinigte Wirkung jede Schranke in der Begriffsbildung realer ganzer Zahlen durchbrochen werden kann; glücklicherweise stellt sich ihnen aber, wie wir sehen werden, ein *drittes* Prinzip, welches ich das *Hemmungs-* oder *Beschränkungsprinzip* nenne, entgegen, wodurch dem durchaus endlosen Bildungsprozeß sukzessive gewisse Schranken auferlegt werden, so daß wir natürliche Abschnitte in der absolut unendlichen Folge der realen ganzen Zahlen erhalten, welche Abschnitte ich *Zahlenklassen* nenne. Die *erste* Zahlenklasse (I) ist die Menge der endlichen ganzen Zahlen 1, 2, 3, ..., v, ..., auf sie folgt die *zweite* Zahlenklasse (II), bestehend aus gewissen in bestimmter Sukzession einander folgenden unendlichen ganzen Zahlen; erst nachdem die zweite Zahlenklasse definiert ist, kommt man zur dritten, dann zur vierten usw.

Von der größten Bedeutung scheint mir zunächst die Einführung der neuen ganzen Zahlen für die Entwicklung und Verschärfung des in meinen Arbeiten (Crelles J. Bd. 77, S. 257; Bd. 84, S. 242) (S. 115 bzw. 119) eingeführten und in den früheren Nummern dieses Aufsatzes vielfach verwandten *Mächtigkeitsbegriffes.* Jeder wohldefinierten Menge kommt danach eine bestimmte Mächtigkeit zu, wobei zwei Mengen dieselbe Mächtigkeit zugeschrieben wird, wenn sie sich gegenseitig eindeutig, Element für Element, einander zuordnen lassen.

Bei endlichen Mengen fällt die Mächtigkeit mit der *Anzahl* der Elemente zusammen, weil solche Mengen in jeder Anordnung bekanntlich dieselbe Anzahl von Elementen haben.

Bei unendlichen Mengen hingegen war bisher überhaupt weder in meinen Arbeiten noch sonst wo von einer präzis definierten *Anzahl* ihrer Elemente die Rede, wohl aber konnte auch ihnen eine bestimmte, von ihrer Anordnung völlig unabhängige *Mächtigkeit* zugeschrieben werden.

Die *kleinste* Mächtigkeit unendlicher Mengen mußte, wie leicht zu rechtfertigen war, denjenigen Mengen zugeschrieben werden, welche sich gegenseitig eindeutig der *ersten* Zahlenklasse zuordnen lassen und daher mit ihr gleiche Mächtigkeit haben. Dagegen fehlte es bisher an einer ebenso einfachen, natürlichen Definition der *höheren* Mächtigkeiten.

Unsere oben erwähnten Zahlenklassen der bestimmt-unendlichen realen ganzen Zahlen weisen sich nun als die natürlichen, in einheitlicher Form sich darbietenden Repräsentanten der in gesetzmäßiger Folge aufsteigenden

Mächtigkeiten von wohldefinierten Mengen aus. Ich zeige aufs bestimmteste, daß die Mächtigkeit der zweiten Zahlenklasse (II) nicht nur verschieden ist von der Mächtigkeit der ersten Zahlenklasse, sondern daß sie auch tatsächlich die *nächst höhere* Mächtigkeit ist; wir können sie daher die *zweite* Mächtigkeit oder die Mächtigkeit *zweiter Klasse* nennen. Ebenso ergibt die dritte Zahlenklasse die Definition der dritten Mächtigkeit oder der Mächtigkeit dritter Klasse usw.

§ 2

Ein anderer großer, den neuen Zahlen zuzuschreibender Gewinn besteht für mich in einem *neuen*, bisher noch nicht vorgekommenen Begriffe, in dem Begriffe der *Anzahl* der Elemente einer *wohlgeordneten* unendlichen Mannigfaltigkeit; da dieser Begriff immer durch eine ganz bestimmte Zahl unseres erweiterten Zahlengebietes ausgedrückt wird, wofern nur die sogleich näher zu definierende Ordnung der Elemente der Menge bestimmt ist, und da andererseits der Anzahlbegriff in unserer inneren Anschauung eine unmittelbare gegenständliche Repräsentation erhält, so ist durch diesen Zusammenhang zwischen Anzahl und Zahl die von mir betonte Realität der letzteren auch in den Fällen, daß sie bestimmt-unendlich ist, erwiesen.

Unter einer *wohlgeordneten* Menge ist jede wohldefinierte Menge zu verstehen, bei welcher die Elemente durch eine bestimmt vorgegebene Sukzession miteinander verbunden sind, welcher gemäß es ein *erstes* Element der Menge gibt und sowohl auf jedes einzelne Element (falls es nicht das letzte in der Sukzession ist) ein bestimmtes anderes folgt, wie auch zu jeder beliebigen endlichen oder unendlichen Menge von Elementen ein bestimmtes Element gehört, welches das ihnen allen *nächstfolgende* Element in der Sukzession ist (es sei denn, daß es ein ihnen allen in der Sukzession folgendes überhaupt nicht gibt). (...)

Der wesentliche Unterschied zwischen den endlichen und unendlichen Mengen zeigt sich nun darin, daß eine endliche Menge in *jeder* Sukzession, welche man ihren Elementen geben kann, *dieselbe* Anzahl von Elementen darbietet; dagegen werden einer aus unendlich vielen Elementen bestehenden Menge im allgemeinen *verschiedene* Anzahlen zukommen, je nach der Sukzession, welche man den Elementen gibt. Die *Mächtigkeit* einer Menge ist, wie wir gesehen, ein von der Anordnung unabhängiges Attribut derselben; die *Anzahl* der Menge weist sich aber als ein von einer gegebenen Sukzession der Elemente im allgemeinen abhängiger Faktor aus, sobald man es mit unendlichen Mengen zu tun hat. Indessen besteht dennoch auch bei den unendlichen Mengen ein gewisser Zusammenhang zwischen der *Mächtigkeit* der Menge und der bei gegebener Sukzession bestimmten *Anzahl* ihrer Elemente.

Nehmen wir zuerst eine Menge, welche die Mächtigkeit der ersten Klasse hat und geben wir den Elementen *irgend* eine bestimmte Sukzession, so daß sie zu einer „wohlgeordneten" Menge wird, so ist ihre Anzahl immer eine bestimmte Zahl der *zweiten* Zahlenklasse und kann niemals durch eine Zahl einer anderen als der zweiten Zahlenklasse bestimmt werden. (...)

Die analogen Gesetze gelten für die Mengen höherer Mächtigkeiten. So ist jede wohldefinierte Menge von der Mächtigkeit *zweiter* Klasse abzählbar *durch* Zahlen der *dritten* Zahlenklasse und nur durch solche, und zwar kann der Menge stets eine solche Sukzession ihrer Elemente gegeben werden, daß sie in dieser Sukzession durch eine *beliebig vorgegebene* Zahl der *dritten* Zahlenklasse abgezählt wird, welche Zahl die Anzahl der Elemente der Menge mit Bezug auf jene Sukzession bestimmt. (...)

§ 4

(...) Im Gegensatz zu den erwähnten Versuchen über das Unendliche und zu der Verwechslung der beiden Erscheinungsformen des Unendlichen findet sich eine Ansicht über das Wesen und die Bedeutung der Zahlgrößen vielfach vertreten, nach welcher keine anderen Zahlen als wirkliche existierend aufgefaßt werden als die *endlichen realen ganzen* Zahlen unserer Zahlenklasse (I).

Höchstens den aus ihnen unmittelbar hervorgehenden *rationalen* Zahlen wird eine gewisse Realität zugestanden. Was aber die irrationalen anbetrifft, so soll denselben in der reinen Mathematik eine bloß *formale* Bedeutung zukommen, indem sie gewissermaßen nur als Rechenmarken dazu dienen, Eigenschaften von Gruppen ganzer Zahlen zu fixieren und auf einfache, einheitliche Weise zu beschreiben. Das eigentliche Material der Analysis wird ausschließlich, dieser Ansicht zufolge, von den endlichen, realen, ganzen Zahlen gebildet, und alle in der Arithmetik und Analysis gefundenen oder noch der Entdeckung harrenden Wahrheiten sollen als Beziehungen der endlichen ganzen Zahlen untereinander aufzufassen sein; es wird die Infinitesimalanalysis und mit ihr die Funktionentheorie nur insoweit für legalisiert gehalten, wie ihre Sätze sich nachweisbar als unter ganzen endlichen Zahlen herrschende Gesetze deuten lassen.(...)

Auf diese Weise ist ein bestimmtes, wenn auch ziemlich nüchternes und naheliegendes Prinzip gesetzt, das als Richtschnur allen empfohlen wird; es soll dazu dienen, den Flug der mathematischen Spekulations- und Konzeptionslust in die wahren Grenzen zu weisen, wo sie keine Gefahr läuft, in den Abgrund des „Transzendenten" zu geraten, dorthin, wo, wie zur Furcht und zum heilsamen Schrecken gesagt wird, „alles möglich" sein soll. Dies dahingestellt, wer weiß, ob nicht gerade der Gesichtspunkt der Zweckmäßigkeit es allein gewesen ist, welcher die Urheber der Ansicht bestimmt hat, sie den aufstrebenden, so leicht durch Übermut und Maßlosigkeit in Gefahr kommenden Kräften zum Schutz vor allen Irrtümern als ein wirksames Regulativ zu empfehlen, obgleich ein *fruchtbares* Prinzip darin nicht gefunden werden kann; denn die Annahme, daß sie selbst bei Auffindung neuer Wahrheiten von diesen Grundsätzen ausgegangen wären, ist für mich deshalb ausgeschlossen, weil ich, soviel gute Seiten ich diesen Maximen auch abgewinne, sie streng genommen für *irrig* halten muß; wir verdanken denselben keine wahren Fortschritte, und wenn es wirklich genau nach ihnen zugegangen wäre, so würde die Wissenschaft zurückgehalten oder doch in die engsten Grenzen gebannt worden sein. Glücklicherweise stehen die Dinge in Wahrheit nicht so schlimm, und die Anpreisung sowohl wie die Befolgung jener unter Umständen und Voraussetzungen nützlichen Regeln sind nie so ganz wörtlich genommen worden; auch hat es bis jetzt auffallenderweise, so viel mir bekannt geworden, an jemandem gefehlt, der es unternommen hätte, sie vollständiger und besser zu formulieren, als es hier von mir versucht worden ist.

Sehen wir uns in der Geschichte um, so zeigt sich, daß ähnliche Ansichten öfter vertreten waren und schon bei Aristoteles vorkommen. Bekanntlich findet sich im Mittelalter durchgehends bei allen Scholastikern das „infinitum actu non datur" als unumstößlicher, von Aristoteles hergenommener Satz vertreten. Wenn man aber die Gründe betrachtet, welche Aristoteles gegen die reale Existenz des Unendlichen vorführt (vgl. z.B. seine „Metaphysik", Buch XI, Kap. 10), so lassen sie sich der Hauptsache nach auf eine Voraussetzung zurückführen, die eine *petitio principii* involviert, auf die Voraussetzung nämlich, daß es nur *endliche* Zahlen gebe, was er daraus schloß, daß ihm nur Zählungen an endlichen Mengen gekannt waren. Ich glaube aber oben bewiesen zu haben, und es wird sich dies im folgenden dieser Arbeit noch deutlicher zeigen, daß ebenso bestimmte Zählungen wie an endlichen auch an unendlichen Mengen vorgenommen werden können, vorausgesetzt, daß man den Mengen ein bestimmtes Gesetz gibt, wonach sie zu *wohlgeordneten* Mengen werden. Daß ohne eine solche gesetzmäßige Sukzession der Elemente einer Menge keine Zählung mit ihr vorgenommen werden kann — dies liegt in der Natur des Begriffes *Zählung*; auch bei endlichen Mengen kann eine Zählung nur bei einer bestimmten Aufeinanderfolge der gezählten Elemente ausgeführt werden, es zeigt sich aber hier als eine besondere Beschaffenheit *endlicher* Mengen, daß das Resultat der Zählung — die *Anzahl* — *unabhängig* ist von der jeweiligen Anordnung; während bei unendlichen Mengen, wie wir gesehen haben, eine solche Unabhängigkeit im allgemeinen *nicht* zutrifft, sondern die Anzahl einer unendlichen Menge eine durch das Gesetz der Zählung *mitbestimmte* unendliche ganze Zahl ist; hierin liegt eben und hierin allein der in der Natur selbst begründete und daher niemals fortzuschaffende wesentliche Unterschied zwischen dem Endlichen und Unendlichen; nimmermehr wird aber um dieses Unterschiedes willen die Existenz des Unendlichen geleugnet, dagegen die des Endlichen aufrecht erhalten werden können; läßt man das eine fallen, so muß man mit dem andern auch aufräumen; wo würden wir also auf diesem Wege hinkommen?

Ein anderes von Aristoteles gegen die Wirklichkeit des Unendlichen gebrauchtes Argument besteht in der Behauptung, daß das Endliche vom Unendlichen, wenn dieses existierte, aufgehoben und zerstört werden würde, weil die endliche Zahl durch eine unendliche Zahl angeblich vernichtet wird; die Sache verhält sich, wie man im folgenden deutlich sehen wird, in Wahrheit so, daß zu einer unendlichen Zahl, wenn sie als bestimmt und vollendet gedacht wird, *sehr wohl* eine endliche hinzugefügt und mit ihr vereinigt werden kann, *ohne* daß hierdurch eine Aufhebung der letzteren bewirkt wird (vielmehr wird die unendliche Zahl durch eine solche Hinzufügung einer endlichen Zahl modifiziert); nur der *umgekehrte* Vorgang, die Hinzufügung einer unendlichen Zahl zu einer endlichen, wenn diese zuerst gesetzt wird, bewirkt die Aufhebung der letzteren, ohne daß eine Modifikation der ersteren eintritt. — Dieser richtige Sachverhalt hinsichtlich des Endlichen und Unendlichen, der von Aristoteles gänzlich verkannt worden ist, dürfte nicht nur in der Analysis, sondern auch in anderen Wissenschaften, namentlich in den Naturwissenschaften zu neuen Anregungen führen. (...)

§ 5

Wenn ich soeben von Traditionen sprach, so verstand ich dieselben nicht bloß im engeren Sinne des Erlebten, sondern führe sie auf die Begründer der neuen Philosophie und Naturwissenschaften zurück. Zur Beurteilung der Frage, um die es sich hier handelt, gebe ich nur einige der wichtigsten Quellen an. Man vergleiche:

Locke, Essay o. h. u. lib. II, cap. XVI und XVII.

Descartes, Briefe und Erläuterungen zu seinen Meditationen; ferner Principia I, 26.

Spinoza, Brief XXIX; cogitata metaph. pars I und II.

Leibniz, Erdmannsche Ausg. pag. 138, 244. 436, 744; Pertzsche Ausg. II, 1 pag. 209; III, 4 pag. 218; III, 5 pag. 307, 322, 389; III, 7 pag. 273. (Anm.: Beachtenswert ist auch: Hobbes, De corpore Cap. VII, 11. Berkeley, Treatise on the principles of human knowledge, 128-131).

Stärkere Gründe, als man sie hier gegen die Einführung unendlicher ganzer Zahlen zusammen findet, können wohl auch heute nicht ersonnen werden; man prüfe daher und vergleiche sie mit den meinigen für dieselben. Eine ausführliche und eingehende Besprechung dieser Stellen und namentlich des höchst bedeutenden, inhaltsvollen Briefes Spinozas an L. Meyer behalte ich mir für eine andere Gelegenheit vor, beschränke mich aber hier auf folgendes.

So verschieden auch die Lehren dieser Schriftsteller sind, in der Beurteilung des Endlichen und Unendlichen stimmen sie an jenen Stellen im wesentlichen darin überein, daß zu dem Begriffe einer Zahl die Endlichkeit derselben gehöre, und daß andrerseits das wahre Unendliche oder Absolute, welches in Gott ist, keinerlei Determination gestattet. Was den letzteren Punkt anbetrifft, so stimme ich, wie es nicht anders sein kann, demselben völlig bei, denn der Satz: „omnis determinatio est negatio", steht für mich ganz außer Frage; dagegen sehe ich im ersten, wie ich schon oben bei der Erörterung der aristotelischen Gründe gegen das „infinitum actu" gesagt habe, eine petitio principii, welche manche Widersprüche erklärlich macht, die sich bei allen diesen Autoren und namentlich auch bei Spinoza und Leibniz finden. Die Annahme, daß es außer dem Absoluten, durch keine Determination Erreichbaren und dem Endlichen keine Modifikationen geben sollte, die, obgleich sie nicht endlich,

297

dennoch durch Zahlen bestimmbar und folglich das sind, was ich Eigentlich-Unendliches nenne — diese Annahme finde ich durch nichts gerechtfertigt und sie steht m.E. sogar im Widerspruch zu gewissen von den beiden letzteren Philosophen aufgestellten Sätzen. Was ich behaupte und durch diese Arbeit, wie auch durch meine früheren Versuche bewiesen zu haben glaube, ist, daß es nach dem Endlichen ein *Transfinitum* (welches man auch *Suprafinitum* nennen könnte), d.i. eine unbegrenzte Stufenleiter von bestimmten Modi gibt, die ihrer Natur nach nicht endlich, sondern unendlich sind, welche aber ebenso wie das Endliche durch bestimmte, wohldefinierte und voneinander unterscheidbare *Zahlen* determiniert werden können. Mit den endlichen Größen ist daher meiner Überzeugung nach der Bereich der definierbaren Größen *nicht* abgeschlossen, und die Grenzen unseres Erkennens lassen sich entsprechend weiter ausdehnen, ohne daß es dabei nötig wäre, unsrer Natur irgendwelchen Zwang anzutun. An Stelle des in § 4 besprochenen aristotelisch-scholastischen Satzes setze ich daher den andern:

Omnia seu finita seu infinita *definita* sunt et excepto Deo ab intellectu determinari possunt.

Man führt so oft die Endlichkeit des menschlichen *Verstandes* als Grund an, warum nur endliche Zahlen denkbar sind; doch sehe ich in dieser Behauptung wieder den erwähnten Zirkelschluß. Stillschweigend wird nämlich bei der „Endlichkeit des Verstandes" gemeint, daß sein Vermögen rücksichtlich der Zahlenbildung auf endliche Zahlen beschränkt sei. Zeigt es sich aber, daß der Verstand auch in bestimmtem Sinne unendliche, d.i. *überendliche* Zahlen definieren und voneinander unterscheiden kann, so muß entweder den Worten „endlicher Verstand" eine erweiterte Bedeutung gegeben werden, wonach alsdann jener Schluß aus ihnen nicht mehr gezogen werden kann; oder es muß auch dem menschlichen Verstand das Prädikat „unendlich" in gewissen Rücksichten zugestanden werden, was meines Erachtens das einzig Richtige ist. Die Worte „endlicher Verstand", welche man so vielfach zu hören bekommt, treffen, wie ich glaube, in keiner Weise zu: So beschränkt auch die menschliche Natur in Wahrheit ist, vom Unendlichen haftet ihr doch sehr *vieles* an, und ich meine sogar, daß wenn sie nicht in vielen Beziehungen selbst unendlich wäre, die feste Zuversicht und Gewißheit hinsichtlich des Seins des Absoluten, worin wir uns alle einige wissen, nicht zu erklären sein würde. Und im besonderen vertrete ich die Ansicht, daß der menschliche Verstand eine unbegrenzte Anlage für die stufenweise Bildung von ganzen Zahlenklassen hat, die zu den unendlichen Modi in einer bestimmten Beziehung stehen und deren *Mächtigkeiten* von aufsteigender Stärke sind.

Die Hauptschwierigkeiten in den zwar äußerlich verschiedenartigen, innerlich aber durchaus verwandten Systemen der beiden zuletzt genannten Denker lassen sich, wie ich glaube, auf dem von mir eingeschlagenen Wege der Lösung näher bringen und selbst manche von ihnen schon jetzt befriedigend lösen und aufklären. Es sind dies Schwierigkeiten, welche zu dem späteren Kritizismus mit Veranlassung gegeben haben, der bei all seinen Vorzügen einen ausreichenden Ersatz für die gehemmte Entwicklung der Lehren Spinozas und Leibnizens mir nicht zu gewähren scheint. Denn neben oder an Stelle der mechanischen Naturerklärung, die innerhalb ihrer Sphäre alle Hilfsmittel und Vorteile mathematischer Analyse zur Verfügung hat, von welcher aber die Einseitigkeit und Unzulänglichkeit so treffend durch Kant aufgedeckt worden ist, ist bisher eine mit derselben mathematischen Strenge ausgerüstete, über jene hinausgreifende *organische* Naturerklärung nicht einmal dem Anfange nach getreten; sie kann, wie ich glaube, nur durch Wiederaufnahme und Fortbildung der Arbeiten und Betrebungen jener angebahnt werden.

Ein besonders schwieriger Punkt in dem Systeme des Spinoza ist das Verhältnis der endlichen Modi zu den unendlichen Modi; es bleibt dort unaufgeklärt, wieso und unter welchen Umständen sich das Endliche gegenüber dem Unendlichen oder das Unendliche gegenüber dem noch stärker Unendlichen in seiner Selbständigkeit behaupten könne. Das im § 4 bereits berührte Beispiel scheint mir in seiner schlichten Symbolik den Weg zu bezeichnen, auf welchem man der Lösung dieser Frage vielleicht näher kommen kann. Ist ω die erste Zahl der zweiten Zahlenklasse, so hat man $1+\omega=\omega$, dagegen $\omega+1=(\omega+1)$, wo $(\omega+1)$ eine von ω durchaus verschiedene Zahl ist. Auf die *Stellung* des Endlichen zum Unendlichen kommt also, wie man hier deutlich sieht, alles an; tritt das erstere vor, so geht es in dem Unendlichen auf und verschwindet darin; *bescheidet* es sich aber und nimmt seinen Platz *hinter* dem Unendlichen, so bleibt es erhalten und verbindet sich mit jenem zu einem neuen, weil modifizierten Unendlichen. (...)

§ 7

Obgleich ich in § 5 viele Stellen aus Leibniz' Werken angeführt habe, in welchen er sich gegen die unendlichen Zahlen ausspricht, (...) bin ich doch andererseits in der glücklichen Lage, Aussprüche desselben Denkers nachweisen zu können, in welchen er gewissermaßen im Widerspruch mit sich selbst *für* das Eigentlich-Unendliche (vom Absoluten verschiedene) in der unzweideutigsten Weise ausspricht. (...)

Doch den entschiedensten Verteidiger hat das Eigentlich-Unendliche, wie es uns beispielsweise in den wohldefinierten Punktmengen oder in der Konstitution der Körper aus punktuellen Atomen (ich meine also hier nicht die chemisch-physikalischen (Demokritischen) Atome, weil ich sie weder im Begriffe noch in der Wirklichkeit für existent halten kann, so viel Nützliches auch mit dieser Fiktion bis einer gewissen Grenze zu Wege gebracht wird) entgegentritt, in einem höchst scharfsinnigen Philosophen und Mathematiker unseres Jahrhunderts, in Bernhard Bolzano gefunden, der seine betreffenden Ansichten namentlich in der schönen und gehaltreichen Schrift: „Paradoxien des Unendlichen, Leipzig 1851" entwickelt hat, deren Zweck es ist, nachzuweisen, wie die von Skeptikern und Peripatetikern *aller Zeiten* im Unendlichen gesuchten Widersprüche gar nicht vorhanden sind, sobald man sich nur die freilich nicht immer ganz leichte Mühe nimmt, die Unendlichkeitsbegriffe allen Ernstes ihrem wahren Inhalte nach in sich aufzunehmen. In dieser Schrift findet man daher auch eine in vielen Beziehungen zutreffende Erörterung über das mathematisch Uneigentlich-Unendliche, wie es in der Gestalt von Differentialen erster und höherer Ordnung oder in den unendlichen Reihensummen oder bei sonstigen Grenzprozessen auftritt. Dieses Unendliche (von einigen Scholastikern „synkategorematisches Unendliches" genannt) ist ein bloßer Hilfs- und Beziehungsbegriff unseres Denkens, welcher seiner Definition nach die Veränderlichkeit einschließt und von dem somit das „datur" niemals im eigentlichen Sinne ausgesagt werden kann.

Es ist sehr bemerkenswert, daß hinsichtlich *dieser* Art des Unendlichen keinerlei wesentliche Meinungsverschiedenheit auch unter den Philosophen der Gegenwart herrscht, wenn ich davon absehen darf, daß gewisse moderne Schulen von sogenannten Positivisten oder Realisten oder Materialisten in diesem *synkategorematischen* Unendlichen, von welchem sie selbst zugeben müssen, daß es kein *eigentliches* Sein hat, den *höchsten Begriff* zu sehen glauben.

Doch findet sich schon bei Leibniz der im wesentlichen richtige Sachverhalt an vielen Orten angegeben; (...)

Bolzano ist vielleicht der einzige, bei dem die eigentlich-unendlichen Zahlen zu einem gewissen Rechte kommen, wenigstens ist von ihnen vielfach die Rede; doch stimme ich gerade in der Art, wie er mit ihnen umgeht, ohne eine rechte Definition von ihnen aufstellen zu können, ganz und gar *nicht* mit ihm überein und sehe beispielsweise die §en 29-33 jenes Buches als haltlos und irrig an. Es fehlt dem Autor zur wirklichen Begriffsfassung bestimmt-unendlicher Zahlen sowohl der allgemeine *Mächtigkeitsbegriff*, wie auch der präzise *Anzahlbegriff*. Beide treten zwar an einzeln Stellen ihrem Keime nach in Form von Spezialitäten bei ihm auf, er arbeitet sich aber dabei zu der vollen Klarheit und Bestimmtheit, wie mir scheint, *nicht* durch, und daraus erklären sich viele Inkonsequenzen und selbst manche Irrtümer dieser wertvollen Schrift.

Ohne die erwähnten beiden Begriffe kommt man meiner Überzeugung nach in der Mannigfaltigkeitslehre *nicht* weiter, und das gleiche gilt, wie ich glaube, von den Gebieten, welche unter der Mannigfaltigkeitslehre stehen oder mit ihr die innigste Berührung haben, wie beispielsweise von der modernen Funktionentheorie einerseits und von der Logik und Erkenntnislehre andrerseits. Fasse ich das Unendliche so auf, wie dies von mir hier und bei meinen früheren Versuchen geschehen ist, so folgt daraus für mich ein wahrer Genuß, dem ich mich dankerfüllt hingebe, zu sehen, wie der ganze Zahlbegriff, der im Endlichen nur den Hintergrund der *Anzahl* hat, wenn wir aufsteigen zum Unendlichen, sich gewissermaßen *spaltet* in *zwei* Begriffe, in denjenigen der *Mächtigkeit*, welche unabhängig ist von der Ordnung, die einer Menge gegeben wird, und in den der *Anzahl*, welche notwendig an eine gesetzmäßige Ordnung der Menge gebunden ist, vermöge welcher letztere zu einer *wohlgeordneten Menge* wird. Und steige ich wieder herab vom Unendlichen zum Endlichen, so sehe ich ebenso klar und schön, wie die beiden Begriffe wieder Eins werden und *zusammenfließen* zum Begriffe der endlichen ganzen Zahl. (...)

§ 11

Es soll nun gezeigt werden, wie man zu den Definitionen der neuen Zahlen geführt wird und auf welche Weise sich die natürlichen Abschnitte in der absolut-unendlichen realen ganzen Zahlenfolge, welche ich *Zahlenklassen* nenne, ergeben. An diese Auseinandersetzung will ich alsdann nur noch die obersten Sätze über die *zweite* Zahlenklasse und ihr Verhältnis zur ersten hinzufügen. Die Reihe (I) der positiven realen ganzen Zahlen 1, 2, 3, ..., ν, ... hat ihren Entstehungsgrund in der wiederholten Setzung und Vereinigung von zugrunde gelegten als gleich angesehenen Einheiten; die Zahl ν ist der Ausdruck sowohl für eine bestimmte endliche Anzahl solcher aufeinander folgenden Setzungen, wie auch für die Vereinigung der gesetzten Einheiten zu einem Ganzen. Es beruht somit die Bildung der endlichen ganzen realen Zahlen auf dem Prinzip der Hinzufügung einer Einheit zu einer vorhandenen schon gebildeten Zahl; ich nenne dieses Moment, welches, wie wir gleich sehen werden, auch bei der Erzeugung der höheren ganzen Zahlen eine wesentliche Rolle spielt, das *erste Erzeugungsprinzip*. Die Anzahl der so zu bildenden Zahlen ν der Klasse (I) ist unendlich und es gibt unter ihnen keine größte. So widerspruchsvoll es daher wäre, von einer größten Zahl der Klasse (I) zu reden, hat es doch andrerseits nichts Anstößiges, sich eine *neue* Zahl, wir wollen sie ω nennen, zu denken, welche der Ausdruck dafür sein soll, daß der ganze Inbegriff (I) in seiner natürlichen Sukzession dem Gesetze nach gegeben sei. (Ähnlich wie ν ein Ausdruck dafür ist, daß eine gewisse endliche Anzahl von Einheiten zu einem Ganzen vereinigt wird.) Es ist sogar erlaubt, sich die neugeschaffene Zahl ω als *Grenze* zu denken, welcher die Zahlen ν zustreben, wenn darunter nichts anderes verstanden wird, als daß ω die *erste* ganze Zahl sein soll, welche auf alle Zahlen ν folgt, d.h. größer zu nennen ist als jede der Zahlen ν. Indem man auf die Setzung der Zahl ω weitere Setzungen der Einheit folgen läßt, erhält man mit Hilfe des *ersten* Erzeugungsprinzips die weiteren Zahlen

$$\omega + 1, \omega + 2, ..., \omega + \nu, ...$$

da man hierbei wieder zu keiner größten Zahl kommt, so denkt man sich eine neue, die man 2ω nennen kann und welche die erste auf alle bisherigen Zahlen ν und $\omega + \nu$ folgende sein soll; wendet man auf die Zahl 2ω das *erste* Erzeugungsprinzip wiederholt an, so kommt man zu der Fortsetzung

$$2\omega + 1, 2\omega + 2, ..., 2\omega + \nu, ...$$

der bisherigen Zahlen.

Die logische Funktion, welche uns die beiden Zahlen ω und 2ω geliefert hat, ist offenbar verschieden von dem ersten Erzeugungsprinzip, ich nenne sie das *zweite Erzeugungsprinzip* ganzer realer Zahlen und definiere dasselbe näher dahin, daß, wenn irgendeine bestimmte Sukzession definierter ganzer realer Zahlen vorliegt, von denen keine größte existiert, auf Grund dieses zweiten Erzeugungsprinzips eine neue Zahl geschaffen wird, welche als *Grenze* jener Zahlen gedacht, d.h. als die ihnen allen nächst größere Zahl definiert wird.

Durch kombinierte Anwendung beider Erzeugungsprinzipien erhält man daher sukzessive die folgenden Fortsetzungen unserer bisher gewonnenen Zahlen.

$$3\omega,\ 3\omega + 1,\ ...,\ 3\omega + \nu,\ ...$$
$$\cdots\cdots\cdots\cdots\cdots\cdots\cdots\cdots$$
$$\mu\omega,\ \mu\omega + 1,\ ...,\ \mu\omega + \nu,\ ...$$

Doch wird auch hierdurch kein Abschluß erzielt, weil von den Zahlen $\mu\omega + \nu$ gleichfalls keine die größte ist.

Das zweite Erzeugungsprinzip veranlaßt uns daher zur Einführung einer auf alle Zahlen $\mu\omega + \nu$ nächstfolgenden, die ω^2 genannt werden kann, an diese schließen sich in bestimmter Sukzession Zahlen

$$\lambda\omega^2 + \mu\omega + \nu$$

und man kommt dann unter Befolgung der beiden Erzeugungsprinzipien offenbar zu Zahlen von folgender Form

$$\nu_0\omega^\mu + \nu_1\omega^{\mu-1} + ... + \nu_{\mu-1}\omega + \nu_\mu;$$

doch treibt uns alsdann das zweite Erzeugungsprinzip zum Setzen einer neuen Zahl, welche die diesen Zahlen allen nächst größere sein soll und passend mit

$$\omega^\omega$$

bezeichnet wird.

Die Bildung neuer Zahlen hat, wie man sieht, kein Ende; unter Befolgung der *beiden* Erzeugungsprinzipie erhält man immer wieder neue Zahlen und Zahlenreihen, die eine völlig bestimmte Sukzession haben.

Es wird daher zunächst der *Anschein* erweckt, als ob wir uns bei dieser Bildungsweise neuer ganzer bestimmt-unendlicher Zahlen ins *Grenzenlose* hin verlieren müßten, und daß wir außerstande seien, diesem endlosen Prozeß einen *gewissen vorläufigen* Abschluß zu geben, um dadurch eine ähnliche Beschränkung zu gewinnen, wie sie in bezug auf die ältere Zahlenklasse (I) in gewissem Sinne tatsächlich vorhanden war; dort wurde nur von dem *ersten* Erzeugungsprinzip Gebrauch gemacht und somit ein Heraustreten aus der Reihe (I) unmöglich. Das *zweite* Erzeugungsprinzip mußte aber nicht nur über das bisherige Zahlengebiet hinausführen, sondern erweist sich allerdings als ein Mittel, welches im Verein mit dem *ersten* Erzeugungsprinzip die Befähigung gibt, *jede Schranke* in der Begriffsbildung der realen ganzen Zahlen zu *durchbrechen*.

Bemerken wir nun aber, daß alle bisher erhaltenen Zahlen und die zunächst auf sie folgenden eine gewisse Bedingung erfüllen, so erweist sich diese Bedingung, *wenn sie als Forderung an alle zunächst zu bildenden Zahlen gestellt wird,* als ein neues, zu jenen beiden hinzutretendes *drittes* Prinzip, welches von mir *Hemmungs- oder Beschränkungsprinzip* genannt wird und das, wie ich zeigen werde, bewirkt, daß die mit seiner Hinzuziehung definierte zweite Zahlenklasse (II) nicht nur eine höhere Mächtigkeit erhält als (I), sondern sogar genau die *nächst höhere,* also *zweite Mächtigkeit.*

Die erwähnte Bedingung, welche jeder der bisher definierten unendlichen Zahlen α, wie man sich sofort überzeugt, erfüllt, ist — daß die Menge der dieser Zahl in der Zahlenfolge vorausgegangenen Zahlen von der *Mächtigkeit der ersten Zahlenklasse* (I) ist. Nehmen wir z.B. die Zahl ω^ω, so sind die ihr vorausgehenden in der Formel enthalten:

$$\nu_0 \omega^\mu + \nu_1 \omega^{\mu-1} + \dots + \nu_{\mu-1} \omega + \nu_\mu,$$

worin μ, ν_0, ν_1, ... ν_μ alle endlichen, positiven, ganzen Zahlenwerte mit Einschluß der Null und mit Ausschluß der Verbindung: $\nu_0 = \nu_1 = \dots = \nu_\mu = 0$ anzunehmen haben.

Wie bekannt, läßt sich diese Menge in die Form einer einfach unendlichen Reihe bringen und hat also die Mächtigkeit von (I).

Da ferner eine jede Folge von Mengen, von denen jegliche die *erste* Mächtigkeit hat, wenn jene Folge selbst von der *ersten* Mächtigkeit ist, immer wieder eine Menge ergibt, welche die Mächtigkeit von (I) hat, so ist klar, daß bei Fortsetzung unserer Zahlenfolge man *wirklich zunächst immer wieder nur solche Zahlen* erhält, bei denen jene Bedingung *tatsächlich* erfüllt ist.

Wir definieren daher die zweite Zahlenklasse (II) als *den Inbegriff aller mit Hilfe der beiden Erzeugungsprinzipe bildbaren, in bestimmter Sukzession fortschreitender Zahlen* α

$$\omega, \omega + 1, ..., \nu_0\omega^\mu + \nu_1\omega^{\mu-1} + ... + \nu_{\mu-1}\omega + \nu_\mu, ..., \omega^\omega, ..., \alpha ...,$$

welche der Bedingung unterworfen sind, daß alle der Zahl α *voraufgehenden Zahlen, von 1 an, eine Menge von der Mächtigkeit der Zahlenklasse (I) bilden.*

§ 12

Das erste, was wir nun zu zeigen haben, ist der Satz, *daß die neue Zahlenklasse* (II) *eine Mächtigkeit hat, welche von derjenigen der ersten Zahlenklasse* (I) *verschieden ist.*(...)

Über den Autor

Der amerikanische Wirtschaftswissenschaftler und Oppositionspolitiker Lyndon LaRouche war mutig genug, sich mit den Mächtigen dieser Welt anzulegen. Als langjähriger Kritiker des anglo-amerikanischen Finanzsystems von Versailles tritt er für dessen Ablösung durch ein neues Weltwährungs- und Kreditsystem ein. Anfang der achtziger Jahre beriet er zeitweilig die Regierung Reagan bei der „Strategischen Verteidigungsinitiative", was ihm die Feindschaft der sowjetischen Nomenklatura eintrug. Die Folge waren zunächst massive Verleumdungen und schließlich ein abgekarteter, politisch motivierter Prozeß, der im Januar 1989 mit einer 15jährigen Haftstrafe endete.

Fünf Jahre verbrachte der Autor als prominentester Dissident der Vereinigten Staaten in einem Bundesgefängnis in Rochester, Minnesota. Im Januar 1994 kam er endlich auf Bewährung frei, nachdem sich Hunderte von Parlamentariern, ehemalige Regierungsvertreter, Juristen, Künstler und Kirchenleute nachdrücklich für seine Freilassung eingesetzt hatten. LaRouche besteht auf seiner vollständigen Rehabilitierung und der Aufhebung des Unrechtsurteils gegen ihn und seine Mitarbeiter, und zwar aufgrund längst aktenkundigen Beweismaterials.

LaRouches wichtigste wissenschaftliche Leistung liegt auf dem Gebiet der Wirtschaftswissenschaft. So entwickelte er die allen anderen ökonometrischen Prognoseverfahren überlegene „LaRouche-Riemann-Methode" und entwickelte anknüpfend an Leibniz, Alexander Hamilton und Friedrich List die physikalische Ökonomie entscheidend weiter. Aus diesem Grund wurde er im Dezember 1993 in die Moskauer „Ökologische Akademie der Welt — Akademie der 100" berufen.

Von seinen zahlreichen Büchern erschienen auf deutsch: Es gibt keine Grenzen des Wachstums (1982), Was Sie schon immer über Wirtschaft wissen wollten (1985), eine Autobiographie: Die Macht der Vernunft (1988), Verteidigung des gesunden Menschenverstandes (1991) und Christentum und Wirtschaft (1992).

Die wichtigsten Lebensdaten: geboren am 8. September 1922 in Rochester, New Hampshire; Schulbesuch in Rochester und Lynn, Massachusetts; Studium in Lynn, North Eastern University; Militärdienst 1944-46 als Sanitäter und Ordonnanz in China, Burma und Indien; 1947-48 und 1952-72 Tätigkeit als Unternehmensberater; seit 1974 Herausgeber eines wöchentlich erscheinenden Nachrichtenmagazins; seit 1977 verheiratet mit Helga Zepp-LaRouche.

Der Autor bewarb sich seit 1976 mehrfach um das Amt des amerikanischen Präsidenten. 1992 gewann er trotz Gefangenschaft die demokratischen Präsidenschaftsvorwahlen in Nord-Dakota und hat sich kürzlich der Demokratischen Partei erneut als „Hauskandidat" zur Verfügung gestellt.

Bücher von Lyndon LaRouche

Lyndon H. LaRouche
Verteidigung des gesunden Menschenverstandes
200 S., DM 12,80; ISBN 3-925725-09-1

Es geht hier um die Denkungsart, die in einer Gesellschaft vorherrschen muß, wenn sie auf Dauer überlebenstüchtig bleiben will.

Lyndon H. LaRouche
Christentum und Wirtschaft.
Die wissenschaftlichen Grundlagen einer neuen,
gerechten Weltwirtschaftsordnung
304 Seiten, DM 19,80; ISBN 3-725925-17-2

Wollen wir den völligen Zusammenbruch der Weltwirtschaft vermeiden, müssen wir die Wirtschaftsordnung weltweit auf neue wissenschaftliche, aber auch moralische und naturrechtliche Grundlagen stellen. Lyndon LaRouche führt hier den Beweis, daß die wissenschaftlich-naturrechtlichen Prinzipien die gleichen sind, die das Christentum leiten.

Lyndon LaRouche / Jonathan Tennenbaum
Ein Wirtschaftswunder für Osteuropa.
Das produktive Dreieck Paris–Berlin–Wien als
Lokomotive der Weltwirtschaft.
254 Seiten, viele Abb.,
DM 14,80, 2. Auflage 20-40 000; ISBN 3-925725-12-1

Der Wiederaufbau Osteuropas hätte längst zum Motor werden können, um die marode Weltwirtschaft aus dem Sumpf der Finanzkrise und Depression zu ziehen. Das Buch enthält konkrete Vorschläge zur Entwicklung einer modernen Infrastruktur für ganz Europa.